学前教育专业（新课程标准）系列精品教材

U0966066

蒙台梭利 教育理论与方法

李春梅　编著

中国轻工业出版社

图书在版编目（CIP）数据

蒙台梭利教育理论与方法 / 李春梅编著. — 北京：中国轻工业出版社，2024.6

学前教育专业（新课程标准）系列精品教材

ISBN 978-7-5184-4773-2

Ⅰ. ①蒙… Ⅱ. ①李… Ⅲ. ①学前教育—教学法—幼儿师范学校—教材 Ⅳ. ①G612

中国国家版本馆CIP数据核字（2024）第057027号

责任编辑：崔丽娜　　责任终审：高惠京　　设计制作：锋尚设计

文字编辑：李寅寅　　责任校对：朱燕春　　责任监印：张　可

出版发行：中国轻工业出版社（北京鲁谷东街5号，邮编：100040）

印　　刷：艺堂印刷（天津）有限公司

经　　销：各地新华书店

版　　次：2024年6月第1版第1次印刷

开　　本：787×1092　1/16　印张：13

字　　数：320千字

书　　号：ISBN 978-7-5184-4773-2　定价：49.80元

邮购电话：010-85119873

发行电话：010-85119832　010-85119912

网　　址：http://www.chlip.com.cn

Email：club@chlip.com.cn

版权所有　侵权必究

如发现图书残缺请与我社邮购联系调换

231556J1X101ZBW

前　言

蒙台梭利教育法以其独特的理念和卓越的效果，已成为全球学前教育领域的瑰宝。自20世纪初由玛利亚·蒙台梭利创立以来，蒙台梭利教育法的影响力跨越了时空，在世界各地的幼儿教育领域闪耀着独特的光彩。20世纪90年代在我国传播以来，蒙台梭利教育法一直在持续发展，在21世纪更是进入了发展高峰期。许多幼儿园和早期教育机构都在大力开展蒙台梭利教育。

本书的编写旨在全面地介绍蒙台梭利教育的基本理论与方法，为学前教育专业学生和幼儿教师提供一本新颖、实用的教材，也为对蒙台梭利教育感兴趣的人群和幼儿家长提供一本理论和实践相结合的指导用书。通过本书的学习，读者可以全面了解蒙台梭利教育的基本观念、特点、教育思想以及本土化实践，同时掌握蒙台梭利教育在多个领域的基本内容和操作方法。

本书分为理论篇和方法篇两大部分。理论篇将帮助读者了解蒙台梭利的生平与理论渊源、蒙台梭利教育的基本观念及特点、教育思想、蒙台梭利教育的本土化等。通过这部分内容的学习，读者能够更好地理解蒙台梭利教育的核心和精髓。方法篇则详细介绍了蒙台梭利教育的内容和方法，并融入了地方文化（岭南文化）特色的实践探索，为读者提供具有本土化特色的教学指导。

本书具有以下特点：第一，内容翔实、规范严谨。本书遵循学术规范，内容丰富、结构清晰，为读者提供全面而深入的蒙台梭利教育理论与方法的学习资源。第二，简洁实用、体例新颖、图文并茂、操作性强。本书采用简洁明了的编写方式，目标明确、导引清晰、课证融通，学、讲、练、测相结合，配以丰富的实例和大量的图片，提供形象的操作指引，使读者能够更好地理解和掌握蒙台梭利教育法的核心理念和操作方法。第三，本土化实践探索。本书不仅介绍了经典的蒙台梭利教具及其操作方法，还结合地方文化（岭南文化）的实践探索，为蒙台梭利教育注入本土化元素，使其更加贴近中国学前教育的实际需求。

本书在写作过程中得到了不少专业人士的帮助，他们对本书的补充、校正提出了一些宝贵的意见。编者的几位热爱蒙台梭利教育的学前教育专业本科生参与了本书部分资料的整理和教具操作拍摄。在此，对他们的支持和帮助表示衷心的感谢！

由于蒙台梭利教育体系庞大丰富，而编者的水平有限，本书难免存在一些疏漏和不足之处，敬请广大读者予以批评指正。

李春梅

2024 年于佛山大学仙溪湖畔

目 录

第一篇
理论篇

第二篇
方法篇

日常生活教具

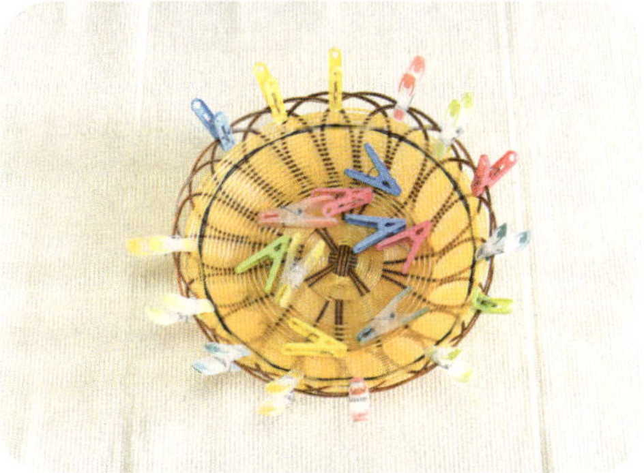

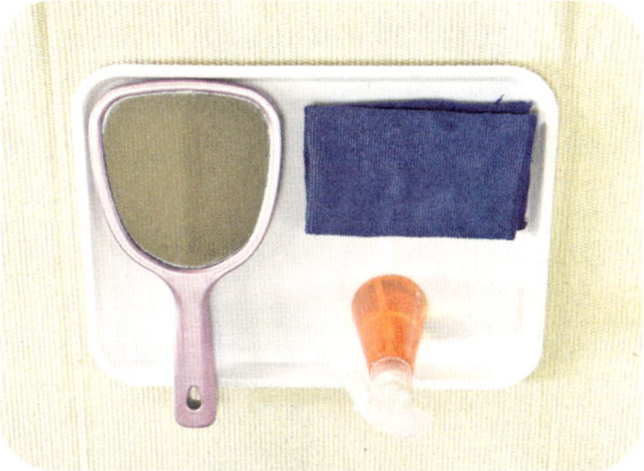

感官教具

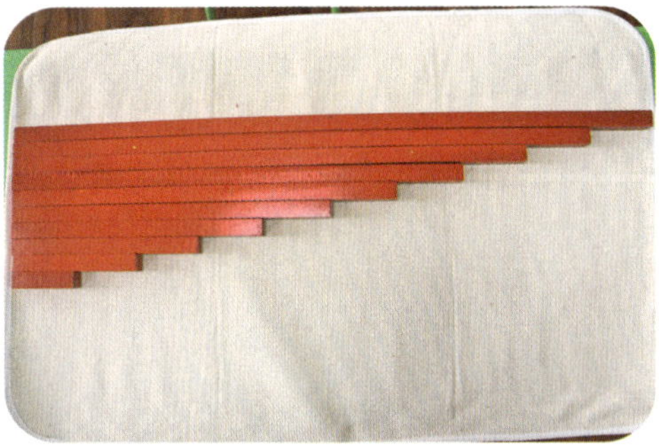

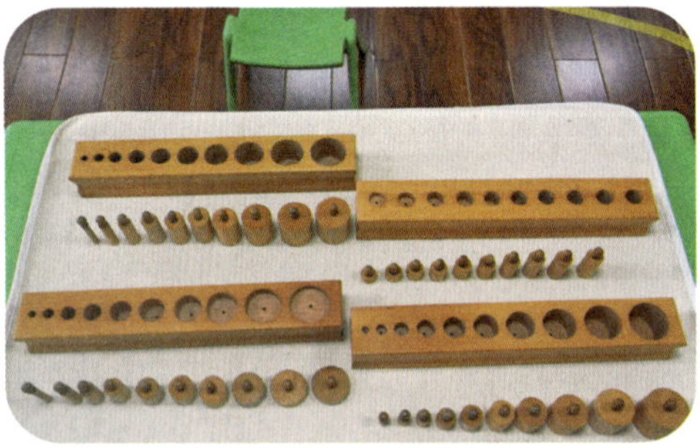
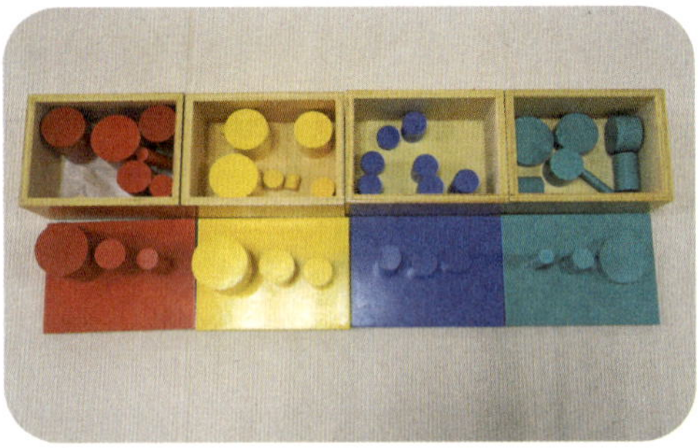

数学教具

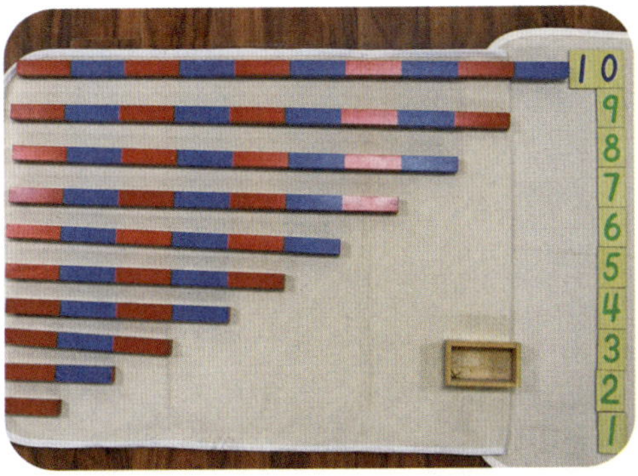
10
9
8
7
6
5
4
3
2
1

11 16
12 17
13 18
14 19
15

偶数
2 4 6 8 10
奇数
1 3 5 7 9

4354
1232

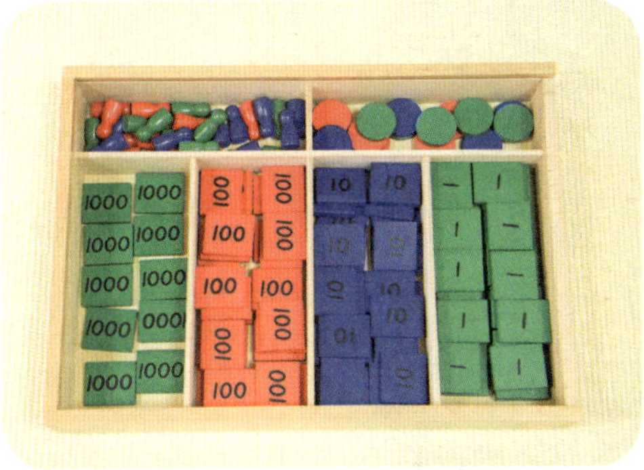
1000
100
10
1

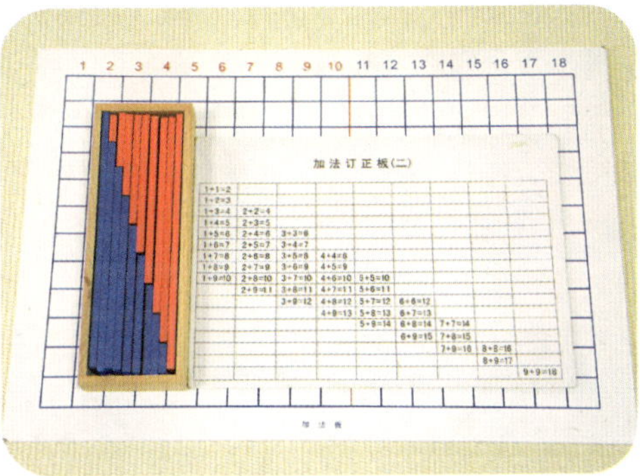
1 2 3 4 5 6 7 8 9 10 11 12 13 14 15 16 17 18
加法订正板(二)

语言教具

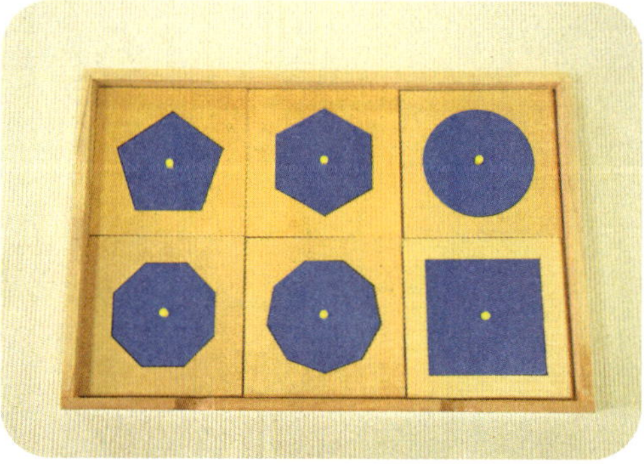

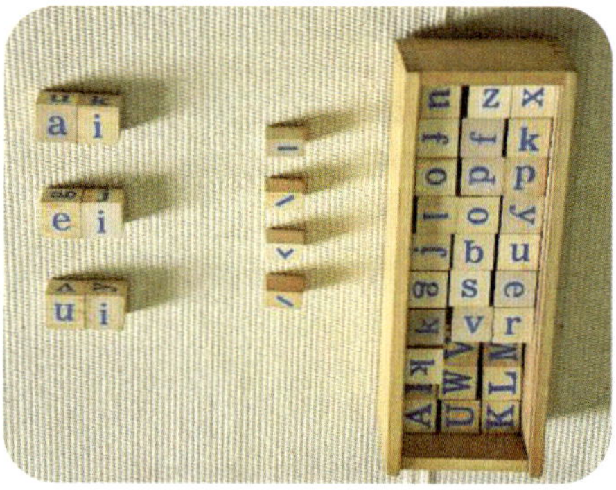

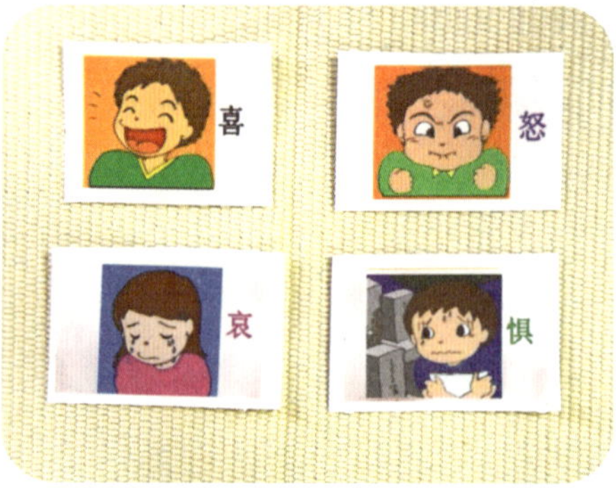

科学文化教具

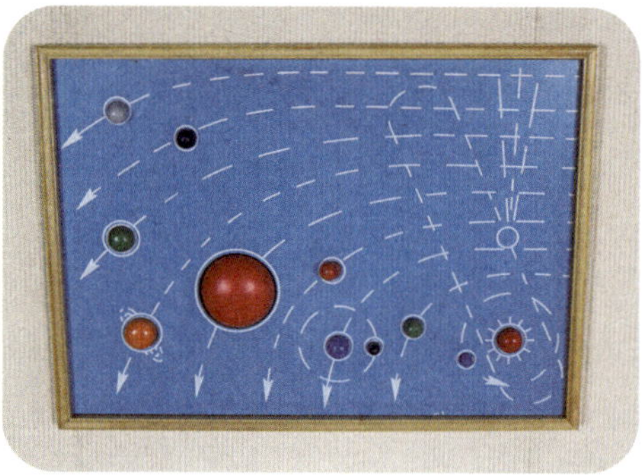

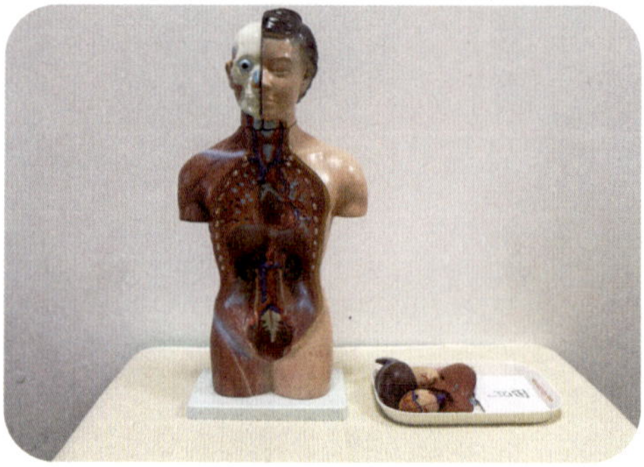

第一篇

理论篇

第一章 蒙台梭利生平与理论渊源

学习目标

❶ 了解蒙台梭利的生平及其性格特征。

❷ 了解并掌握蒙台梭利教育法的形成与发展过程，感受其教育家、改革家的崇高精神。

❸ 了解蒙台梭利的主要贡献。

❹ 了解并掌握蒙台梭利教育思想的理论渊源。

玛利亚·蒙台梭利的性格特征：独立、富有想象力、充满活力；幽默、智慧和具有无穷的精力。

——芭芭拉·奥康纳（玛利亚·蒙台梭利生前的同事）

玛利亚·蒙台梭利（Maria Montessori，1870—1952），意大利第一位医学女博士，也是现代幼儿教育历史上最伟大、最进步、最有革命性的教育家之一，被誉为20世纪“幼儿教育改革家”。她用科学的方法研究儿童成长的规律和法则，成功创办了“儿童之家”，建立了独特的蒙台梭利教育法。她通过撰写教育著作和在世界各地开办国际培训班，极大地推动了现代幼儿教育的改革与发展。探寻她的生平和经历，我们能够发现她为何取得如此伟大的成就。

第一节　蒙台梭利的生平简介

一、出生和求学（1870—1896）

蒙台梭利，1870年8月31日出生于意大利安科纳（Ancona）地区的小镇，是一位独生女。其父亲是一位贵族后裔，也是一位坚韧、自律、温和、思想保守的军人；母亲是一位受过良好教育、善良、开明、富有爱心的虔诚天主教徒。出身于这样的家庭中，蒙台梭利自小受到了良好的教育，养成了自律、自爱、善良的个性，从小就对穷人富有同情心，乐于帮助不幸的人。但是她对成人的不尊重、不平等的行为则表现出强烈的反抗意识。上小学时，她就对教师轻视儿童和侵犯儿童人格尊严的态度和行为非常反感。

蒙台梭利12岁时随父母迁居罗马接受中等教育。13岁进入米开朗基罗工科学校接受教育，并对数学产生了浓厚的兴趣，发现了“数学心智”。1886年进入国立达文奇工业技术学院就读，主攻数学，同时修习自然科学及现代语言。1890年毕业后，她拒绝了父母要她成为教师或结婚的要求，继续研读自己热爱的科目——生物学。同年，她进入罗马大学就读生物专业，学习了大量生物学知识。之后，蒙台梭利又开始对医学产生浓厚兴趣。当时的意大利，医学院还没有女学生，也没有女医生，女孩子学医不为世俗所接受。为了进入医学院，她将进医学院所要求的课程（数学、物理、生物等）都一一选修并取得了优异的成绩。她自己跑去见医学院院长，请求进入医学院学习。遭到拒绝后，她没有放弃，而是态度坚决地对院长说：“我知道我有一天会进入医学院”。经过不懈的努力，她在1892年终于进入医学院，成为罗马大学医学院唯一的女学生。但是，这遭到了她父亲的强烈反对，父亲切断了她一切的经济来源。她靠奖学金和自己兼职家教收入维持着生活，非常艰苦。更为艰苦的是医学院教师和男学生对她的排斥。她需要傍晚下课后一个人到实验室进行解剖和工作。她因为生活困顿、备受排挤而感受到深深的孤独和压力。有一次夜晚，甚至萌生退意，但是在公园里遇到的一对乞丐母女使她打消了念头。她看到那个乞妇的女儿虽然衣衫褴褛、饥寒交迫，却在专心致志地折着一张彩色纸片，在自己的世界里怡然自得。那个小女孩脸上泛着满足的光彩，与她母亲的困苦之状形成了鲜明的对比。那一幕触动了蒙台梭利内心的哲思和伟大的使命感，决心为了完成自己的使命而活。从那以后，她不再彷徨，更加积极地从事医学研究，她凭借自己的勤奋、毅力、坚韧和聪慧，最终在1896年以第一名的优异成绩毕业，获得医学博士学位，成为意大利第一位医学女博士。

博士毕业后，蒙台梭利担任了罗马大学医学院附属精神病诊所的助理医生，从此开始了儿童智力开发与教育工作。

二、继续学习与实验探索（1896—1907）

在蒙台梭利担任罗马大学医学院附属精神病诊所的助理医生期间（1896—1898），她的主要任务是治疗智力缺陷儿童。当时意大利医院把智力缺陷儿童和精神病人关在一起，在医院里智力缺陷儿童所处环境非常恶劣。蒙台梭利对这些儿童的处境充满同情，决心用自己的智慧去帮助他们。她认为儿童智力缺陷主要是因为教育问题，而不是医疗问题。

为了找到一种适合智力缺陷儿童的教育方法，蒙台梭利认真研究了法国医生、特殊儿童教育家伊塔（J. M. Itard）和塞根（E. Seguin）的教育思想和方法。伊塔曾花了8年时间训练一个在森林中长大的野孩子，设计了一整套社会行为和感觉训练的方法。塞根是伊塔的学生，他提出生理教育法，主张用感觉运动训练的方法训练智力缺陷儿童。蒙台梭利自己翻译和深入学习他们的著作，认为这些思想和方法就是科学的教育学的先导。

1898年在都灵召开的教育会议上，蒙台梭利发表了以“精神教育”为题的演讲，概述了对智力缺陷儿童进行教育的思想和方法，提出了自己独特的见解，在医学界和教育界引起了强烈反响。同年，她被当时的意大利教育部长任命为国立儿童精神治疗学院（即罗马启智学校）的校长，继续潜心研究，成效显著。这所学院是一所特殊的学校，专门培养从事智力缺陷儿童教育的教师。在那里工作的两年间，蒙台梭利根据伊塔的实验和塞根的研究，设计了一整套对智力缺陷儿童进行观察和教育的特殊方法，并对教师进行培训，使他们掌握和运用这套方法。她还创造性地制作了一些教具和一些材料，并亲自对智力缺陷儿童施教。她的这套方法取得了很大的成功，经过她施教的智力缺陷儿童通过了正常儿童的统一考试。蒙台梭利发现智力缺陷儿童与年龄更小的正常儿童有很多的共同点，因此，她相信自己的教育方法同样适用于正常儿童，也会取得显著的效果。于是她决心从事正常儿童的教育工作。在1901年，蒙台梭利离开国立儿童精神治疗学院，再次回到罗马大学进修哲学、普通教育学、实验心理学和人类学。这为她以后从事正常儿童的教育打下坚实的基础。1904—1907年，她担任了罗马大学人类学教授，并在讲义的基础上整理成《教育人类学》一书（该书于1908年出版）。

三、建立儿童之家与创立幼儿教育方法（1907—1911）

1907年1月6日，蒙台梭利在罗马圣罗伦佐区开办了第一所“公寓幼儿学校”，又称“儿童之家”。同年4月7日，蒙台梭利在罗马圣罗伦佐区开办了第二所“儿童之家”。1908年10月，她在米兰建立了另一所“儿童之家”。“儿童之家”免费接纳住在本幢楼的3～6岁的儿童。这些儿童都无明显的生理和心理缺陷，但由于他们的父母没有文化、生活贫困、性情粗野、卫生习惯差等，没有能力和时间照顾和教育自己的孩子。因此，这些儿童在入学前一般都心态异常、发育不良、行为乖戾，而且有一些不良习性。

蒙台梭利把开办“儿童之家”视为对自己教育思想进行实验的良机，并出于帮助这些儿童及家庭的想法，她在“儿童之家”设计并组织实施了以下几个方面的措施，来对这些儿童进行教育观察和教学实验研究。第一，为儿童提供了一个身心自由发展的环境，设计和制作小型的活动桌椅和供儿童独立操作、自主练习、自行修正、自我调整的丰富的材料，以及感觉和运动训练的多层次的系列教具。教师尊重、热爱、关心儿童，作为观察者、导师，打破传统的教育方法，运用科学、合理的新方法，引导和激励儿童内在发展的动力，培养儿童独立自主、讲究秩序、专注、合作的精神。在这种适合儿童独立成长又充满爱和自由的环境中，每个儿童都获得了自身的解放，身心得到全面健康发展，培养了独立自主的人格。第二，培养幼儿良好的生活习惯。蒙台梭利通过日常生活指导幼儿养成讲卫生、守秩序、照顾自己、关心他人、照料环境的良好生活习惯。儿童养成良好的生活习惯还影响了家长，他们开始改变自己不良的生活习惯和嗜好，注意日常的言谈举止和家庭卫生，整个公寓区出现了崭新的面貌。第三，进行感官训练。蒙台梭利认为，幼儿的早期教育应以感官训练为主。她对用于智力缺陷儿童的教具进行了改造和加工，重新制作了一套教具。

这一套教具包括日常生活教育和感官教育，之后随着儿童智力的发展，再用字母、数字、书写、阅读、算术、自然、科学等方面的材料来启发儿童的智力，也就是逐渐从感官训练过渡到智力教育。蒙台梭利的教育实验获得了极大的成功。几年后，那些普通的、贫寒的儿童心智发生了巨大的转变，被培养成一个个聪明、自信、有教养、生机勃勃的少年英才。

蒙台梭利这种崭新的、具有巨大教育魅力的“儿童之家”的教学方法轰动了整个欧洲，引起了巨大的反响。来自欧美的参观者和学习者络绎不绝，这些参观者对蒙台梭利的“儿童之家”和教学方法评价极高，回国后大力宣传并效仿。

四、教育思想传播与世界性发展（1911—1952）

1911年，蒙台梭利离开“儿童之家”，致力于传播和发展自己的教育理论和方法。她一方面开设国际培训班，举办国际培训会议；另一方面进一步拓展自己的研究领域，致力于青春期和新生儿的研究，力图用教育改造社会，从而实现世界和平的终极教育目的。同时，她不断总结教育经验，撰写和出版了大量的理论著作，如《蒙台梭利早期教育法》《蒙台梭利儿童教育手册》等。这些著作被翻译成多国文字，并在世界各地广为流传。许多国家掀起了学习蒙台梭利教育法的热潮，并且在欧洲一些国家和美国形成了蒙台梭利运动。1913—1915年，蒙台梭利学校已经出现在世界各大洲，到20世纪40年代，仅仅美国就有2000多所。蒙台梭利运动在世界范围内引起了一场幼儿教育的革命。

1913年以后，各国的蒙台梭利协会也如雨后春笋般迅速建立。蒙台梭利运动不仅在美国，而且在欧洲的许多国家得到了如火如荼的发展。蒙台梭利为了使她的追随者和教师正确地理解和运用她的方法，除了在国内开办教师培训班外，还先后在美国、英国、法国、德国、荷兰、西班牙、奥地利、斯里兰卡、巴基斯坦、印度等国家开办国际培训班。1929年，国际蒙台梭利协会（AMI）在丹麦成立，蒙台梭利任会长。各国成立的蒙台梭利协会成为国际蒙台梭利协会的分会，接受国际蒙台梭利协会的管理。1929—1951年，国际蒙台梭利协会召开了九次大会，蒙台梭利连任九届大会主席。

第二次世界大战爆发后，蒙台梭利的自由教育思想和墨索里尼（B.A.A.Mussolini）的法西斯独裁统治水火不容，蒙台梭利学校也被迫关闭。1934年，蒙台梭利不得不离开自己的祖国前往西班牙，随后在荷兰定居。1939—1946年，蒙台梭利应邀到印度讲学，继续从事研究和写作。蒙台梭利的教育思想和方法受到了印度的普遍欢迎。

第二次世界大战结束后，1947年，蒙台梭利接受意大利政府的邀请回到了祖国，重建了蒙台梭利学校，积极从事写作和整理书稿，陆续发表著作。直到她逝世的前几年，仍坚持到各国巡回讲学，指导教师培训班，主持国际蒙台梭利协会会议。

1952年，蒙台梭利在荷兰逝世。蒙台梭利为促进儿童发展和实现世界和平奋斗了一生。她生前曾经获得许多荣誉和奖励，受到各国人民的热爱和尊敬，成为国际上影响深远的著名教育家。

蒙台梭利逝世后，蒙台梭利的教育理论和方法，以其巨大的进步性、科学性仍然在欧洲、美洲、亚洲等各国继续传播与发展，风靡五大洲和整个20世纪，并在21世纪继续焕发出夺目的光彩。20世纪末，蒙台梭利教育理论与方法传入我国，成为影响和引领我国幼儿教育的一股新潮流。

进入新世纪，我国更加重视教育。党的二十大报告提出坚持教育优先发展、科技自立自强、人才引领驱动，加快建设教育强国、科技强国、人才强国，“办好人民满意的教育”。党的二十大报告还强调要强化学前教育。在此背景下，吸收蒙台梭利教育的优点，促进蒙台梭利教育的健康发展，推动我国幼儿教育体系的多元化、完善化，对于“办好人民满意的教育”具有重要的意义。

第二节　蒙台梭利的主要贡献

一、撰写了丰富而影响深远的理论著作

蒙台梭利是一位教育实验家、改革家，也是一位教育思想家和理论家，她撰写了丰富的著作，这使她的教育思想和方法传播得更加深远和广泛。蒙台梭利公开出版的理论著作就有20本，在184个国家以37种文字出版，其经典著作至今仍然一再翻印重版，蒙台梭利教育思想和方法通过其著作传播到世界各地，影响着无数的教育家、教师、家庭和儿童，为各国的教育改革带来了新的思想和方法。

蒙台梭利的著作大致可以分为三类。

1. 主要是新生儿到3岁儿童的教育著作

包括《童年的秘密》《发现孩子》《有吸收力的心灵》等。

2. 3～7岁儿童的教育著作

包括《蒙台梭利早期教育法》《蒙台梭利儿童教育手册》《家庭中的儿童》等。

3. 7～13岁儿童及青春期教育的著作——《高级蒙台梭利教育法》

《高级蒙台梭利教育法》共两卷，包括《教育中的自发活动》（或译为《儿童的自发成长》）和《蒙台梭利初等教具》。

蒙台梭利的经典著作有：《蒙台梭利早期教育法》《蒙台梭利儿童教育手册》《童年的秘密》《发现孩子》《有吸收力的心灵》《儿童的自发成长》等。

二、创办了一种独特的学校——儿童之家

1907年1月，蒙台梭利在罗马圣罗伦佐贫民区建立了世界上第一所“儿童之家”，招收3～6岁的儿童加以教育。同年4月及次年10月，她又在罗马和米兰开办了第二、第三所“儿童之家”。

她运用自己独创的教育方法进行实验和教学，结果出现了惊人的效果：那些“普通的、贫寒的”儿童，在“儿童之家”经过几年的成长，心智发生了巨大的转变，被培养成了一个个聪明自信、有教养的、生机勃勃的少年英才。可以说，“儿童之家”的成功验证了蒙台梭利教育思想和方法的巨大的科学性、进步性、革命性，也为她实现自己“培养新人类”的教育理想提供了绝佳的组织载体。同时，“儿童之家”也给世界各国的来访者提供了实地参观学习的窗口和真实的场景。

蒙台梭利崭新的、具有巨大教育魅力的教学方法，通过“儿童之家”展示给前来参观访问的欧洲各国的来访者，轰动了整个欧洲。之后的几年，世界上有100多个国家引进了蒙台梭利的方法，出现大量类似“儿童之家”的学校。截至1915年，蒙台梭利学校已出现在世界各大洲。到20世纪40年代，仅仅美国就有2000多所蒙台梭利学校。迄今为止，很多使用蒙台梭利教育法的早期教育机构仍然沿用“儿童之家”的名称，显示后人对蒙台梭利及其独创的学校形式的崇敬与缅怀。

三、开创了蒙台梭利教育法

在大量观察和教育研究实验的基础上，蒙台梭利掌握了儿童身心发展的规律，开创出一种与之相适应的科学、进步、革命性的教育方法。1909年，她总结“儿童之家”的经验，出版了《蒙台梭利早期教育法》，全面阐述了她的教育思想和方法，此书出版后，很快被译成20多种文字，流传于世界各地。她接着又出版了《蒙台梭利儿童教育手册》《家庭中的儿童》等著作，这些著作是蒙台梭利教育法操作性和应用性的具体阐述。再加上蒙台梭利及其支持者持续不懈地通过国际性讲座、协会等去宣扬推广，这种独特的教育方法，在20世纪风靡了整个西方世界，深刻地影响着世界各国，特别是影响着欧美先进国家的教育水平和社会发展。

与传统的以课堂为中心、以教材为中心、以教师为中心的做法完全不同，蒙台梭利教育法是一种以儿童为中心、以活动为中心、以经验为中心的新教育方法。它是以本体教育为基础、全面提升儿童素质、发展儿童潜能的教育方法。蒙台梭利教育法的精髓在于充分尊重儿童的自由发展和独立成长，重视儿童发展的敏感期教育，培养儿童主动学习和探索的精神。后来她又出版了《高级蒙台梭利教育法》，可以说是《蒙台梭利早期教育法》的继篇或高阶版，蒙台梭利教育法成为涵盖0～18岁整个儿童期的教育体系。

据统计（2016年），全球有2万多所蒙台梭利学校实行该教育方法，服务于从出生至18岁的儿童。她的教育方法从运动训练、感觉训练到智力训练，从尊重自由到建立意志，从平民教育到贵族教育，为西方工业化社会的持续发展，提供了几代优秀的人才基础。直至今日，蒙台梭利教育法仍然在世界教育体系中占据着不可或缺的地位，并在21世纪继续发挥着培育一批批优秀人才的重要作用。

四、创设了科学完整的蒙台梭利教具

蒙台梭利经过大量观察和教育实验研究，研发创设了一套科学完整的教具，以实现自己的教育目的，使教育“实体化”。蒙台梭利教具是蒙台梭利教育中强调的“实体化”的重要体现。蒙台梭利教具的最大特点，在于儿童通过自主地操作教具，从中主动地锻炼手部动作、获得大量感官体验以及掌握不容易被理解的数学等科学知识。蒙台梭利教具主要分为日常生活教育教具、感官教育教具、数学教育教具、语言教育教具和科学文化教育教具。

蒙台梭利教具的表面化教育效果，即认识世界，习得认识世界和学习知识的方法。蒙台梭利教具的深层次教育效果是培养儿童的各方面能力和品德，如专注、独立、秩序感、协调能力等。

蒙台梭利教具具有以下特点。

1. 孤立性

每一份教具只具有单一项特性。例如，粉红塔有10个粉红色的立方体，从1立方厘米到10立方厘米，由于强调“大小”的特性，因此除了大小不同外，颜色、形状都一致，让儿童可以专注于“大小”的特性。

2. 错误控制

蒙台梭利教具本身都自带错误控制。如果操作错误，操作就不能顺利进行或出现明显的错误结果。通过操作教具的过程，儿童能够自己发现错误并做修正，这样的设计可以帮助儿童自我学习与教育，不需要依赖教师的教导与修正，儿童因此练习了推理能力、判断能力，增进了自信心、自尊心。

3. 美感

蒙台梭利教具具有美观、精致、有质感的特点，而其外在的美感正是吸引儿童的第一个诱因。

4. 活动性

蒙台梭利指出：教具单单具有趣味性是不够的，它还必须有助于儿童从事某些活动，才能让儿童对它产生兴趣……。蒙台梭利教具能反复操作和练习，充分满足儿童活动的欲望，使他们全心投入，乐此不疲。

5. 由具体到抽象

蒙台梭利教具的设计是由具体到抽象的。通过儿童容易理解的实体帮助儿童了解抽象事物，建立他们的思考能力。

蒙台梭利教具以蒙台梭利敏感期理论和儿童自主学习、独立成长的思想为基础，逻辑严密、设计精妙、环环相扣、节节连贯、从具体到抽象、从本体教育到智力开发，丰富多样，一直到现在都为蒙台梭利学校和教室所沿用，为各国儿童所喜爱，为实现蒙台梭利教育目标、培养完善人格的儿童起着不可忽视的作用。

第三节　蒙台梭利教育的理论渊源

蒙台梭利的教育理论是在哲学、心理学、自然科学、教育学等学科的基础上，在长期的观察和教育实验研究中，创建的一套独特的儿童教育理论。

在哲学基础方面，蒙台梭利的哲学思想受到母亲影响，接受了天主教的观点，又吸收了法国唯心主义哲学家柏格森（H. Bergson）的生命哲学思想；在心理学基础方面，蒙台梭利吸纳了心理学家麦独孤（W. McDougall）、沛西·能（T. Percy Nunn）、普莱尔（W. T. Preyer）的心理学思想；在自然科学基础方面，蒙台梭利受到德国胚胎学家沃尔夫（C.F.Wolff）的胚胎学理论、达尔文（C. R. Darwin）的进化论以及现代医学和生物学的影响；在教育学基础方面，蒙台梭利受到夸美纽斯（J. A. Comenius）泛智教育、卢梭（J. J. Rousseau）自然主义教育、裴斯泰洛齐（J. H. Pestalozzi）爱的教育、福禄贝尔（F. W. A. Fröbel）重视自然教育和重视活动和教育等方面思想影响。

其中对蒙台梭利教育理论影响最深和最直接的主要是以下几位学者。

伊塔，法国人，他是杰出的耳科医生，也是第一位聋哑与心智迟钝特殊教育专家。蒙台梭利研读其著作、深受伊塔影响的思想有：①教师应该是一位观察者；②教师应以学生为中心，适应学生；③社会生活的重要性。

塞根，法国人，他是伊塔的学生，献身于智力障碍的研究、调查与治疗，成立了世界上第一所智力障碍儿童学校。塞根教学方法的特色有：①井然有序；②由具体到抽象；③由感觉到知觉；④由注意到模仿；⑤由观察到比较；⑥由被动到主动层次的接受和学习。而蒙台梭利受到塞根思想的影响有：①教师必须先做好精神上的预备，先要有谦卑、仁爱的心，让自己有吸引力，并且有责任去唤醒脆弱疲倦的心灵，引导学生，使他们能掌握生命的力与美；②注重感官教育，以感官教育为质性教育的基础；③三阶段教学法，即命名→经由名称分辨物品→经由物品记忆名称。

法布尔（C. Fabre），法国人，也是法国著名的昆虫学家。蒙台梭利受其思想影响之处有：①母爱是被动得以存留的原因；②从自由环境中观察对象的行为。法布尔深入昆虫生活的情境，用心观察他想了解的对象及它们的生活习性。这种观察真实情境中的对象和资料，深深地影响着蒙台梭利，她认为应该给孩子提供自由的环境，也使她产生了对孩子观察到内心深处的方法。

德弗里（H. de.Vries），荷兰人，他发现了突变理论，奠定了遗传学的基础。他对蒙台梭利思想的影响有：①儿童的敏感期，德弗里从动物身上发现了敏感期，蒙台梭利发现儿童也有敏感期，而且这是儿童发展的一个关键因素，如果错过了敏感期，再设法去训练、弥补，就为时已晚了；②突发的写字与阅读的能力，蒙台梭利观察到儿童依自己的法则倾向本性和自发性的工作，最后会爆发出突发性的能力。这个观念是受到德弗里突变理论的影响。

卡雷尔（A. Carrel），法国人，是一位外科医生与生物学家。在他所著作的《人类不为人所知者》这本书中曾说，幼儿阶段不容置疑的是一个最丰富的阶段，它应该为一切可能与可信的教育方法所利用。如果浪费了此阶段的生命，将永远无法弥补。蒙台梭利对幼儿教育的重视，受到了卡雷尔很深的影响。

总结而言，蒙台梭利的教育理论起源于她个人宏博的医学、生物学、卫生学、哲学、心理学、实验心理学、教育学、人类学与精神病理学等理论基础，还有就是她的教学实践及实验心得。蒙台梭利曾任罗马大学医学院附属精神病诊所助理医生以及国立儿童精神治疗学院校长和“儿童之家”的主任，对于心智障碍儿童和正常儿童有很深入的教学心得，这对于她创建自己的教育理论奠定了坚实的基础。

知识小测

1. 当代规模最大的蒙台梭利学校在（　　　　　　）的勒克瑙市的“城市蒙台梭利学校”，始建于1959年，教育体系从幼儿园到高中一应俱全。2005年被列入吉尼斯世界纪录。
2. 蒙台梭利被誉为20世纪的（　　　　　　）。
3. （　　　　　　）年，蒙台梭利在（　　　　　　）建立了世界上第一所“儿童之家”。
4. 世界三大幼儿教育体系是（　　　　　　）、（　　　　　　）、（　　　　　　）。

思考与练习

1. 蒙台梭利生活中的关键事件有哪些？这些事件显示（或造就）了蒙台梭利怎样的个性？这些事件和个性对蒙台梭利日后的教育成就有何影响？
2. 你认为杰出的教育家具有哪些相同的个性特点？我们应该学习他们什么样的精神？
3. 谈谈你对蒙台梭利的成就与贡献的感想。

第二章 蒙台梭利教育的基本观念及特点

学习目标

❶ 理解蒙台梭利的儿童观、教师观和教育观。

❷ 吸收蒙台梭利教育理念的精髓，树立正确的儿童观和职业理念。

❸ 掌握蒙台梭利教育的特点。

❹ 理解“有准备的环境”是蒙台梭利教育的要素，初步掌握蒙台梭利教室的区域环境布置方法。

> 教育的目的在于帮助生命力的正常发展，教育就是助长生命力正常发展的一切作为。
>
> ——玛利亚·蒙台梭利

第一节　蒙台梭利教育的基本观念

在蒙台梭利生活的早期，欧美等主要资本主义国家学校教育制度逐步建立，但学前教育仍然非常落后。另外，19世纪末20世纪初，新兴科学的大发展也对教育学的发展产生巨大冲击和牵引力。

蒙台梭利接受了卢梭的自然教育思想，对旧式学校和家庭教育压抑儿童个性的做法进行了猛烈抨击。她曾说，儿童"被束缚在课桌椅上，就像是被钉子固定的蝴蝶标本一样""他们被关在学校里，和奴隶一般，受到社会强加的痛苦""不幸的儿童！受压迫的儿童！"。她大声疾呼："今天整个社会必须关心儿童，必须为儿童建设世界，并承认儿童的社会权利。"

一、蒙台梭利的教育目的观

蒙台梭利强调教育的注意力是"发现儿童""了解儿童""尊重儿童""引导儿童"和"服务儿童"。

蒙台梭利在美国的演讲中说："我的目的在于所有儿童的发展。我欲达成的目标是包括孩子的全部。我更大的目标则是人类种族最终的完美性。"

蒙台梭利说："教育的目的在于帮助生命力的正常发展，教育就是助长生命力正常发展的一切作为。"

蒙台梭利说："儿童具有人类所未知的能力，能够把人们引向光辉的、灿烂的未来。如果我们想建立一个崭新的世界，那就应当把发展这些隐藏的潜能视为教育的目标。"

概括蒙台梭利的演讲及代表作观点，她认为：

教育的直接目的是帮助儿童形成正常化的健康人格。健康人格是由道德的心智习惯、情感习惯和行为习惯构成。

教育的间接目的是培养一代新人类的种子。新人类指通过自由地进行符合教育阶段活动而能坚定的"把握自己"的人，"新人类是和平社会的建设者"。

教育的终极目的是建设一个美好的、和谐的、持久的和平世界。蒙台梭利认为，儿童是"新人"教育的起点和希望，要形成一个持久的和平世界，必须从儿童做起。

二、蒙台梭利的儿童观

蒙台梭利说："儿童具有人类所未知的能力，能够把人们引向光辉的、灿烂的未来……"，她强调人类的一切胜利和进步都有赖于来自内部的力量。儿童内部潜在的、不可怀疑的力量是世界前进的动力。蒙台梭利的儿童观包括以下方面。

1. 生命自然发展

从胎儿出生一直到生命结束，生命是自然而然发展的，所有儿童都具有自我成长发展的生命力。这种成长不是随意的，而是由小到大、由简单到复杂、充满着秩序和规律，是一种自然法则。正如老母鸡孵蛋的过程，小鸡的孵化需要21天，虽然在大量需求下，人们经过多次的研究与实验，可以发明科学的孵卵器来代替母鸡，但无论如何加温、加压，也缩短不了21天的成长时间。

儿童成长是因为其体内存在着与生俱来的“内在潜能”，为了得到发展，会有很多“内在需要”出现，内在需要会导致个体主动地去寻求自己需要的东西，以满足迅速成长目标。

当然，要激发儿童身上的这种“内在潜能”，成人应为儿童提供“有准备的环境”，并用自己的爱作为润滑剂来滋润它。

2. 生命独立成长

儿童在成长过程中所付出的各种努力都是为了达到独立。儿童成长的最终目标是形成独立的个体，个体只有真正独立了，才能靠着自己的努力，完成生命发展中所需的各项活动。

3. 儿童具有心理胚胎期

蒙台梭利认为人有双重胚胎期。第一期是在母亲体内的生理胚胎期；第二期是心理或精神胚胎期，是出生后一年形成最初心理萌芽的时期。从出生时的精神空白、一无所有，经过吸收外界刺激和信息不断地积累，形成了许多感受点和心理活动所需的器官，然后发展成一个心理或精神胚胎，才有后续的心理发展。

生理胚胎期的发育需要母亲的子宫这一特殊环境，精神胚胎期的发展也需要与之相适应的一个特殊环境，包括精心保护、足够养料，尤其是各种刺激。

精神胚胎中藏有心灵成长的密码。只有儿童本人通过自己的行动、感受和思考才能解开这个密码。

源自精神胚胎的声音告诉儿童，他需要做什么。从这一角度而言，儿童的每一个自发行为，其实都反映了精神胚胎成长的需要，都有独特的价值。

4. 儿童心理发展具有敏感期

敏感期是儿童在发展中对某个学习领域感受特别敏锐的一段时间。这种感受能力会促使他将注意力集中到一件事物上，并表现出极大的耐性和兴趣，“就像手电筒照在那里一样，对其他事物则漠不关心”。

在蒙台梭利看来，敏感期是一种与成长密切相关并和一定年龄相适应的现象，它只持续一个短暂的时期就会消失，而且只要消失就永远不会重新出现。

蒙台梭利通过观察与研究，归纳出语言、动作、感官、秩序、细微事物、书写、阅读、社会规范、文化9种敏感期。

5. 儿童的发展具有阶段性

儿童不同阶段之间的心理变化非常明显，当一个心理个性阶段结束时，另一个阶段随之而来，蒙台梭利认为“成长是一个不断再生的过程”。人类发展可以分为四个阶段（图2-1）：0~6岁，幼儿时期，生理/个性独立阶段；6~12岁，儿童时期，智力/大脑独立阶段；12~18岁，青少年时期，社会性独立阶段；18~24岁，成熟期：成年，精神及道德独立阶段。

6. 儿童具有吸收性心智

儿童从出生至大约6岁，儿童敏感的大脑具有超凡的能力吸收周围环境中的一切事物。在这个时期，他们不需要有意识的计划和专门的教学，就能掌握复杂的技能。

“吸收性心智”现象是指0~6岁阶段儿童所独有的心智特征，它使儿童像海绵、照相机一样吸收外界印象和资讯，也就是无意识吸收周围环境进而组合成自己的知识。

儿童通过吸收性心智构建自己的心理，直至拥有记忆、理解和思维能力以及吸收文化的能力，这些是儿童与生俱来的、自我教育的能力。若受到压抑，则可能出现一系列心理障碍，甚至

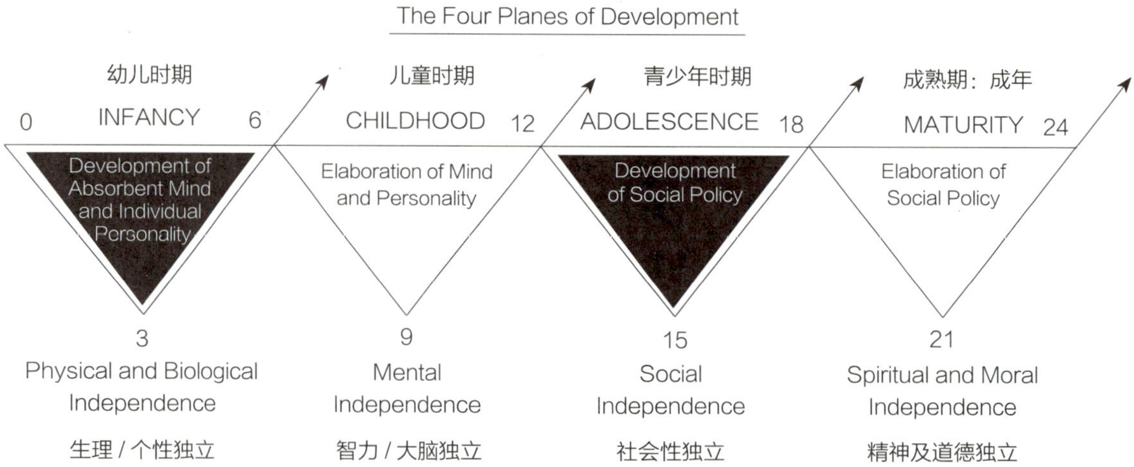

图 2-1 人类发展的四个阶段

影响一生。

7. 儿童的心理发展通过工作实现

在蒙台梭利看来，儿童的发展主要有两种形式，一种是儿童的游戏，另一种是儿童的“工作”。她把儿童日常的玩耍和使用普通玩具的活动称为游戏，而把儿童在“有准备的环境”中自发地选择和操作活动材料，并经由专注于活动而有所发现和发展的活动称为“工作”。

蒙台梭利发现，儿童喜欢“工作”胜于游戏，即儿童不愿意选择玩具而喜欢操作教具和类似于成人做的事情，并从中得到满足与快乐。这种“工作”的渴望，显现着“生命的本能与人性的特征”。应注重让儿童通过做“工作”（日常生活、感官、数学、语言、科学文化教育）体会事物的基本原理和本质概念，从而找到解决问题的方法，体验其中的乐趣。

三、蒙台梭利的教师观

蒙台梭利把“儿童之家”的教师称为“导师”而不是教师。作为“导师”，最为重要的就是尊重儿童和热爱儿童，用平等、谦逊的态度去看待儿童，并应特别重视观察儿童和了解儿童。

蒙台梭利认为，教师的主要任务应有以下四个方面。

1. 环境的提供者

教师应该为儿童创设具有兴趣性和探索性的可供儿童与之相互作用的活动环境。蒙台梭利要求教师必须把教室布置得美观、大方、整洁，一切陈设（包括教具）都应该井然有序，并符合儿童的心理特点。

2. 引导者

教师应该引导儿童积极、主动地探究环境、操作环境、发现环境中的问题并解决环境中的问题，让儿童切实成为活动中的“主体”。而教师的指导是有一定原则的，当年龄较小的儿童不知如何选择“工作”时，教师可根据儿童的兴趣选择“工作”并进行简单、明了的示范，随着儿童习惯养成与兴趣使然，教师的指导行为逐渐减少。如果儿童对于较为复杂的教具不知如何操作时，教师应及时出现，并对儿童进行简单、准确、明了的解释，避免直接帮助儿童进行一系列的“工作”，剥夺儿童在完成复杂“工作”后的喜悦体验。另外，教师要指导儿童在教室环境中要保持安静，要讲秩序，不能对他人的“工作”进行干扰，避免不良行为发生。

3. 观察者

蒙台梭利认为幼儿教师首先应该是一位观察者，他必须以科学家的精神，运用科学方法去观察和研究儿童，但由于教育科学的观察研究对象是人，所以观察的目的应该是激发儿童生命的活力，并且要在自然的环境下观察儿童。不仅要观察儿童本身及其表现，而且还要了解其家庭和周围环境对他的影响。教师应在观察和了解儿童的基础上，不断为儿童提供更适合他们年龄特征和兴趣特点，能够引起并进一步激发他们的好奇心、求知欲和探索愿望、促进他们向更高水平发展的活动环境和材料。

4. 活动的支持者

蒙台梭利指出儿童的发展离不开教师的协助，一个“工作”对儿童的吸引力是有限的，儿童容易陷入“疲劳期”，教师应该细心关注到儿童的变化并及时向儿童推荐及示范进一步的“工作”。

四、蒙台梭利的教育观

1. 自由

蒙台梭利提出自由是指使人从妨碍身心和谐发展的障碍中解放出来的自由，她认为科学教育学的基本原则是必须使儿童获得自由，这种自由将使儿童的天性得到自然表现。儿童有充分活动的自由。怎样才能使儿童获得自由呢？用蒙台梭利的话说：“通过研究隐藏在儿童内心的需要，尽可能地消除妨碍他所需要的正常发展的障碍，这就是使儿童获得自由。”

2. 工作

蒙台梭利鼓励成人相信儿童并为他们提供可操作的物品。她认为儿童在自我的操作中可将多种感官链接起来，使得儿童一心一意专注于所做之事即“工作”，同时，“工作”能够帮助儿童积累他们所需要的经验，这一过程不是漫无目的的，而是通过那双受智慧支配的双手开始建设性的工作。如果儿童能全神贯注地工作，说明这个“工作”能满足他内在需要，这个过程是儿童心理“实体化”的过程。通过“工作”，儿童能够逐渐控制自我的行为，有助于培养意志力和独立性。

3. 有准备的环境

环境、教师、儿童，这三个方面构成蒙台梭利教育的三大要素。“有准备的环境”是蒙台梭利教育的核心，以及蒙台梭利教学方法的核心要素。蒙台梭利认为，为了让儿童得到正常的和不断的发展，成人必须在了解儿童身心发展特点，包括阶段性、敏感期等的基础上，为儿童提供适合他们发展的“有准备的环境”。“有准备的环境”包括物质环境（教具、室内设施、教师自制教学材料）和人文环境（各种有价值的人类文化遗产、师生关系、教室规则等）。

蒙台梭利的“有准备的环境”具有以下特征。

（1）自由发展的。环境应该是一个可以让儿童自由发展的空间，蒙台梭利教室有足够的空间让儿童自由活动，而且尽可能地减少障碍物和不必要的限制，尽量提供促进儿童发展的活动和材料。在“儿童之家”，儿童可以自由选择活动内容，包括动作训练、照料动植物、感官训练、手工、艺术和知识学习等。在课程安排上，“儿童之家”没有刻意固定的课程表或上下课时间，尽量排除成人的影响和干扰。儿童可以按自己的节奏和成长步调，自主发展。

（2）有秩序的。“有秩序”不仅指把学习材料有秩序地组织起来，并放置在固定的位置，每样东西的摆放都有条有理，因为儿童有秩序敏感期，外在的秩序有助于儿童内在秩序感的发展与完善。另外，“有秩序”还指教师举止行为从容不迫、教具示范准确而有序；儿童的行为有条不紊，能够安静而有秩序地生活，减少生命力的浪费，有利于生命力的正常发展。

（3）美感和氛围。美对儿童具有天然的吸引力，能够调动儿童自发的积极反应。儿童周围的活动材料的颜色、光泽、形状都必须具有美感。但是美的活动材料并不是“昂贵的，就是最好的”，不是过分的奢华耀目或复杂精巧，而是活动材料具有简洁、美丽、打动人心的质感。环境本身也必须是简洁的、富有吸引力的、经过精心准备的，对儿童来说必须是生动的，但不显得凌乱。

蒙台梭利还提倡整个环境应当平和、安定，有和谐生动的气氛让儿童得到滋养。教师从语言到动作，甚至衣着服饰透漏出的信息也应该是美的。环境中的美好，可以使儿童成长为具有生活情趣和精神追求的人。

（4）愉快的。“儿童之家”的环境是能让儿童感到愉快的。环境中几乎所有的东西都是为儿童专门准备的，它们适合儿童的年龄和身体发育特点，所有的物品都是对儿童有巨大吸引力的，儿童是作为环境的主体和主人存在的。在“儿童之家”，教师与儿童的关系也有了质的改变和提升，教师不是主导者，而是协助者、引导者、支持者，要对儿童做到真正的尊重、平等、关爱。教师是作为环境的一部分存在的，是作为精神环境部分出现和发挥作用的。

（5）真实和自然的。蒙台梭利认为儿童具有吸收性心智，因而给儿童的材料应当是质地真实的，并且代表现实世界的实体，避免给儿童提供质量差的材料和代表幻想的材料。她认为，儿童的发展应以感觉为基础，同时以真实世界中的经验为基础，而不是沉浸在成人所创造的虚幻世界里。因而她设计的训练各种感觉的材料都是真实和自然的，能够培养儿童从各种真实的材料和教具中搜集和辨别事实的能力。

第二节　蒙台梭利教育的特点

蒙台梭利以科学观察、验证的精神，发现了儿童成长的自然法则——儿童具有自我学习，使自己趋于完善的潜能，也就是说儿童致力于改善他自己。然而由于成人不适当的引导或环境的影响，儿童会出现偏差行为，如不整洁、不顺从、怠惰、贪婪、以自我为中心等。因此蒙台梭利强调环境和成人的重要性，如果我们不能看见儿童的本来面目，将无法协助儿童正常地发展。蒙台梭利教育法作为20世纪初创立的一种进步的、科学的教育方法，具有以下特点。

一、以儿童为中心

以儿童为中心，就是推翻过去以成人为中心的教育观念，视儿童为有别于成人的独立个体。传统的教育以课堂为中心，以教材为中心，以教师为中心；蒙台梭利提倡以儿童为中心，以活动为中心，以经验为中心的新的“三中心”。在教育活动中，以儿童为主，为儿童打造一个以他们为中心，以他们可以独立“做自己”的“儿童世界”。

二、不教的教育

蒙台梭利反对填鸭式教学，主张从日常生活训练着手，配合良好的学习环境、丰富的教具，让儿童自发性地主动学习，自己建构完善的人格。

三、重视和把握儿童的敏感期

在蒙台梭利看来，在儿童心理发展过程中会出现各种“敏感期”，而人的智力发展是建立在儿童敏感期所打下的基础之上的。她认为，正是这种敏感期，使儿童用一种特有的强烈程度去接触外部世界。在这一时期，他们同样对每件事情都易学会，对一切充满了激情和活力。若顺着儿童敏感期学习的特征，即可得到最大的学习效果。

四、教师扮演协助、启导的角色

在蒙台梭利的教育体系中，她把“教师”称为“启导员”或“导师”。教师的主要职责是给儿童准备一个适宜的环境，给他们进行示范和做些必要的指导就够了，其余的应该让儿童自己去发展。教师必须对儿童的心灵世界有深刻的认识与了解，对于儿童发展的状况了如指掌，才能给儿童提供适性、适时的协助与指导。教师的工作是观察儿童内心的需要，为他们设计环境，示范教具，做“学习”的准备工作。教师还要根据儿童的个别差异因材施教，要适时地启发和引导，这种协助、启发的角色，能使师生关系和谐，使儿童自然、愉快地学习。

五、完善人格的培养

幼儿教育的最大目的是协助儿童正常化，注重儿童智慧和品德的培养。幼儿教育的本质和意义，主要是帮助儿童的生命力完整地成长。因此，蒙台梭利认为，幼儿教育的目的不仅仅是为入小学做准备的，过去我们说幼儿教育是为入小学打基础，现在我们经过研究，认为这个目标太简单、目光太短浅。蒙台梭利认为，教育的本质、教育的意义是为儿童的完美一生做准备的、打基础的，不仅仅是为了入小学做准备，而是为儿童的一生奠定品格和智慧的基础。因此，需要从小培养孩子终身学习的好习性。

六、尊重儿童的成长步调

蒙台梭利主张，不人为地划分课程表和上下课时间，不要随意打断儿童的认真“工作”，也不要在儿童专心“工作”时在儿童周围走来走去，使儿童能够专注地发展其内在的需要。蒙台梭利课程中的“自由选择工作”就体现了尊重儿童的成长步调。

七、混龄教学

不同年龄的儿童在一个班里，能大孩子教小孩子、小孩子学大孩子；能彼此互相模仿、互相学习，可以互相欣赏、互相包容、和睦相处。不同年龄的儿童在一起学习，可让儿童学会与不同年龄层次的人在一起，解决问题，提高人际交往能力，感受“小社会”的生活氛围，从而适应未来社会大环境。

八、丰富的教材与教具

蒙台梭利教具可归纳成五项，即日常生活教育教具、感官教育教具、数学教育教具、语言教育教具、科学文化教育教具。蒙台梭利精心设计和研发了丰富多样、环环相扣的教具，种类多达400种，这是蒙台梭利教材的一大特色。我们常称它为教具，但实际上是蒙台梭利的教材，她的教材的载体不一样，不像一般的书本教材，蒙台梭利把教材具体化了。教具并非教师用来教学的工具，而是儿童“工作”的材料，儿童通过“工作”，从自我重复操作练习中，建构完善的人格。

九、摒除奖惩制度

采取尊重儿童的方式，培养儿童正在萌芽的尊严感，没有奖惩并不等于没有教育。儿童的喜悦不是因为物质，而是因为精神方面的。对儿童加以表扬，应是精神方面的。对儿童的批评，主要是制止儿童的不良行为。

十、爆发性的教学成果

采取尊重儿童内在需求的方式，让儿童适时、适性地长大，短期内不易察觉成果，但会在未来某一时间以爆发的力量彰显出儿童内在心智的成长。

习近平总书记在党的二十大报告中强调："办好人民满意的教育""全面贯彻党的教育方针，落实立德树人根本任务，培养德智体美劳全面发展的社会主义建设者和接班人"。蒙台梭利教育注重完善人格的培养，重视儿童的全面发展——身体上、社交上、情感上和认知上。可见，蒙台梭利教育对于培养德智体美劳全面发展的社会主义建设者和接班人也具有重要的启发和借鉴作用。

知识小测

1. (　　　　　)、(　　　　　　)、(　　　　　　)是蒙台梭利教育的三要素。
2. 蒙台梭利受裴斯泰洛齐等教育家思想影响，认为教育者应该以(　　　　　　)为出发点，顺应儿童自然成长的规律，不强求、不施压。
3. 蒙台梭利提出人有双重胚胎期，分别是(　　　　　　)和(　　　　　　)。
4. 蒙台梭利认为儿童的发展是教不来的，教育不是教师"给予什么"，而是教师要"跟随幼儿"，她将"教师"改称为(　　　　　　)或(　　　　　　)。
5. 蒙台梭利发现，在0～6岁阶段，儿童能够无意识吸收周围环境进而组合成自己的知识，她称之为(　　　　　　)。
6. "有准备的环境"具有以下特征：(　　　　　　)、(　　　　　　)、(　　　　　　)、(　　　　　　)、(　　　　　　)。

思考与练习

1. 比较一下蒙台梭利教育与传统的幼儿教育的不同之处，并谈谈蒙台梭利教育的先进和科学之处。
2. 根据蒙台梭利的环境观，按区域设计一个蒙台梭利教室环境。
3. 查找关于蒙台梭利教育的教室规则的资料，整理出一份蒙台梭利教室规则。

第三章

蒙台梭利的教育思想

学习目标

❶ 了解并合理吸收蒙台梭利教育七大基础理论。

❷ 了解蒙台梭利的纪律教育、混龄教育与和平教育思想。

❸ 尝试在教育实践中合理运用蒙台梭利的教育思想。

教育就是激发生命，充实生命，协助孩子们用自己的力量生存下去，并帮助他们发展这种精神。

——玛利亚·蒙台梭利

第一节　蒙台梭利教育七大基础理论

为了便于学习，编者将蒙台梭利的教育理论加以总结，概括出以下蒙台梭利教育七大基础教育理论。

一、环境适应论

蒙台梭利将环境列为教育的第一要素。蒙台梭利认为，遗传和环境对儿童心理发展具有深远影响，儿童的各种本能（或内在潜能）只要在适当的、有准备的环境中，通过适当的活动就可以被激发出来，从而达到发展的目的。儿童内在潜能的发展是在环境的刺激和帮助下进行的，是个体和环境之间相互作用的结果，为儿童提供适合儿童发展的"有准备的环境"，可以促进儿童更好地发展。

因此，蒙台梭利主张为儿童创设一个"有准备的环境"。给儿童提供的环境应该是一个自由发展的环境，在那里应尽可能地减少障碍物，使儿童自然地得到发展。有准备的环境应该是有秩序的、生机勃勃的、愉快的、美的、自由发展的环境。

对于3岁以下的幼儿尤其是新生婴儿来说，最好的环境就是父母和家庭本身，最重要的因素就是"营养"与"爱"。对于3岁以上的儿童，需要一个能激发其活动动机的"有准备的环境"，即：①有规律、有秩序的生活环境以及美观、实用的生活设备和用具，能丰富儿童的生活印象；②有感官训练的教具，能促进儿童智力的发展；③能让儿童独立活动，自然表现，意识到自己的力量；④能引导儿童形成一定的行为规范。

二、独立成长论

蒙台梭利认为，"独立"是成长的主要目标，能成为一个独立的人，就具有发展生命的能力。"独立"是成长的必备条件，代表各项生理、心理功能上的成熟，如能自己走路、能自由呼吸等。

蒙台梭利认为帮助儿童独立的方法有：①放手让儿童去做、尊重的态度、适时的指导、最大的耐性、最多的鼓励；②耐心等待生命之初的身心发展到协调的缓慢过程；③充分了解婴幼儿发展的特征与法则；④努力不懈地以"为婴幼儿准备丰富与多元的环境"为己任和乐趣；⑤接纳儿童本来的生命特质，不强求、不比较。信任儿童的能力，尊重其发展的个别速度，不嫌弃、不拔苗助长。

蒙台梭利认为，儿童成长的最终目标是形成独立的个体，个体只有真正独立了，才能靠着自己的努力，完成生命发展中所需的各项活动。

三、生命自然发展论

生命的发展是自然而然的过程，是由小到大、由简单到复杂的过程，充满了秩序和规律。这里所说的“生命自然发展”是指从胎儿出生一直到生命结束经历的全过程。

蒙台梭利认为，儿童的成长是因为他们的体内存在着与生俱来的“内在潜能”，认为教育的任务是激发和促进儿童的“内在潜能”的发现，并按其自身规律获得自然的和自由的发展。儿童是一个具有生命力的、能动的、发展着的人，蒙台梭利强调儿童的自我学习和自我纠正，顺应儿童生命发展的自我需要，促进其自我发展。

四、吸收性心智

蒙台梭利观察到，从婴儿期开始，儿童就对每种经验具有很强的吸收力，而且这种吸收力是直接的。吸收性心智是儿童独有的一种特殊的学习方式，儿童会像海绵吸水一样，从环境中吸取信息。儿童无意识吸收周围环境进而组合成自己的知识。它表现为：虽然儿童对所经历的事情不加思考，但他所经历的这些事情都将自然地成为其心理的一部分。就像照相机的感光底片一样，将外界的印象全部摄入，然后内化成自己的东西；也就是从无到有的快速积累、储蓄基底。

从出生到3岁，这时儿童处于无意识吸收阶段，此时的儿童通过感知觉和动作探索环境，同时学习所处文化环境的语言。儿童会记住这些经验，但他们没有意识到。也就是说，这些经验不能因儿童的使用需求而有意识地提取。

五、敏感期理论

蒙台梭利提出，儿童心理发展具有敏感期，即儿童在发展中对某个学习领域感受特别敏锐的一段时间。这种感受能力会促使儿童将注意力集中到一件事物上，并表现出极大的耐性和兴趣。蒙台梭利通过观察与研究，归纳出语言、动作、感官、秩序、细微事物、书写、阅读、社会规范、文化9种敏感期。

在蒙台梭利看来，敏感期是一种与成长密切相关并和一定年龄相适应的现象，它只持续一个短暂的时期就会消失，而且只要消失就不会重新出现。

六、工作人性论

蒙台梭利把儿童在“有准备的环境”中自发地选择和操作活动材料，并经由专注于活动而有所发现和发展的活动称之为“工作”。蒙台梭利的“工作”内涵的主要特征是自发的需要。蒙台梭利认为，工作是人类的本能与人性的特征。

蒙台梭利认为儿童的“工作”与成人工作的本质区别在于是否遵循自然法则。她认为儿童的“工作”遵循秩序、独立、自由、专心、重复练习的法则。

蒙台梭利指出工作是人类的天职和生活的需要，也是儿童的内在需要；儿童喜欢做事，他们常常模仿成人的工作。应注重让孩子通过做“工作”（日常生活、感官、数学、语言、科学文化教育）体会事物的基本原理和本质概念，从而找到解决问题的方法，体验其中的乐趣。

七、奖惩无用论

蒙台梭利认为儿童本质上是自我教育的，儿童完全能够通过自己的自发活动学习重要的概念和知识。成人没有必要强迫儿童学习，或使用惩罚与奖励。奖惩对儿童的学习、纪律的培养不能产生“诱因”，不但无效，反而有害。

蒙台梭利否定奖励、惩罚等强化的作用，强调儿童的内在力量、主观能动性。蒙台梭利认为人类的进步都是靠内部的动机，惩罚是一种压制。悬赏式的奖励，只会诱使其“有奖才做”，影响其价值观念的形成，造成只以名利为衡量的标准。

蒙台梭利认为没有必要跟儿童承诺奖励；或用惩罚威胁他们。外部奖励迎合儿童的本能，如贪食，但在给儿童提供自我学习的机会后他们的这些本能行为就会消失。

第二节　蒙台梭利的其他教育思想

除了七大基础教育理论，蒙台梭利在纪律教育、混龄教育及和平教育方面也有自己独特的思想和观点。

一、纪律教育思想

蒙台梭利十分重视纪律教育，她提出了自己独特的纪律教育思想：纪律必须通过自由而获得，良好的纪律会带来更多的自由，重视内在纪律。

一般而言，纪律有三种基本含义：①惩罚；②通过施加外来约束，达到纠正行为目的的手段；③对自身行为起作用的内在约束力。

蒙台梭利所谓的纪律，是一种建立在自由基础之上，并通过工作来实现的纪律。这样的纪律不同于旧式教育里那种绝对的、不容辩驳的高压政策下的“不许动”，而是能动的、主动的、发自内心的自我约束，即纪律的第三种含义。

蒙台梭利曾经描述：“我心目中纪律很好的教室景象，应该是教室里孩子有效地、勤勉地、自由地活动着，却没有出现粗鲁野蛮的行为”，即她认为“纪律需来自自由”。儿童通过自身内在的纪律意识来控制自己的行为，而非教师以权威的立场强加和强迫，这是一种真正体现儿童主体性和能动性的纪律，是儿童自发的、愿意顺从的纪律，是一种积极的纪律、工作的纪律和有益的纪律，而不是一种被动的、顺从的纪律。

蒙台梭利的纪律观念和自由、工作是紧密地联系在一起的。自由是纪律的根基，工作是实现纪律的有效途径。这里的自由是指人从妨碍身心和谐发展的障碍中解放出来的自由，这种自由并非放任自流、任意妄为。儿童的自由是有范围和限度的。蒙台梭利的教育原则和方法是在“有准备的环境”和特定的条件下，给儿童最多的自由和活动的权利，并在组织得井然有序的自由活动中，让儿童自然而然地受到纪律和道德方面的教育和训练。它根植于儿童心灵深处，并逐渐地养成习惯，所谓“习惯成自然”，即变成儿童的第二天性。

所以，对蒙台梭利来说，“纪律和自由是一件事物不可分的两部分——犹如一枚铜币的两面”。蒙台梭利指出，“我们并不认为当一个人像哑巴一样默不作声，或像瘫痪病人那样不能活动时才是守纪律的。他只不过是一个失去了个性的人，而不是一个守纪律的人。有独立自主精神的人，无论何时何地，当他意识到需要遵从某些生活准则的时候，他能够节制自己的行为”。在这个意义上讲，纪律就意味着自由。这样的纪律，必须也只能建立在自由活动的基础上，也表现在自由或自发的活动中。蒙台梭利曾说：“活动、活动、活动，我请你把这个思想当作关键和指南。作为关键，它给你揭示了儿童发展的秘密；作为指南，它给你指出应该遵循的道路。”自发活动和自由活动，不仅为我们揭示儿童生命的内在潜能展现和自然发展的规律，也为我们指出培养儿童良好纪律的自由之路。

蒙台梭利指出，独立与自由密不可分，“谁若不能独立，谁就谈不上自由”。蒙台梭利曾举了一个一家三口遭遇歹徒时不同反应的例子：丈夫可以靠平时射击训练获得的灵活身手与歹徒搏斗，儿子可以靠自由灵便的双腿逃走。而那个穿着裙子的欧洲妇女呢？她既没有受过训练的能力，也没有天赋的能力，就只有惊叫一声昏倒在地。蒙台梭利强调，不必要的帮助是自然能力发展的障碍，成人包办代替的做法往往窒息、扼杀了儿童自发的活动和独立自主的意识和创造性。

蒙台梭利还指出，纪律必须通过工作来实现。蒙台梭利认为，儿童的生命力是通过内在冲动表现出来的，其外在表现就是儿童的自由活动，蒙台梭利称之为“工作”。她认为，“人是通过工作来塑造自己的”，蒙台梭利的“工作”是指那些身手、身心协调、手脑结合的活动，是儿童在有准备的环境中与环境相互作用的活动。“工作”能够满足儿童自主、自由、自助的需要，儿童喜欢并乐在其中。幼儿期的各种感觉、练习及日常生活技能的练习等自发的活动，都是工作。3～6岁儿童的发展，是在工作中实现的。工作，是纪律养成的基本途径。蒙台梭利这样说道：“真正纪律的第一道曙光是从工作中放射出来的。在一个特定的时刻，奇迹出现了：一个儿童对一种工作产生了强烈的兴趣，这种兴趣从他的面部表情、高度集中的注意力和他对同一练习的坚韧不拔中表现出来。这个儿童开始踏上了通向纪律的道路。”

二、混龄教育思想

混龄教育是指打破传统班级和年龄界限，把不同年龄段的儿童混合在一起活动和学习的管理教育方式。儿童在教师的指导下共同游戏、共同学习、共同开展活动。正如蒙台梭利所说：“在蒙台梭利混龄班里，年长的孩子心智比成人更接近年幼孩子的心智，彼此之间是沟通与合作的关系。他们之间有着一种自然的、精神上的渗透作用，大小孩子间互相关爱、互相帮助、互相学习、互相赞赏、互相合作、共同进步，如同一个自然大家庭一样，充满友爱和手足之情。”蒙台梭利的教育思想强调“有准备的环境”，而将不同年龄的幼儿混合编制在一个班级里就是经充分准备而设置的环境，更是蒙台梭利教育法的一个重要特点，也是其幼儿教育的标志和特色之一。蒙台梭利的混龄教育形式为不同年龄层次的幼儿提供了一个充分认识自我、认识他人、增进交往与互动的机会与环境。

蒙台梭利认为，“按年龄实行隔离是一个人能够做的最残酷、最不道德的事情之一，对儿童也是如此”。它打破了社会的契约，剥夺了生活的滋养。在大多数学校里起初是按性别，然后是按年龄进行分班，这是一种人为的隔离，阻碍了社会意识的发展。因此，她提出混龄班有利于幼儿的交往与合作。混龄教育是呈现社会化最好的途径，在这里幼儿有持续的互动，互相解决问题和学习。幼儿根据自己的能力，并乐此不疲地挑战。

学校的实践经验表明了不同年龄的儿童之间可以相互帮助。年龄小的儿童可以观察年龄大的儿童做事并请他们进行说明或解释，年龄大的儿童是很乐意这样做的。这样的教学才真正有价值，因为相较于成人而言，5岁儿童的心理更接近3岁儿童的心理，幼儿很容易学会我们认为是难以传授的东西。在他们两者之间存在着一种人们在成人与幼儿之间很少发现的交流与和谐。有很多东西教师是不能传授给3岁儿童的，但5岁儿童能轻而易举地做到。在他们之间，存在着一种自然的心理渗透。混龄教育思想的内容包括：及时发现幼儿感兴趣的事物，发现游戏和偶发事件中所隐含的教育价值，把握时机，实施教育方案，在方案实施活动中幼儿可以通过不同的方式掌握各种知识，提高技巧技能，在交往中学会学习，提高解决问题的能力。年龄小的幼儿模仿年龄大的幼儿，容易掌握方法，主动学习新知识；年龄大的幼儿自然地提高自身的能力，并养成乐于助人、自信的好品质。

混龄教育应注意的问题：①通过幼儿自身主动参与的实际活动来进行混龄教育；②混龄教育

注重幼儿情感教育；③混龄教育要与家长密切配合实施。

三、和平教育思想

（一）蒙台梭利对和平的重新定义

蒙台梭利经历了两次世界大战，她对战争带给人类的痛苦深恶痛绝。她是一位虔诚的天主教徒，她将宗教的和谐道德理念渗透到了她的教育方法里。更难能可贵的是，蒙台梭利没有局限于把和平教育作为一种想法或理念，而是作为一门科学来对待，她创立了和平教育思想和和平教育课程。它是一门综合性的学科，涉及社会学、历史学、人类学、心理学、文学、自然科学等多门学科。蒙台梭利认为，只有通过教育创造和平的人，人类才能实现永久的和平。这一思想一度震惊世界，彻底改变了传统的和平理念，即战争的停止就是和平。她曾经说过，儿童是新人教育的起点和希望，要形成一个持久的和平世界，必须从儿童做起。她的终极教育目的就是建设一个美好的、和谐的、持久的和平世界，而这个目的必须通过培养一代新人类的种子实现。蒙台梭利让全世界的人们开始重新审视“和平”的真正定义，“和平”也从此有了真正的内涵。蒙台梭利也因此在1949年、1950年和1951年三次获得诺贝尔和平奖提名。她的和平演讲和呼吁传遍世界，她是伟大的教育家，更是学术界和政治界的重要影响者，开启了人类新的希望。

蒙台梭利倡导的和平，是一种情感，是一种人类内心高尚的情感，是一个人内心的安宁，是一种团队合作精神。从这个层面上讲，我们可以称之为内心和平。和平也是一种外在状态，没有暴力，没有战争，人与人之间和平相处，世界处于有序、健康的状态，我们可以称之为外在和平。的确，内心和平和外在和平正是蒙台梭利所倡导的“和平”。内心和平具有无限能量，直接影响外在和平；外在和平状态的长久存在，需要以内心和平为基础。蒙台梭利正是通过教育，增强儿童的内心和平力量，引导世界走向永久和平。可见，蒙台梭利倡导的和平不仅仅是没有战争，因为战争的停止只能带来短暂的和平，只有拥有内心和平，人类才能维系一个长久和平的社会。在这样的社会中，人们一起工作，解决冲突，发展道德，彼此公平对待，满足基本需求，互相尊重，相互合作，相互鼓励，人们内心有强烈的爱，这种爱维系彼此和平的关系。这种完美的世界也许很难实现，但是蒙台梭利的和平理念可以缩短到达理想目标的时间与距离。蒙台梭利认为，通过教育造就的新人类可以帮助我们实现这个伟大的理想。蒙台梭利曾警示人们：“和平科学具有一种特别的发展规律，是一切规律运动中最崇高的。人类生命的发展依赖这种规律，所以，和平科学的发展是决定我们整个文明是发展还是消失的问题。”

（二）和平教育的目的

蒙台梭利和平教育的宏观目标：建设和平、民主、文明的理想社会，这也是蒙台梭利和平教育的最终理想。经历了两次世界大战的蒙台梭利，见证了战争的残酷，深感战争对人性的摧残。她痛恨战争的非人道，战争迫使她的学校被关闭，她的教育思想无法传播，她本人被迫流亡国外；也正因为战争，引起了她深深的思考，从而创立了独具特色的和平教育思想，并因此令她的教育体系上升到探索人性与社会和谐的哲学层面。她关注的不仅仅是对儿童的培养，更是整个人类社会的健康发展与世界的和谐、和平。蒙台梭利的和平思想绝非仅仅是消灭战争，没有战争只是和平的初级形态，那样的和平是短暂的，她力求寻找一条持久的和平之路。通过培养优秀品质的新人类成就永久和平，是蒙台梭利和平教育的最终目的。蒙台梭利和平教育的阶段目标是使儿童具备完善的人格，这也是蒙台梭利实现和平教育终极目的必须达到的阶段目标。要创造和平、民主、文明的理想社会，首先需要诞生高素质的新人类，而造就新人类的必经之路是教育，只有通过科学的教育来培养完善人格的新人类，才有希望建立新的社会秩序。由此看来，这两个层面的目标看似独立，实则有密切的内在联系，只有通过每一个人人格的完善，才能够进行。和平、民主、文明的理想社会的建设、儿童完善人格的培养，在蒙台梭利五大教学领域都有具体的理论和实践。培养具有良好人格的人，是蒙台梭利教育区别于其他派系教育的主要特征。

（三）和平教育的实施方略

1. 和平教育课程

蒙台梭利的和平理念贯穿于教育体系的全部学科的教学中，她没有创设独立的和平教育课程。不过，后来的跟随者，根据其和平教育理念发展的和平教育课程，使其和平教育理念更加系统和完整，主要以幼儿园和小学阶段为重点。蒙台梭利教育法内含了和平因素，本身就是和平教育，蒙台梭利为了达到培养新人类的目的，从日常生活到科学文化教育，无不渗透了和平教育的因素。蒙台梭利的和平教育理念体现在以下几个方面：①自由的环境。蒙台梭利教室充满温馨、舒适、安静、自由，自然得像家一样，教师是爱的化身，儿童在这样的环境中快乐自在地生活、学习，他们的心是自由的，身体是自由的，内心是和平的。在自由环境中，孩子也会有冲突，但是我们更多的是看到他们的和谐，看到他们正常成长。②秩序感培养。蒙台梭利试图通过环境中的这种外在秩序内化到儿童内心，使他们的思想具有条理性。他曾讲到，有秩序的生活可以减少生命的浪费。同时，秩序的环境就是和谐的环境，对于秩序感相当强的儿童，这种环境可以让他们的心绪安定，获得安全感。③独立性培养。从身体独立走上精神独立，是蒙台梭利教育的特色之一。蒙台梭利认为，具有独立精神的人才是正常的、完整的个体精神独立使个人意志坚定，具有明晰的判断力，不盲从，对自我和他人、对善恶是非有清醒的认识，从而有效控制自身的行为，并能对自己的行为负责。④寂静游戏。蒙台梭利和平教育的主要观点为，只有内心的和平才是真正的和平。寂静游戏提供了一种达到内心平和的方式。⑤轮流等待。在蒙台梭利教室里，轮流等待是儿童必须遵循的规则。礼让的品格，正是新人类的重要品格之一。⑥科学文化教育。在蒙台梭利幼儿与小学课程里，科学文化教育与和平教育是相辅相成、互相渗透的。

2. 和平教育实施方法

开展和平教育，关键是更新教育理念，核心是改革人才培养观念与体制。

开展和平教育的关键是创设和平教育环境。蒙台梭利指出，教师的责任是为儿童创造一个良好的学习与生存环境，在儿童之间营造一个非竞争的学习共同体。教师要支持、鼓励、吸引儿童与教师、同伴或其他人交流与合作，体验和谐共处的乐趣。创设的环境应是一个能使儿童理解和平、体验和平的环境。儿童的和平教育是在个体与环境相互作用中，尤其是在与人的交流或在“工作”中获得和发展的。一般来说，正常儿童的发展都要有一个和谐的环境，成人要提供这种环境。这里讲的和平环境包括隐性和显性环境。显性环境与其他五大学科领域一样，要有序、美观、洁净。教师要鼓励儿童尊重和平环境中的每个事物，让儿童深入其中，反复尝试，以达到和平的最高境界，即内心和平。另外，教师还要组织儿童建立和执行教师制定的和平规则，对儿童实施礼仪道德教育等。隐性的和平环境是指一个充满爱心、关怀、尊重、自由、独立、舒适的积极心理环境。良好的隐性和平环境可以化解或降低许多不易处理的冲突。儿童的精神胚胎更需要爱的环境来保护。教师的态度和行为就是隐性环境中重要的一部分。隐性环境要做到给儿童最大限度的自由、舒适，最大限度的独立。

教师是和平教育的使者，有好的教师，才有好的教育，才有高素质的新人类，才能实现人类社会的永久和平。教师对儿童的成长，尤其是其人格成长非常重要，是影响儿童思想的重要人物。相较于其他教育领域来说，和平教育对教师的要求更高。因此，开展蒙台梭利和平教育，要提升教师素质，努力造就一批师德高尚、业务精湛、结构合理、充满活力的高素质专业化教师队伍。教师、家长与社会应共同创造有利条件，共同开展和平教育，鼓励教师和家长在实践中大胆探索，创新和平教育思想、教育模式和教育方法。

知识小测

1. 蒙台梭利认为，(　　　　　　) 是成长的主要目标，也是成长的必备条件，它代表各项生理及心理功能上的成熟。
2. 蒙台梭利所谓的纪律，是一种建立在 (　　　　　　) 基础之上，并通过 (　　　　　　) 来实现的纪律。
3. 蒙台梭利把儿童在“有准备的环境”中自发地选择和操作活动材料，并经由专注于活动而有所发现和发展的活动称之为 (　　　　　　)。
4. 蒙台梭利教室的编班方式是 (　　　　　　)。
5. 建设和平、民主、文明的理想社会，是蒙台梭利 (　　　　　　) 的宏观目标和最终理想。

思考与练习

1. 绘制一幅蒙台梭利教育思想的思维导图。
2. 请阐述混龄教育的含义及优缺点，并谈谈如何在教育实践中进行混龄教育。
3. 在蒙台梭利的教育理论中，你对哪一个感受最深，为什么？联系教育实际谈谈你的感受和想法。

第四章

蒙台梭利教育的本土化

学习目标

❶ 了解蒙台梭利教育在中国的发展及本土化的意义。

❷ 理解蒙台梭利教育本土化中存在的问题及应对策略。

❸ 了解蒙台梭利教育与岭南文化融合的设计思路。

❹ 探索蒙台梭利教育与本土文化的适应、融合与创新。

教育应该尊重每个地方的文化和价值，本土化是实现这一目标的关键。

——玛利亚·蒙台梭利

第一节　蒙台梭利教育本土化概述

“localization（本土化）”一词，也可译作“本地化”“本国化”或“民族化”，最早是由研究西方民族与文化的西方人类学学者针对人类学研究的弊端提出来的。从语义上讲，本土化是指事物发生转变，适应本国、本地、本民族的情况，在本国、本地生长，具有本国、本地、本民族的特征。

“蒙台梭利教育本土化”可以理解为在吸收蒙台梭利教育法先进之处的基础上，将蒙台梭利的教育理念、教育方法等与我国本土的文化、社会和教育需求相结合，使其更符合本地教育实际的过程。

一、蒙台梭利教育在中国的发展历程概述

20世纪初是蒙台梭利教育进入我国的初始期。蒙台梭利教育法经由日本传入我国，当时的学术界对蒙台梭利本人及其教育法进行了介绍，江苏省还成立了蒙台梭利教育法研究会，国立北平女子师范大学附属蒙养园等个别幼儿园还开办了蒙台梭利教育班，引进了蒙台梭利教育法进行试点探索。当时的介绍主要集中在：对蒙台梭利本人及其“儿童之家”的介绍、对蒙台梭利教育法的介绍、对蒙台梭利教具的介绍。

但是，当时我国政治腐败，经济落后，人民贫困，现代学前教育体系初始，幼儿园数量极其有限，也缺乏配套的资金、师资、教具设施等，蒙台梭利教育法的推行实施难以为继，所以蒙台梭利教育在当时的中国受到了冷落与放弃。

20世纪40—70年代，蒙台梭利教育在我国进入停滞期。这个时期由于我国处于战乱及社会主义建设初期，蒙台梭利教育在我国沉寂，甚至由于其起源于西方而受到批判。

20世纪80—90年代，蒙台梭利教育法重新受到我国幼教界的关注，其代表著作《发现孩子》等被我国学者翻译出版，蒙台梭利教育思想重新开始传播。关于蒙台梭利的课题研究、实验研究也逐渐增加。相关研究成果在20世纪80—90年代还屈指可数。但是随着研究的深入，实验开展的成效也逐渐影响开来。2000年以后研究成果迅速增加，其传播和影响也日益扩大。

在教育实践层面，20世纪90年代以后，蒙台梭利教育法首先在幼儿园进行试验和实施，其次大兴于0～3岁为主的早期幼儿教育机构，也有少量延伸到小学阶段。目前蒙台梭利幼儿园已经遍布我国30多个省、自治区和直辖市。而遍布全国大小城市的连锁早教机构半数以上都采用蒙台梭利课程，蒙台梭利教育的品牌和产品也日益增多。据不完全统计（2017年），我国有大约10000个蒙台梭利幼儿班。此外，国内以及中外合作的一些蒙台梭利协会和培训机构在20世纪90年代以后也应运而生，为教育工作者提供蒙台梭利教育理论和实践培训，但是其规范性和专业性参差不齐。

除了在幼儿园和教育机构中的应用，蒙台梭利教育也在家庭教育中得到了越来越多的关注和

应用。许多家长开始关注蒙台梭利教育的理念和方法，尝试将其应用于家庭教育中，为孩子提供更丰富、多元化的学习环境和体验。

可以说，2000年以后，蒙台梭利教育在我国进入了高速发展期。至今依然方兴未艾。

二、蒙台梭利教育本土化的意义

推动蒙台梭利教育本土化具有多方面的重要意义。

首先，适应了我国幼儿教育的实际情况。蒙台梭利教育法是一种基于西方文化背景和教育实践的教育方法，虽然在全球范围内得到了广泛的应用，而我国是历史悠久的东方国家，中西文化差异较大。在我国的应用也需要考虑到我国的实际情况，包括教育政策、文化背景、教育理念、教育环境等方面的差异，克服在我国实施过程中遇到的一些水土不服问题。因此，本土化的蒙台梭利教育法可以更好地适应我国幼儿教育的实际情况，提高其应用效果。

其次，丰富了我国幼儿教育的内容和方法。蒙台梭利教育法是一种注重幼儿自主探索和发现的教育方法，强调在操作中学习，这与我国的《幼儿园教育指导纲要（试行）》等政策文件中倡导的教育理念有一定的相似性。在我国，蒙台梭利教育法的本土化可以与传统的学前教育方式相结合，可以进一步丰富我国幼儿教育的内容和方法，为幼儿提供更多元化的学习机会和更全面的发展支持。

再次，提高了我国幼儿教育的质量。本土化的蒙台梭利教育法可以结合我国的教育环境和教育需求，提供更为适合的教育资源和教学方法，有助于提高我国幼儿教育的质量。同时，通过本土化的蒙台梭利教育法，也可以培养更多的蒙台梭利教师，提高教师队伍的专业化水平，进一步推动我国幼儿教育的发展。

最后，推动了我国幼儿教育的改革与发展。蒙台梭利教育法是一种具有前瞻性、创新性、科学性的教育方法，时至今日仍然散发着夺目的光芒。其本土化可以为我国的幼儿教育改革与发展提供新的思路和方法。通过借鉴和吸收蒙台梭利教育法的优点和长处，可以进一步推动我国幼儿教育的改革与发展，提高我国幼儿教育的国际影响力。

第二节　蒙台梭利教育本土化中存在的问题

目前，全球已有100多个国家和地区的超过2万所学校（2016年）采用了蒙台梭利教育法，培养出一批批优秀的人才。但任何一种教育理论都不可能放之四海而皆准，不宜一味拿来主义、全盘接受。进入我国以后，蒙台梭利教育实践也存在一些水土不服的现象，出现多种问题。

一、蒙台梭利教育理念本土化中的问题

（一）全盘吸收蒙台梭利教育理论，忽略了蒙台梭利教育理论的局限性

蒙台梭利教育法在国际上享有盛誉，至今仍然在世界幼儿教育体系中具有不可或缺的地位。它在20世纪90年代进入我国之时，正是我国对外开放、向西方学习的高峰期，而它来自西方发达国家，新颖、独特，具有前瞻性，受到了广泛的追捧。很多幼儿园、早教机构不假思索地全盘接受、直接照搬。但是他们只看到了蒙台梭利教育思想的先进之处，忽略了其局限性。其局限性主要表现在以下方面。

首先，忽视了社会环境在儿童发展中的重要作用。蒙台梭利认为儿童的需要和潜能是先天就存在的，本质上来讲，她是一位本能论者。不可否认，蒙台梭利发现了儿童早期发展中的一些本能现象和规律，并给予了充分的尊重和运用。但是她过于强调早期本能和儿童个体发展，强调自然环境和物质环境对儿童的作用，忽视了社会文化和社会环境在儿童发展中的重要作用。

蒙台梭利教育缺少儿童之间直接的交流协商与合作的部分，对于儿童的社交技能和社会情感的发展较为不利。另外体能和艺术领域的学习机会也比较欠缺。

其次，蒙台梭利教育法最初起源于对智障儿童的研究和教育，不可避免地保留着许多更适用于智障儿童的教育方法，结构化程度高，略显单调和刻板，容易使儿童受限于机械、枯燥的操作练习。这对于正常儿童来说并非非常适用。

最后，忽视蒙台梭利教育理论的局限性，带着崇洋媚外的想法，把它“完美化”、全盘接受，致使蒙台梭利教育本土化早期的进程走入了弯路和误区。

（二）对蒙台梭利教育基本观念理解不到位，知行不一致

儿童观是蒙台梭利教育理念的精髓。蒙台梭利是“儿童中心”“儿童本位”的坚定倡导者。她提出“生命自然发展”“儿童具有心灵胚胎期”“儿童具有发展的敏感期”等重要的基本理论。她非常重视儿童的“内在潜能”。而在我国传统教育中，儿童被认为是需要园丁照料、修剪的“花草树木”，是需要成人描绘的“白板”和作品等，容易忽视儿童自我发展和内在潜能。

教学观方面，蒙台梭利主张自由教育，它的精髓在于给予孩子充分的自由，在自由的活动中发展成为一个独立自主并能够节制自身行为的人。她强调教学必须严格遵守较少干预的原则，每个儿童都可以自由选择教具，教师对学生的指导随着儿童年龄的增长而逐步减少，或者仅限于年龄较小的儿童，且教师的指导也要把握时机，避免直接纠正。她认为教育方法最大的成功就是给儿童带来自发的进步。

我国蒙台梭利学校的教师虽然多少都认识和接受了蒙台梭利的教学观，但我国传统的“严师出高徒”“诲人不倦”等观念在教师内心还是存在较大影响，使得很多教师理解蒙台梭利教育理念不到位、知行不一致。这主要表现在以下几个方面：①教师照搬蒙台梭利教室环境，忽视后续的更新改变；②教育重心过于偏向教具使用，忽视了对儿童的观察；③过于积极地帮助或暗示儿童选择某些教具和“工作”；④当儿童遇到困难时，过于急切地对儿童提供帮助；⑤当儿童专心于他们的“工作”时，过于冒昧地打搅他；⑥不能敏锐、谨慎地观察儿童的敏感期或爆发学习的时机，不能适时地介入儿童的活动；⑦过于强调制订统一的教学计划和开展集体教学活动。

（三）难以将蒙台梭利教育目标与我国教育目标融合

蒙台梭利教育和我国教育的目的都是培养全面发展的人，但是两者的立足点和出发点还是有差异的。

蒙台梭利教育是“儿童本位”的，是偏向个体中心的。蒙台梭利的全面发展指的是培养完善的人格，使心灵胚胎“实体化”，促进儿童“人格正常化”，更多的是强调个体本身心理潜能的开发和人格的自我建构与完善。在合适的环境下，如果每个个体都完成了自我内在构建，都具有了完善人格特质，就具有了一个良好公民的品质，那么自然而然会形成一个和谐的、和平的世界。

而长期以来，我国教育目标是“社会本位”的，偏向现实主义，教育实践中比较重视儿童社会性的培养和发展，注重培养合格的社会主义社会的公民，支持、提倡通过种种教育方式和手段，使合格公民的品质内化为个体人格与品质，最后实现社会目标和个体目标。

蒙台梭利教育注重“个体中心”，我国教育注重“社会中心”，它们仿佛钟摆的两端，在蒙

台梭利教育本土化实践中难以融合。

二、蒙台梭利课程本土化中的问题

（一）课程内容的差异

蒙台梭利课程内容主要包括五个方面：日常生活教育、感官教育、数学教育、语言教育、科学文化教育。而我国幼儿园课程内容分为健康、语言、艺术、科学和社会五大领域。二者的课程领域和内容存在重叠交叉，也存在一定的差异。这五个方面的内容涵盖了儿童时期儿童所能涉及的社会生活中的大多数经验、感受，但仍有不少可补充的具体内容。例如，蒙台梭利课程缺乏社会、体育方面的教育机会；我国没有专门的感官教育，但五大领域也会应用到“直观体验法”和“操作练习法”；我国学前教育的科学领域包括蒙台梭利数学教育和科学文化教育的内容；等等。总体来看，蒙台梭利课程体系对本体教育的强调具有独特的教育价值。但是蒙台梭利教育法自创立至今已有100多年，课程内容并没有我国现行的学前教育课程内容丰富，蒙台梭利所固有的五大领域教学内容也不能满足现在21世纪我国儿童的需求。另外，蒙台梭利教育中的语言教育和科学文化教育都是以西方语言文化为基础设计的教具和活动材料，不能够体现我国的语言和民族文化的精髓。虽然国内蒙台梭利教育培训机构研发出一些拼音字母和汉字的教具，但是还不够丰富，不能充分反映我国语言的本土特色。蒙台梭利课程体系具有独立性与完整性，如何将其与我国的学前教育课程领域与内容进行合理的融合，迄今仍然缺乏系统的研究和实践。

（二）课程实施形式的差异

蒙台梭利课程主张区域教学，促进儿童个性发展。在实际教学中，利用集体教学时间，可以分别进行不同区域教学，而大部分情况下需结合主题活动开展教学。同时，蒙台梭利教育中，一对一的个别指导占据很重要的地位。因为在蒙台梭利课程教学环节中，除了主题活动，儿童自由选择“工作”也是重要的学习形式，这是蒙台梭利课程的特色之一，也是我国传统教学里没有特别关注的。在自由选择“工作”过程中，儿童根据自己的兴趣、需要、意愿，自由、自主地选择某个区域的某个教具进行“工作”，而教师是作为观察者并进行个别指导。因此，为了促进儿童综合素质的提升及个性品质的形成，蒙台梭利课程需以主题活动为载体，以个别指导为保障。

我国学前教育课程实施形式以集体教育活动为主，区域活动和个别指导为补充。教育活动组织形式有区域活动课程、主题课程、整合课程、活动课程等，这些丰富的课程组织形式各有优点，能够针对不同的课程领域、目标和内容灵活运用。但是与蒙台梭利课程相对固定、流程化的课程组织形式存在较大差异，如何将我国的课程组织形式融入蒙台梭利教育，充分发挥多种组织形式的所长也是一个重要的课题。

三、混龄教育的班级组织形式难以推行

混龄教育是蒙台梭利教育特有的教育组织形式，这种“垂直式”的混龄教学组织形式也是蒙台梭利教育的重要特色和优势。蒙台梭利认为，混龄编班教育可以让不同年龄的儿童学会理解、照顾他人，发展社会适应能力。蒙台梭利教育传入我国之后，因为种种原因制约，实行混龄教育难度较大。

首先，部分家长观念相对陈旧，不能接受不同年龄的孩子在一个班级中上课。年龄大一点孩子的家长担心自己的孩子跟年龄小的孩子学不到东西，年龄小一点孩子的家长担心在交往上可能

会出现矛盾冲突，年龄大的孩子会欺负年龄小的孩子。

其次，传统的同龄分班制的管理惯性。社会竞争愈加激烈，也投射到教育领域。“不能让孩子输在起跑线上”，从幼儿园开始，能否让孩子学到“有用”的知识，仍然是很多家长选择幼儿园的主要原则。与此相适应，我国普通幼儿园班级层次分明，每个年级课程任务不同，难度逐级递增，园内管理制度也是以年级为单位，就成了越来越强化的传统，这也使蒙台梭利班实现混龄教育陷入困境。

最后，混龄编班对蒙台梭利教师的专业性要求更高，教师面对的不再是同一个年龄段的孩子，而需要观察、研究和引导各个年龄段的孩子，适时帮助每一个孩子全面发展，但是目前大多数教师缺乏这方面的专业能力。因而，我国蒙台梭利幼儿园（班）依然主要采取传统班级组织形式——分龄编班、分龄教育。

四、蒙台梭利教具本土化使用中的问题

（一）过于重视教具的机械操作

目前我国教师接受的蒙台梭利教育培训大多是对教具操作方法的培训，这使教师认为蒙台梭利教育最重要的就是教具的操作。由于蒙台梭利教具操作强调操作的顺序性、动作的标准性，操作步骤也比较多，有些教师忽略了用教具进行教育的根本目的、忽视了儿童的兴趣和反应、忽视了教具提高儿童智力和发展个性的作用，而是追求一丝不苟地完成每一个操作步骤及动作。蒙台梭利课堂围绕着教具转，显得有些僵化、刻板，儿童则在教师的示范下机械地摆弄教具，使得蒙台梭利课堂成为教具教学，这与蒙台梭利设计教具以促进儿童发展的初衷相悖。

（二）缺乏对教具的创新

蒙台梭利教具已创立百余年，经典蒙台梭利教具的种类和数量，也是比较固定的。这些对于现在我国有多种多样玩具、越来越聪明的孩子而言，开始是有吸引力的，但是随着操作的熟练，兴趣很难持续较长时间。有一些教具和“工作”也已经过时或不符合现实生活，若完全依靠传统蒙台梭利教具完成幼儿三年的教育会使幼儿觉得重复、枯燥，学习兴趣也会大大降低。因此在教学中需要教师结合幼儿实际情况及本土文化特点及时地调整、更新教具。但实践中教师对创新教具的热情并不高，有的教师没有意识到创新教具的必要性，有的教师有创新教具的想法，可是受到主客观因素的制约不能够很好地付诸行动。

五、蒙台梭利教育者培训和能力方面的问题

（一）园长的教育理念和专业领导力的不足

幼儿园园长作为一园之长，其对蒙台梭利教育理念的理解、专业领导力都直接影响着蒙台梭利教育在幼儿园的有效实施。

由于我国幼儿园园长大多是从幼儿教师做起，幼儿教师又是由我国的师范学校（学院）多年以前培养出来的，而蒙台梭利教育法进入高等院校专业还是近些年的事情。所以大多数园长缺乏对蒙台梭利教育法进行深入系统的学习，对蒙台梭利教育理念的理解和把握深度、广度和准确性都不尽如人意。园长的专业领导力有限，对幼儿园蒙台梭利教育的专业指导也受限。

（二）教师的培训和专业能力的问题

蒙台梭利教育法需要经过专业培训的教师才能实施。虽然国际上要求教师经过1～3年的集中

学习才能获得专业资格证书，但我国大多数蒙台梭利教师只是接受了短期的操作培训，没有经过完整的技术性学习和实践性学习，有些甚至只是进行了几天的内训，无法深刻领悟蒙台梭利教育法的精髓。同时，由于缺乏同行交流和成功的案例借鉴，教师在实践过程中容易凭主观感觉来解读蒙台梭利，导致偏离轨道。因此，教师需要进行更加详细和深入的培训和学习，并加强同行交流和合作。

六、推动蒙台梭利教育本土化的合力尚未形成

蒙台梭利教育本土化需要教育机构、政府部门、家长及社会机构形成合力，不留短板。但目前我国推动蒙台梭利教育本土化的合力尚未完全形成。

（一）家园协同育人局面尚未形成

现在幼儿家长越来越注重对孩子的教育投资，希望孩子能够接受先进的、有特色的蒙台梭利教育，希望孩子得到更好的成长和发展。但在实践中，一方面，由于蒙台梭利教育来自西方，其理论和方法系统且具有一定深度，并不是那么容易把握精髓，很多家长对蒙台梭利教育和蒙台梭利幼儿园都没有深入理解，只是一知半解，在对幼儿园教育的配合度、家庭教育氛围和环境的营造方面都比较欠缺；另一方面，相当多家长存在一定功利化或虚荣的思想，认为收费较高、采用国际流行教学模式的蒙台梭利幼儿园（班）就应该和其他幼儿园不同，误认为孩子在这里就应该高人一等。这偏离了蒙台梭利教育的根本目的。

（二）教育机构功利化倾向带来消极社会影响

一些打着蒙台梭利旗号的教育机构以获取经济利益为主要目的，忽略了蒙台梭利教育初衷。在我国实行蒙台梭利教育的教育机构（包括早教机构、幼儿园等），一部分投资人或主办方的初衷是能够获取更多的经济利益。一方面，当前许多家庭都是十分注重幼儿的教育，愿意花更多的金钱与精力去培养孩子。因此有很多幼儿园就打着“蒙台梭利教育”的卖点向家长推销，但主要目的是收取高额的学费。另一方面，许多家长并未真正了解蒙台梭利教育或者实际办学情况，盲目跟风将孩子送进某些蒙台梭利幼儿园。但是，蒙台梭利教育是诞生于罗马贫民窟的“儿童之家”，是平民的教育，它真正的价值是让所有幼儿都能受到最好的学前教育，而不是“贵族化”包装的“蒙台梭利教育”。

（三）政府部门缺乏支持和监管

蒙台梭利教育的推广需要行政部门的支持，包括政策、资金和宣传等方面。在本土化过程中，很多蒙台梭利教育机构只能以商业机构注册，面临入学难、认证难等问题。由于没有资金支持，很多蒙台梭利教育机构面临经费紧张、设施不足、缺乏人员培训、入不敷出等问题。如果没有宣传支持，公众可能会对蒙台梭利教育缺乏了解和认同，影响其普及和发展。

（四）教师培训机构的规范化和专业性有待提高

目前我国缺乏官方认可的蒙台梭利师资培训机构，民间培训机构很多，大大小小的培训机构规范性和专业性程度参差不齐，但都可以颁发各自认可的蒙台梭利教师培训证书。与国际蒙台梭利培训机构合作的蒙台梭利教师培训耗时长、费用高昂，很多蒙台梭利园所和教师无力承担。所以，蒙台梭利园所的师资往往只是经过短期的操作培训就仓促上岗。另外，蒙台梭利教育理论及本土化方面的研究，包括整合、应用、教学等方面的研究都还比较缺乏，缺乏理论指导使得蒙台

梭利教育本土化实践的发展也比较缓慢。

（五）学术界对蒙台梭利教育的研究存在不足

综合学术界对蒙台梭利教育的研究，发现存在以下几个方面的不足。

首先，缺乏实践者的观点。许多蒙台梭利教育的研究主要由教育学者和研究者进行，他们多为高校教师或研究人员，往往不在蒙台梭利教育的一线，容易忽略实践者的经验和观点。实践者是蒙台梭利教育的重要组成部分，他们对教育的实施和效果有独特的见解和体验，但他们理论水平有限，难以将这些观点形成理论，也就没有得到学术界充分的关注和研究。

其次，忽视蒙台梭利教育的多样性研究。蒙台梭利教育是一个多元化的教育体系，它可以根据不同的学生、环境和文化进行调整和改编。然而，学术界对蒙台梭利教育的研究往往集中在特定环境或群体中，而没有考虑到这种多样性。这导致其研究结果难以应用于其他环境或群体，限制了理论与实践的结合。

最后，缺乏对蒙台梭利教育与其他教育方法的对比研究。学术界对蒙台梭利教育的研究往往集中在对其自身特点、方法和效果的研究上，而缺乏与其他教育方法进行对比的研究。这种对比研究有助于更好地理解蒙台梭利教育的独特性和优势，以及它在不同教育环境中的应用和效果。

第三节　促进蒙台梭利教育本土化发展的策略

针对蒙台梭利教育本土化过程中存在的问题，可以从以下几个方面采取相应的策略，以促进蒙台梭利教育本土化良好发展。

一、促进蒙台梭利教育理论本土化的吸收与适应

（一）充分认识和了解蒙台梭利教育思想，取其精华，去其不足

在蒙台梭利教育本土化的过程中，我们应该全面深入地了解和研究蒙台梭利教育思想，取其精华，去其不足。我们应该认识到，蒙台梭利教育思想并不是完美无缺的，它有其局限性，包括过于强调早期本能和儿童个体发展，忽视社会文化和社会环境在儿童发展中的重要作用，以及缺少儿童之间直接的交流协商与合作的部分等。因此，在应用蒙台梭利教育思想的过程中，我们应该根据实际情况进行适当的调整和修正，使其更好地适应我国的教育环境和教育需求。

（二）深入理解和贯彻蒙台梭利教育基本观念，注重实践和反思

我们应该深入理解和贯彻蒙台梭利教育的基本观念，包括儿童观和教学观。在儿童观方面，我们应该尊重儿童的内在潜能和自我发展，为儿童提供自由、适宜的发展环境和教育支持。在教学观方面，我们应该注重给予儿童充分的自由和自主权，遵循较少干预的原则，让儿童在自由活动中发展成为一个独立自主并能够节制自身行为的人。同时，我们也应该注重实践和反思，不断探索和应用蒙台梭利教育思想于我国的教育实践中，并不断总结和反思，不断完善和发展。

（三）结合我国教育目标，实现蒙台梭利教育目标与本土化融合

我们应该结合我国的教育目标，实现蒙台梭利教育的本土化。虽然蒙台梭利教育和我国教育的立足点和出发点存在差异，但两者的目标都是培养全面发展的人。因此，在蒙台梭利教育本土

化实践中，我们应该注重个体中心和社会中心的融合，注重培养儿童的内在潜能和自我发展，同时也应该注重培养儿童的社会主义社会的公民素质和社会责任感。我们应该将蒙台梭利教育的目标与我国的教育目标相结合，探索出适合我国国情的蒙台梭利教育模式。

二、推进蒙台梭利课程本土化的融合与创新

（一）课程内容层面的本土化融合与创新

我们可以采取以下措施，在课程内容层面实现本土化融合与创新。

首先，保障基础性课程。蒙台梭利教育课程内容的组织是以教具为中心的，因此课程内容的选择主要体现为教具及相应“工作”的选择。这就要求课程制定者按照儿童身心发展的年龄特点与基本规律，整理、归纳蒙台梭利教育中已有的教具及相应的“工作”，再投放到蒙台梭利教育的工作区域中，并在整体教室环境布置、平日的师幼互动中同步渗透，形成课程的主体内容，将之作为基础性课程，保障蒙台梭利的教育目标得到实现。

其次，增加发展性课程。在蒙台梭利教育中比较弱的艺术领域、社会领域可以加入户外活动、自主游戏。除此之外，有必要针对蒙台梭利教育中偏弱的社会技能、体能训练和艺术方面，合理设计、吸纳相应的教学材料和内容进入课程体系，作为发展性课程。通过对本土化、民族化的儿歌、诗歌、民间故事、绘本等内容的学习还可以增强儿童对我国语言文字的了解和热爱。

最后，开发延伸课程。依据我国传统与当下社会发展新形势，还可编制多个主题，如传统节日、热点问题、社会现象、生活事件等，将涉及这些主题的素材转换成区域材料、“工作”或活动，作为延伸课程。保证儿童掌握当前我国国情下必要的社会、文化和生活常识，增强对本土文化的热爱，并发现儿童的兴趣点，使儿童在自己喜欢或擅长的领域获得进一步学习的机会。

（二）课程实施层面的本土化融合与创新

蒙台梭利教育课程实施是以环境为基础的，强调“有准备的环境”，其课程实施的基本途径就是环境。在课程实施中，以有准备的环境为基础，通过创设自由、自主、真实、自然、有秩序感的环境，让儿童自由选择教具及相应“工作”。同时，设计契合我国传统优秀文化和当下社会新发展需要的主题工作，辅以相应的教具、“工作”、延伸活动等，将蒙台梭利教育与我国传统优秀文化和社会现实有机融合。

在课程实施途径上，首先对教室进行区域规划，划分出日常生活区、感官区、语言区、数学区、科学文化区等几大区域。蒙台梭利教育的五大方面可以跟当下我国学前教育五大领域基本对应，不同之处可以通过课程整体设计和开发、配套教具研制来取我之长、补彼之短。在课程实施途径上，以区域活动和生活活动为主，主张儿童自由选择和教师个别教育，同时辅以集体活动、游戏活动等多种形式。教师在整个课程实施过程中应承担观察者、协助者、环境准备者等多种角色，通过观察、了解儿童，为儿童创设适宜的环境，提供适宜的支持。

三、多方努力积极稳妥推进混龄教育实施

（一）更新家长观念，加强宣传和沟通

蒙台梭利教育机构（幼儿园）可以通过家长会、家长学校、家长课堂等形式，向家长介绍混龄教育的优势和特点，让家长了解混龄教育对于孩子形成完整个性、社会适应能力、交往能力等方面的益处。同时，加强与家长的沟通和交流，及时解决家长关心的问题和疑虑，消除家长的顾虑和担忧。

（二）结合实际情况，因时制宜、因地制宜推行混龄教育

在推行混龄教育时，应该结合实际情况，根据幼儿园的实际情况、师资力量、家长需求等因素，因地制宜地推行混龄教育。一方面，可以采取部分班级混龄、部分班级分龄的方式。尤其是在当今出生率严重下降、生源不足的情况下，有些班级生源不足，就可以探索和推行中大、中小、小托等方式的小混龄教育，再逐步推进大混龄教育，让家长真实体验到混龄教育的优势，逐步适应。另一方面，可以采取部分教育活动混龄、部分教育活动分龄的方式。如教室内进行分龄教育，非教室的活动室活动、户外活动、自主游戏、大课间活动等采取混龄方式进行。

（三）改革相关教育管理制度，适应混龄教育的需要

社会竞争愈加激烈，也投射到教育领域，许多家长希望孩子能够学到“有用”的知识。因此，应该改革相关教育管理制度，适应混龄教育的需要，制定适合混龄教育的课程和评价标准，让家长和孩子更加认可混龄教育。

四、加强对蒙台梭利教具的改进与创新

（一）加强教师对蒙台梭利教育理念的理解和掌握

教师是蒙台梭利教育的核心，只有教师正确理解和掌握蒙台梭利教育理念，才能够更好地引导儿童学习和发展。因此，应该加强对教师的培训，让教师深入了解蒙台梭利教育理念，理解教具的本质目的和意义，注重儿童的兴趣和发展，避免机械操作和刻板教学。

（二）教师要有创新意识，不断更新和改进教具

为了保持儿童的学习兴趣和积极性，教师需要不断创新和更新教具。可以根据本地文化、季节、节日等实际情况，结合儿童的实际需求和兴趣，创新和更新教具，使儿童能够持续地保持学习和探索的热情。

（三）加强教师之间的交流和合作

教师之间应该加强交流和合作，共同探讨如何创新和改进教具，分享教学经验和心得，互相学习和借鉴，提高教学质量和效果。

（四）结合本土文化，开发具有地方特色的教具

可以将本土文化融入蒙台梭利教育中，开发具有地方特色的教具，让儿童在学习中更好地了解和传承本地文化，增强文化自信和认同感。

综上所述，针对蒙台梭利教具本土化使用中的问题，需要加强对教师的培训，提高教师的教育理念和专业能力，同时鼓励教师创新和更新教具，加强教师之间的交流和合作，结合本土文化，开发具有地方特色的教具，以提高蒙台梭利教育的质量和效果。

五、提升园长专业领导力，提高教师专业教育能力

（一）提升园长理念和专业领导能力

在提升园长教育理念方面，园长需要做到以下几个方面：①加强理论学习，深入理解蒙台梭利教育理念；②树立正确的教育观，以儿童为中心，关注儿童的自主性和创造力；③倡导开放式

思维，鼓励教师接受和运用新的教育理念和方法。

在提高园长的专业领导力方面，园长需要做到以下几个方面：①提升教学实践能力，参与教学、观察和指导教师；②推动教师专业发展，制订教师专业发展计划，提供培训和学习机会；③强化团队管理能力，激发教师的内在动力和创造力，提高团队效率。

（二）加强教师培训，提高专业教育能力

可以从以下几个方面加强教师培训，提高专业教育能力。

首先，提供更系统和更深入的培训和学习机会。为了使教师更好地理解和实施蒙台梭利教育法，需要给他们提供更全面和更深入的培训和学习机会。这可以包括技术性学习和实践性学习，以及案例分析和实践操作等环节。同时，对于接受短期操作培训的教师，可以提供补充学习资料或额外的培训课程，以帮助他们更好地理解和应用蒙台梭利教育法。

其次，加强同行交流和合作。通过同行交流和合作，教师可以分享经验和技巧，互相学习和借鉴，从而更好地实施蒙台梭利教育法。可以通过组织教师研讨会、分享会等活动，建立教师交流平台，促进教师之间的交流和合作。

最后，增加典型案例的分享和借鉴。通过分享成功的案例和分析失败的原因，教师可以更好地理解蒙台梭利教育法的实施要点和难点，以及如何进行调整和改进。可以通过出版书籍、发表论文、制作视频等多种方式，向教师提供成功的案例和经验分享，帮助他们更好地实施蒙台梭利教育法。

六、合力营造蒙台梭利教育本土化的良好环境

（一）加强家园合作，家长支持配合

蒙台梭利幼儿园应建立家长沟通机制，加强与家长的沟通，提高家长的配合度和信任度。一方面，通过父母课堂、读书会、开放日、分享会等形式让家长深入理解蒙台梭利教育的理念和方法。另一方面，引导家长参与教育过程。蒙台梭利教育强调孩子的自主探索和发现，但家长也可以在日常生活中引导孩子进行探索和学习。幼儿园可以向家长提供一些教育方法和建议，如引导孩子观察、动手操作、培养孩子的独立性和自我管理能力等，让家长更好地参与孩子的教育过程。家长应该意识到培养“蒙氏娃”是家园共同的责任，应该营造良好的符合蒙台梭利教育理念的家庭教育氛围和环境，对幼儿园教育起到有力支持和配合。

（二）去除教育机构功利化倾向，回归教育初衷

在蒙台梭利教育机构鱼龙混杂的情况下，功利化倾向影响整个蒙台梭利教育的声誉和生源。着眼长远的发展，教育机构应该回归蒙台梭利教育的初衷，以儿童的成长和发展为中心，以提高教育质量为核心，关注儿童的全面发展和完善人格的培养，避免过分追求经济利益，注重长期的教育效果和社会效益，提高家长和社会的认可度和满意度。

同时，政府部门应加强对蒙台梭利教育机构的监管，对质量低下、牟取暴利、违反规范的蒙台梭利教育机构进行谈话或整顿。

（三）政府部门加强对蒙台梭利教育的支持和监管

政府在学前教育中扮演着重要的角色。根据党的二十大精神，可以得出要强化政府责任，加大对学前教育的投入，改善办园条件，提高幼儿园师资水平，为儿童提供更加优质的教育环境；同时要完善学前教育体制，加强政策引导和监管，推动学前教育事业的健康发展。政府部门应加

强对蒙台梭利教育的支持和监管，以促进其健康发展。

首先，建立完善的政策支持体系。政府部门应制定具体的蒙台梭利教育政策和规划，明确其发展方向和目标，以保证其合法性和正常运营。同时，提供相应的认证政策，简化认证流程，以解决蒙台梭利教育机构面临的入学难、认证难等问题。

其次，提供资金支持。蒙台梭利教育机构一般服务于0～6岁的婴幼儿，而目前我国正在构建普惠性学前教育体系。政府部门可以通过设立专项资金和税收优惠等措施，为蒙台梭利学前教育机构提供经费支持和人员培训，帮助其改善设施和提升教育质量。

再次，加强宣传和推广。政府部门可以通过多种渠道，如媒体、教育展览、讲座等，向公众宣传和推广蒙台梭利教育的理念和优势，提高公众对蒙台梭利教育的了解和认同感。此外，蒙台梭利教育机构也可以通过与学校、幼儿园等教育机构合作，加强自身的宣传和推广。

最后，政府部门应加强对蒙台梭利教育机构的监管，保证其合法性和规范性。政府部门应建立监管机制，在教育行政部门设立专门的监管机构，制定具体的监管标准和流程，以确保其教学质量和教育机构的合法运营。同时，对不作为的行政部门也应加强监督和问责。

（四）提高蒙台梭利教师培训机构的规范化和专业性

幼儿教师的素质直接影响到幼儿教育的质量。根据党的二十大精神，可知要加强幼儿教师队伍建设，提高幼儿教师的专业素养和职业道德水平，为幼儿提供更好的教育服务。为培养优秀的蒙台梭利幼儿教师，应提高蒙台梭利教师培训机构的规范化和专业性。

首先，设立认证制度。在政府部门引导下，由专业协会建立蒙台梭利教师培训机构的认证制度，明确认证标准和流程，确保培训机构的教学质量和管理水平。通过认证的培训机构可以获得政府的资金支持和宣传推广等方面的便利。

其次，规范课程设置。蒙台梭利教师培训机构应设置规范的课程，包括蒙台梭利教育理论、教学方法、案例、实际操作、在线观摩、儿童行为观察、儿童心理发展等方面的内容，确保培训的质量和内容的专业性。

再次，加强实践教学。蒙台梭利教师培训机构应注重实践教学，提供充足的实践机会和实习场所，让学员在实践中理解和掌握蒙台梭利教育的理念和方法，提高教学技能和实践能力。

然后，建立评估机制。蒙台梭利教师培训机构应建立科学的评估机制，对学员的学习情况进行评估和反馈，建立常规性复训和重修机制，以确保培训的质量和效果。

最后，提高培训的普及性。加强对蒙台梭利教师培训课程的本土研发，加大与国际蒙台梭利师资培训机构的合作，提高我国蒙台梭利教师培训机构培训的质量，降低培训成本，对培训合格者予以培训费补贴，提高教师培训的性价比，使大量热爱蒙台梭利的教师更容易得到优质的培训。

（五）加强学术界对蒙台梭利教育的研究

学术界应该从以下几个方面，加强对蒙台梭利教育的研究。

首先，加强对实践者的观点和蒙台梭利教育多样性的研究。实践者是蒙台梭利教育的重要组成部分，他们的经验和观点对推动蒙台梭利教育的本土化具有重要意义。理论工作者和实践工作者、教育培训者应加强交流学习，真正使蒙台梭利教育理论与实践相结合。同时，考虑到蒙台梭利教育在不同文化背景和社会环境下的多样性，研究结果才能更具有普遍性和应用性。

其次，加强对蒙台梭利教育法与其他教育方法的对比研究。这种对比研究有助于更好地理解蒙台梭利教育的独特性和优势，以及它在不同教育环境中的应用和效果。同时，可以借鉴其他教育方法的优点，进一步完善蒙台梭利教育体系。

最后，加强党的政策方针融入蒙台梭利教育的研究。深入学习贯彻党的二十大精神，要把关于立德树人的重要论述融入蒙台梭利教育，坚持为党育人、为国育才，全面提高人才自主培养质量，将社会主义核心价值观融入教育全过程，这也亟须加强蒙台梭利教育与党的政策方针相融合的研究。

第四节　蒙台梭利教育与岭南文化融合的探索

党的二十大报告指出，全面建设社会主义现代化国家，必须坚持中国特色社会主义文化发展道路，增强文化自信，建设社会主义文化强国，激发全民族文化创新创造活力。

岭南文化是指中国岭南地区文化，涵盖学术、文学、绘画、书法、音乐、戏曲、工艺、建筑、园林、民俗、饮食、语言、侨乡文化等众多内容。从地域上来说，岭南文化又分为广东文化、桂系文化和海南文化三大块，尤其以属于汉族广东文化的广府文化、广东客家文化和潮汕文化为主，构成了汉族岭南文化的主体，本节主要讲述以广东文化为代表的岭南文化。将岭南文化融入蒙台梭利教育，是弘扬民族文化、增强文化自信、促进中西文化结合和蒙台梭利教育本土化的重要探索。

一、岭南文化融入蒙台梭利教育的意义

近代岭南文化是近代中国的一种先进文化，对近代中国产生了巨大的影响。改革开放以来，岭南文化以其独有的多元、务实、开放、兼容、创新等特点，采中原之精粹，纳四海之新风，融汇升华，自成宗系，在中华大文化之林独树一帜，对岭南地区乃至全国的经济、社会发展起着积极的推动作用，是中华民族灿烂文化中特别具有特色和活力的地域文化之一。近年来，为了推进粤港澳大湾区建设，岭南文化作为地区文化得到大湾区人民的认同和推崇，传承岭南文化有利于增强大湾区人民的文化认同感，这也是大湾区教育追求的教育目标之一。蒙台梭利教育作为一种国外教育理念，在大湾区教育中得到认可，岭南许多经济发达地区的幼儿园都沿用蒙台梭利教育理念开办幼儿园，因此作为落地在岭南地区的蒙台梭利教育就必须岭南化、本土化，融合岭南特色文化开展本土化的蒙台梭利教育，一方面顺应传承岭南文化的地区教育目标需要，另一方面则利于岭南地区幼儿熟悉家乡文化、热爱家乡，并且在这种熟悉的岭南文化环境与氛围中找到熟悉感，乐于学习并易于掌握学习内容，由此获得胜任感，更加激发学习动机，既会促进幼儿自身的学习与发展，也推动了蒙台梭利教育在岭南地区的生根发芽，茁壮成长。

二、蒙台梭利教育课程与岭南文化融合的设想

蒙台梭利教育课程内容的组织是以教具为中心的，因此课程内容的选择主要体现为教具及相应“工作”的选择。这就要求课程制定者遵循上述课程内容选择的原则，按照幼儿身心发展的年龄特点与基本规律，整理、归纳蒙台梭利教育中已有的教具及相对应的“工作”，形成课程的主体内容，并将之作为基础课程，保障幼儿获得全面、均衡的发展。与此同时，教师可以收集本土文化资源，融入蒙台梭利教学当中，如在岭南地区可以收集整理关于岭南文化的资料，在各区域投放相关的文化产物以激发幼儿学习岭南文化的兴趣，让幼儿思考岭南文化与蒙台梭利教育所学之间的联系，在幼儿有规则的自由操作下获取对蒙台梭利教育和岭南文化更深层、更有机联系的

理解与学习，促进幼儿成长为一个有秩序、有操作能力、能欣赏岭南文化之美，由岭南文化熏陶下产生的富有内驱力、深厚文化底蕴以及创造力的人。

（一）日常生活教育

1. 粤语问候语礼仪

在日常生活教育中，可以开设“粤语问好”的教学环节，可以系统地将幼儿平时生活中接触到的粤语问好话语进行整理并在课堂上进行标准展示，采用三阶段教学法，使幼儿知道平时粤语问好话语的种类，并在他人对自己问好时可以礼貌、从容地回应。在每天入园、离园时，教师可以和幼儿进行简单的粤语问好练习，将课堂上所学融入日常实践之中。

2. 识茶、泡茶等茶艺教育

喝茶作为岭南饮食文化之一，益处良多，有益于身体健康，泡茶等过程也能培养人的耐性和仪态修养，与蒙台梭利教育追求优雅和自然美的教育理念不谋而合。在蒙台梭利日常生活领域中幼儿学习了倒水、五指抓等“工作”，正好应用于泡茶等“工作”中。在日常生活的茶艺教育中可以采用“五指抓”的方式进行取茶叶“工作”，采用三阶段教学法让幼儿认识岭南茶叶，以及通过取茶、倒水、盖碗、泡茶等一系列有序的泡茶“工作”培养幼儿的秩序性、逻辑性。

3. 岭南饮食教育

岭南气候炎热，雨水丰沛，食材种类丰富，岭南饮食也颇具特色。八大菜系中的“粤菜系”就是岭南典型的饮食文化。岭南饮食又以广府饮食为代表，为人熟知的有早茶文化、煲汤文化、凉茶文化等。这些日常熟知的菜系既与岭南地区幼儿的生活息息相关，更与其日后一生的饮食习惯、家乡认同情感相关。以“制作虾饺”为例，教师可以先介绍虾饺是岭南早茶的一种特色菜品，再用三阶段教学法让幼儿认识制作虾饺的食材，在演示制作虾饺时注意展示“三指捏”虾饺皮，将蒙台梭利日常生活教育所学知识充分联系运用，制作好的虾饺要有序地摆盘，从摆盘中培养秩序感和美感，再让幼儿园厨房进行加工蒸煮，煮熟后的虾饺可以放在休息区供幼儿分享品尝。

（二）语言教育——粤语童谣课程

岭南人长期生活在岭南这片土地上，逐渐形成了与整个民族既有相同又有独特之处的自然风貌和人文景观、风土人情和风俗习惯、历史传统和文化氛围、语言构成和行为风范、审美情趣和欣赏习惯等。这些也反映在岭南人的听、说、读、写之中，岭南人对粤语方言倍觉亲切。乡情越浓，粤语方言便越受用，就越受岭南人欢迎和热情对待。这就是广东地区电视节目中的岭南“风味”，由粤语乡音而产生的岭南风味。但随着近些年来教育的发展和普通话的推广，部分家长为了让孩子可以学好普通话，更好地融入校园生活和学习，在家时倾向于用普通话与孩子交流。甚至一些家庭本来是用粤语交流的，为了孩子从小学好普通话，就从孩子会说话起就开始用普通话与孩子交流。结果是孩子普通话学得好，然而家乡的粤语方言所学不多，乡音风味已慢慢消退。蒙台梭利提出儿童具有“语言敏感期”，“语言敏感期”内儿童对语言非常感兴趣，成人提供良好的语言学习环境会产生良好的学习效果，在幼儿园阶段正是“语言敏感期”阶段，家长不能只为了让孩子学好普通话而放弃家乡方言的学习，否则过了敏感期，孩子学习家乡方言的难度将会增加，特别是在岭南地区，粤语使用范围广，粤语声调有九声六调，学习难度较大，对那些错过敏感期的幼儿来说，以后的粤语学习之路更加艰难。作为蒙台梭利教育的教师，应该看到“语言敏感期”对幼儿日后的深远影响，在蒙台梭利课堂可合理增加一些粤语童谣教学课程，可以进行“歌词接龙”“童谣接唱”等有趣的语言活动，在幼儿的视听、发声根源进行与岭南语言文化的融合，有利于幼儿再度发出乡音，获得家乡认同感。

（三）科学文化教育

1．岭南气候介绍

岭南，属东亚季风气候区南部，具有热带、亚热带季风海洋性气候特点，高温多雨为主要气候特征，阳光雨水都较为充沛，常年无霜雪，夏季有冰雹，树木茂盛，四季常青，百花争艳，动植物资源种类丰富，教师可选取适宜的气象和动植物为材料，气象如冰雹、台风，动植物如榕树、荔枝树等制作三步卡供幼儿学习。

2．民俗文化介绍

岭南地区人口众多，经济较发达，民族文化历史悠久，人文民俗众多，如农历初一、十五的春社、正月十五的游神、端午节的龙舟比赛等都具有浓厚趣味，可以作为科学文化教育拓展材料，教师可以投放相关的民俗文化材料在科学文化教育区域，制作一些关于民俗文化的绘画作品展示在科学文化教育区域。

三、蒙台梭利教育与岭南文化融合的实施

（一）创设岭南特色教育环境

1．室内

室内可以摆放岭南特色盆栽。独特的岭南文化酝酿出独特的岭南欣赏美学，岭南建筑追求典雅大气，古代岭南地区住所会在室内摆放一些盆栽，蒙台梭利教室内也可以摆放一些岭南特色盆栽，在幼儿学习达到一定程度时，也可以开设修剪岭南盆栽的课程，将岭南美学融入蒙台梭利日常教育课程。

2．室外

室外可以种植如龙眼树、榕树、鸡蛋花等具有岭南特色的植物。部分教育者指出蒙台梭利教室内绿植不够，幼儿在室内长时间久坐，这是蒙台梭利教育的问题之一，因此在蒙台梭利幼儿园的园区设计时就不得不考虑绿植布局问题。幼儿园可以在园区公共区域种植如龙眼树、榕树等具有岭南特色的乔木。龙眼树的果实又是岭南特色水果，可用作科学文化教育的教学材料。榕树高大繁茂，庇荫效果极佳，其树身形象犹如博学的岭南老者，可以为语言教育中的比喻学习提供比喻对象，也丰富科学文化教育中“树的认识”“树的三步卡”的学习。

（二）设计结合岭南特色的教具

1．日常生活教育

（1）潮汕剪纸：潮汕地区历史文化浓厚，在民俗文化中就有剪纸一项，潮汕剪纸栩栩如生，富有岭南文化特色，而且潮汕剪纸原材料——红纸的颜色显眼，容易引起幼儿的兴趣，蒙台梭利课程日常生活教育教具操作中正有剪纸工作，可以在原蒙台梭利剪纸工作的基础上进行变化、延伸学习潮汕剪纸。

（2）香云纱：香云纱是佛山市顺德区的文化产品，被誉为丝织物中的“软黄金”，香云纱的制作历史悠久，享誉已久，可以考虑作为课程资源，组织幼儿进行学习，如可以进行香云纱典型种类三阶段教学、香云纱纹饰配对等工作。

（3）荔枝香：荔枝是岭南的特色水果，荔枝不仅可以吃，其果壳还可以用来制香。“荔枝香”制作过程较为简单：先将荔枝剥壳，收集适量的荔枝壳，清洗干净再晾干（注意不是晒干），然后倒入适量黄酒浸泡两天，两天后将荔枝壳和酒倒出，用文火煮干，夹取荔枝壳晾晒干，最后倒入研钵研磨成粉，取出适量荔枝香，使用香道用具点燃荔枝香。荔枝剥壳环节可以锻炼幼儿的

手部力量和进行精细动作训练；清洗过程可以丰富幼儿的用水知识；倒酒过程可以锻炼幼儿倾倒的动作；研粉工作可以作为研磨工作的延伸；熏香过程可以使幼儿清心凝神，享受自己的劳动成果，而且中国香道之所以自古以来都是中国风雅的表现，在熏香的整个过程中都透露了中式风雅，也有利于培养幼儿的优雅气质。但是，注意蒸煮荔枝壳这一工作不宜在教室内进行，教师可以在家或在幼儿园的厨房对荔枝壳进行蒸煮加工；燃香时也要注意用火安全问题。

2. 感官教育

（1）“满洲窗”嵌板：岭南特殊的地域文化，孕育了开放创新的精神和特质。“满洲窗”的历史，体现了近代岭南文化兼容并蓄、求变求新的文化特征。其颜色丰富，色彩浓郁，常见以多个菱形、正方形拼接变化构成，也有半圆形花瓣连接图案，正契合感官教育区域几何嵌图橱的认识、三角形的构成等工作的变化延伸，既根植于岭南特色文化，又结合了蒙台梭利教育理念；既具有审美特色，又能激发幼儿的学习动机，还能契合正在进行的课程，因此制作有关“满洲窗”的教具是可供参考的教材取向。其中可以选用压克力透明板模拟玻璃窗，选择不同颜色的“满洲窗”贴纸供幼儿创造性剪切、粘贴于压克力板上，运用所学的图形变化，设计幼儿眼中瑰丽变化的“满洲窗”。或者有条件的幼儿园可以定制“满洲窗”嵌板和错误控制卡，投放于感官教育区域供幼儿配对操作和自我控制，既丰富了感官教育教具种类，又契合蒙台梭利教育的实际应用练习，幼儿还可以从中获得对“满洲窗”图形的认识，也更了解岭南的建筑文化。

（2）佛山陶塑：陶泥作为具有岭南特色的一种土质，其材质柔软易塑形，可以用陶泥来捏造球体、正方体、长方体、椭圆体等立体图形，配合蒙台梭利感官教育中的几何立体图形进行拓展延伸学习；还可以用陶泥来捏制小碗、茶杯等生活用具，增加教学趣味，激发幼儿的学习动机，乐于动手实践，在实际捏制中感受陶泥的乐趣和神奇之处，了解茶杯的来历，对陶塑文化产生好奇之心、热爱之情，真心实意热爱岭南文化，认同岭南文化。

（3）岭南水果辨认箱：岭南地区气候炎热，水果具有热带特色，常见有龙眼、荔枝、黄皮果、凤梨等特色水果，可以制作“水果辨认箱”，选取大小适宜的纸箱，在纸箱正面裁剪几个圆形洞口，洞口的大小可以比匹配的水果稍大一些，再在洞口处涂上相应的水果颜色，在相应的洞口贴上水果贴纸，玩具水果可以用超轻黏土捏成龙眼、荔枝、黄皮果等水果的形状，将所有黏土水果混合在一起，由幼儿根据水果颜色投递进相应的洞口中。洞口大小可以依次排序，以龙眼、荔枝、黄皮果为例，日常生活中荔枝是三者中形体最大者，黄皮果次之，龙眼最末，可以依据三者大小分别设洞口1“荔枝”，洞口2“黄皮果”，洞口3“龙眼”。还可设计一下洞口的形状，由幼儿进行绘画，画出有小三角形边偏圆的荔枝、心形的黄皮果、偏圆的龙眼的平面图形在纸箱上面，裁剪出来就是有各水果平面形状的洞口了，幼儿既参与了教具制作，也在绘画的过程中拓展图形在日常生活中的应用和变化。在放置水果的过程中，幼儿需要对应洞口颜色和水果形状，这可以锻炼幼儿的手眼协调能力和色卡的学习应用，同时也能认识岭南的特色水果，丰富关于岭南特色的相关知识。

3. 语言教育——简单词汇对应牌

粤语方言是岭南地区最为显著的语言文化之一，粤语的学习可以先从简单词汇到简单句子，再到粤语朗读古诗和故事。在简单词汇的学习上，教师可以通过课堂教授，还可以制作粤语对应普通话的简单词汇对应牌，比如普通话“早上好”——粤语“早晨”、“为什么”——“点解”、“喜欢”——“钟意”等词汇，幼儿平时可以自己试读展示牌上的词汇，还可以和同伴进行趣味问答，加强粤语语言学习。

4. 科学文化教育

（1）动植物三步卡：在科学文化教育区域，前文提及了岭南气候多样、动植物资源丰富，所以在动植物方面可以制作榕树三步卡、木棉花三步卡等。

（2）民俗绘画：岭南的民俗文化资源丰富，如赛龙舟、春社、庆中秋、元旦游神活动等，在这些民俗文化方面，教师可以查阅相关资料，带领幼儿制作相关民俗文化活动的绘图挂在科学文化教育区域进行展示。

（3）天气配对卡：岭南气候湿热，阳光充足，雨水丰沛，伴有冰雹、台风天和“回南天”等特殊天气现象，教师可以用纸卡绘画出晴天、雨天、冰雹、台风天、回南天特征，按天气状况经常出现的特定季节将卡片固定在展示牌上，如春季返潮多有“回南天”，夏季阳光灿烂偶有冰雹，秋季台风频发，可以制作台风三步卡、冰雹三步卡等。也可以按月份来分配，将剩余未固定的卡片打乱供幼儿进行配对。

（三）创新园本课程

单纯地照搬蒙台梭利教育无法真正发挥蒙台梭利教育的教育价值，也无法使蒙台梭利教育真正在我国教育土壤上落地、生根，更别提发芽、开花。如果蒙台梭利教育没有真正地和我国教育实际联系在一起，没办法做到中国化、本土化，那么蒙台梭利教育实现一说不过是空中楼阁、镜花水月。要做到蒙台梭利教育在岭南地区真正地生根、发芽，沿用蒙台梭利教育理念的幼儿园就需要做到创新园本课程，不能完全照搬诞生于西方背景的蒙台梭利教育，而是需要结合幼儿园本身教育实际、幼儿身心特点，在熟知蒙台梭利教育内容的基础上牢牢把握岭南文化命脉，将岭南特色文化融入蒙台梭利课程，可以用蒙台梭利教育理念设计具有本土特色的游戏化课程，如粤剧演唱、游神扮演、逛花街活动、饮早茶、舞狮等活动，以及辅以具有岭南特色文化的教具进行教学展示。同时审视幼儿园教育体系，整合幼儿园与园外教育资源，不断调整与改进园内教学，创设既富有蒙台梭利教育精神又蕴含岭南优秀文化内涵的园本课程。

知识小测

1.（　　　　　　）也可译作“本地化”“本国化”或“民族化”。
2.（　　　　　　）年代，蒙台梭利教育法重新受到我国幼教界的关注，其代表著作《发现孩子》等被我国学者翻译出版。

思考与练习

1. 你认为蒙台梭利教育本土化中存在哪些问题，其主要原因是什么？
2. 针对当地传统文化特点，促进蒙台梭利教育本土化，你有什么设想？

第二篇

方法篇

第五章 蒙台梭利日常生活教育

学习目标

1. 了解并掌握蒙台梭利日常生活教育的目的和主要内容。
2. 认识并熟练操作日常生活教育教具。
3. 学习循序渐进地引导儿童进行日常生活练习。
4. 探索创设日常生活教育本土教具。
5. 尝试科学投放日常生活区域的教具及布置日常生活区域的环境。

一个孩子能够独立地完成某项工作，其自尊和自信就可以得到发展。通过照顾自己、照顾环境，可以培养孩子们的责任感。

——玛利亚·蒙台梭利

第一节　蒙台梭利日常生活教育概述

一、日常生活教育的目的

（一）直接目的

1. 帮助幼儿获取个人动作，动作精细化

在日常生活教育中，幼儿能够获取到人类在生活中会用到的各种动作，如走、跳、跑、拿、搬等。幼儿通过反复练习和运用这些对于他们来说相对复杂的动作来强化其身体各部位肌肉和运动协调性，更加灵活地运用这些动作。

2. 熟悉日常生活技能，增强日常生活能力

蒙台梭利日常生活教育的大部分内容都是幼儿在生活中最熟悉并经常用到的，如用手抓、用勺子挖食物、扣扣子、拧瓶盖、折方巾、开锁等。幼儿通过练习这些“工作”，熟悉日常生活所需的基本技能，减少对成人的依赖，生活能力得到发展。

3. 引导幼儿关心他人和爱护环境

在日常生活中，蒙台梭利教育会渗透一些社会行为的基本要素和照顾环境的教育，如让幼儿知道如何与他人打招呼，学习泡茶、倒茶的礼仪以及浇花、扫垃圾等。让幼儿了解在与人交往的时候每件事应该怎样做，在此过程中培养幼儿尊重他人的意识、爱护环境的意识，引导幼儿养成良好的习惯。

（二）间接目的

1. 培养幼儿的OCCI（秩序感、专注性、协调性、独立性）

日常生活教育练习中，没有人从外部施加影响而使幼儿变得专注，幼儿根据自己内心的需求在环境中选择有趣的事情去做，并且实现从一个练习的专注到对另一个练习的专注。在此过程中，幼儿通过反复的练习，动作协调能力得到一定的发展，不仅肌肉得到锻炼，也充实了心智。幼儿不需要别人的帮助，靠自己而行动，就表明了他们是有意独立做事，他们通过不断地“工作”以追求独立。

2. 促进幼儿理解力、行动力、意志力和逻辑思维能力的发展

幼儿在日常生活教育中接触到的都是现实生活中存在的事物，在练习的过程中，幼儿对他们生存的世界有了更多的认识，学会礼貌待人，站在他人角度看待问题，思维能力得到发展。并且实际生活练习满足了幼儿的内在发展、身体各部分运动潜能，肌肉的发展也能更好地支持幼儿长时间的专注。

3. 促进幼儿想象力、创新意识形成

日常生活教育给予了幼儿足够的个人发展空间，根据幼儿的身心发展需求提供丰富多样的材料，幼儿根据自己的想法来进行操作，如穿木珠工作，幼儿可根据自己的喜好，把颜色不同、形

状不同的木珠穿成一串，在此过程中，幼儿会发散自己的思维，想象力得到发展。

4. 促进幼儿社会性发展

日常生活练习中有一个部分是照顾环境，这类“工作”教给幼儿整理、爱护环境的技巧，同时，幼儿在完成一些“工作”时需要齐心协力，明白环境是大家的。幼儿在照顾环境的过程中也学会了互相帮助，建立良好的人际关系。他们之间的凝聚力、责任感也增强了，社会性得到发展。

5. 为读、写、算做准备

通过日常生活教育的大量教具操作，幼儿的观察力和思考能力得到发展，并且日常生活教育中的抓、捏、穿、缝等动作练习，使得幼儿的手部肌肉得到很好的发展，为进入小学以后的学习生活打下基础。

二、日常生活教育的内容

（一）动作教育

动作教育是照顾自己、照顾环境、礼仪教育的基础，即让幼儿练习日常生活中需要用到的基本动作，锻炼幼儿的肢体控制和肌肉。这主要包括站、坐、拿、放、走（走线、步行）、搬、剪（卡纸）、贴、缝、拧（瓶盖）、倒（液体）、切、折、夹（夹衣夹）、转、擦、打、敲、削、卷、揉、拉、编等内容。幼儿的需求与成人不同，教师需要通过观察来帮助幼儿，发展幼儿的动作。所以，在日常生活教育中，教师应为幼儿准备舒适的环境，准备工作毯，让幼儿的肢体活动有充分的空间。

（二）照顾自己

幼儿在成长过程中所付出的各种努力都是为了独立，最终目标是形成独立的个体。而日常生活教育为幼儿提供了学会自己照顾自己的机会。并且幼儿有较强烈的自立渴望，教师应该为他们准备好环境，一些生活琐事由他们自己来做。这主要包括穿衣、脱衣、穿鞋、脱鞋、洗手、洗脸、刷牙、喝水、吃饭、擦汗、擦嘴巴、擤鼻涕、如厕、系鞋带、叠被子、叠衣服、整理书包等内容。但是教师需注意，要将动作完全分解并进行示范，让幼儿在一旁练习；并运用明确的指示语言，但不是命令和强迫，让幼儿用自己的方式去完成这些活动，逐渐减少对教师的依赖，提高自理能力，适应现实生活。

（三）照顾环境

环境的好与坏会影响幼儿未来的发展。幼儿所处的环境主要是幼儿园和家庭，所以要特别注意在幼儿园和家庭中培养幼儿对环境的关心。这主要包括扫地、擦镜子、擦桌子、擦银器、清洗叶子、洗毛巾、折方巾、洗碗、浇花、照顾小动物（例如，喂养金鱼）、整理教具、插花等内容。教师应该尽可能地让幼儿独立工作，亲自完成每个动作的细节，并使他们自然而然地与环境产生一种亲密的关系。当教师给幼儿示范这些与实际生活有密切关系的练习时，应该放慢速度让幼儿充分理解每个动作；同时留意周围的环境，需设计供他们使用的物品，大小尺寸适当，形式简单方便，摆放美观整齐，并放置在固定的位置。

（四）礼仪教育

礼仪教育是幼儿社会行为的基本要素。教师应激发幼儿对生活礼节的兴趣。通过礼仪教育，幼儿应学会在言行上不让他人感到不愉快，有礼貌地表达自己的想法，站在他人的角度上思考问题，尊重他人；在学会了各种问候礼仪的基础上能将其应用到与同伴间的交往之中。这主要包括如何打招呼、道歉、致谢以及应答的方法，如何打哈欠、咳嗽、打喷嚏，如何参与他人工作，如何打断他人说话，如何传递尖锐物品，餐桌礼仪，倒茶的方法，如何开门与关门等内容。在不同地区，礼仪习俗不一样，所以在日常生活教育中，教师可以根据地方文化习俗来调整内容、提供对应材料。

（五）食物制作与分享

食物是人们生活中不可或缺的东西，对于幼儿来说，让他们在日常生活中接触食物制作与分享，有助于锻炼他们的动手能力并从中体会合作与分享的乐趣。这主要包括切水果（如香蕉、梨、苹果等）、剥鸡蛋、捣花生、涂果酱、洗蔬菜叶子、剪葡萄（根茎）、盛米饭、榨果汁、夹鸡翅等内容。需要注意的是，在不同的发展阶段，教师应根据幼儿身心发展需要，给幼儿提供适合的工具。同时，可以根据不同的地域特点，制作不同的具有地方特色的食物，激发和增强幼儿的兴趣。

三、日常生活教具的选择与投放

（一）选择的标准

1. 对幼儿具有吸引力

教师选择的教具要符合幼儿的年龄特点，能引起幼儿的兴趣和注意，美观、精致、协调、符合或能激起幼儿的兴趣点。例如“舀豆子”的工作，兴趣点有：用勺子舀豆子的动作（符合幼儿希望自己使用勺子的愿望），豆子落入玻璃碗时清脆的声音；延伸工作可以更换舀的内容物（如将绿豆变为红豆、豌豆、大米、小铃铛等），以重新引起幼儿的兴趣。

2. 错误控制

教师选择的教具要具有明确的错误控制机制，也就是说如果操作错误，“工作”过程中会出现明显的提示或异常，使幼儿能够自己发现并随之矫正。例如，用粉红塔的10个立方块从大到小造塔过程中，如果小的立方块放到大的立方块上面，会出现塔的结构失衡，导致视觉上的不协调，这就是错误控制。

3. 结实耐用

蒙台梭利教具既是教材也是操作材料，每一种教具在教室中往往只有一份，幼儿经常重复练习同一个“工作”，所以教具不能粗糙、脆弱、易坏，应结实、耐用。

4. 真材实料

教师应尽可能地选用现实生活或日常生活中的真实材料或原型，不要给幼儿提供虚假的模型或塑料质地的替代品等。例如，蒙台梭利教室使用真实的玻璃杯、碗碟、叉勺、指甲剪、水果刀、剪刀等。

（二）科学、合理地投放

1. 层次性

教具的摆放应有层次性：一是指教具摆放要符合肌肉发展规律，从粗到细、从易到难、从左到右、从上到下，如小肌肉训练的“工作”可以从五指→三指→两指→一指，再到更复杂的复合动作；二是指将日常生活训练分为几类，每一类包括多种“工作”和教具，应根据幼儿的敏感期、兴趣和发展需要分阶段投放。

2. 季节性

教具的投放应根据季节的不同有所侧重和变化。例如，春季多安排动植物观察、照料方面的“工作”，夏季投放大量关于水的“工作”，不同季节和节日可以安排相关季节和节日食物制作的“工作”等。

3. 需求性

教师要仔细观察各个幼儿感兴趣的“工作”，或者观察幼儿在不同发展阶段关注的不同“工作”（这些反映了幼儿受到内在发展需求的指引，从环境中寻找帮助自己内在发展的条件），教师一方面应根据幼儿动态的、多样的发展需求，给他们提供适合的工作材料、准备适宜的环境；另一方面应收起幼儿已经熟练掌握的、失去兴趣的教具，帮助他们更好地发展认知和内在潜能。

第二节　蒙台梭利日常生活教育教具基本操作

日常生活教育常见的练习内容如表5-1所示。

表5-1　日常生活教育练习一览表

教育内容	动作教育	照顾自己	照顾环境	礼仪教育	食物的制作与分享
活动名称	走线	剪指甲	擦镜子	咳嗽、打喷嚏、打哈欠	切香蕉
	坐下、站立	衣饰架（扣纽扣）	擦叶子	如何打断他人说话	涂果酱
	铺、卷（工作毯）	衣饰架（系蝴蝶结）	浇花	打招呼	搓汤圆
	五指抓	系鞋带	扫垃圾	经过礼仪	制作三明治
	二指抓（捏）	折方巾		请求帮助	制作双皮奶
	二指抓（捏）	洗手		泡茶、倒茶	包虾饺
	一指按			门的开关	
	倒固体			如何递交危险物品	
	倒液体				
	滴管吸水				
	夹衣夹				
	筷子夹				
	开、关锁				
	拧瓶盖				
	剪纸				
	穿木珠				

一、动作教育

1. 走线

教具构成：蒙氏线。
直接目的：让幼儿学习走线的正确姿势；发展幼儿的协调、平衡能力。
间接目的：培养幼儿的OCCI。
适合年龄：3岁以上。
操作方法：
①教师脚踩在蒙氏线上，身体保持直立，眼睛看向前方（不要盯着线）。
②沿着线走，后脚尖贴着前脚跟，两脚交替前进，速度缓慢。
③邀请一位幼儿走线，两人距离适中，不要过于接近。
兴趣点：沿着线走；优雅的姿势。
错误控制：没有沿着线走；走路姿势呈外八或内八字；间隔距离太近。
变化延伸：头顶小沙包走线；手拿物品走线。

2. 坐下、站立

教具构成：椅子；桌子。
直接目的：让幼儿学习正确的坐姿和站姿。
间接目的：培养幼儿的OCCI。
适合年龄：3岁以上。
操作方法：
①教师站在椅子后面，双手抓住椅背，将椅子轻轻地从桌子下方拉出。

②站在椅子侧面，左脚跨到椅子前，然后右脚跨到椅子前，膝盖弯曲，双手扶住座椅的两端，慢慢坐下，双手放在膝盖上。

③先跨右脚到椅子侧面，双手扶住座椅的两端，慢慢起身，左脚跨出。
④走到椅子后面，双手抓住椅背，稍抬起椅子，将椅子推进桌子底下。
兴趣点：优雅的动作；椅子的颜色、形状。
错误控制：发出声响；站立后未将椅子推进桌底。
变化延伸：只用椅子进行坐姿、站姿练习。

3. 铺、卷（工作毯）

教具构成：工作毯。
直接目的：让幼儿学习如何展开、收起工作毯；学习卷的动作。
间接目的：培养幼儿的OCCI；发展幼儿手部的小肌肉。
适合年龄：3.5岁以上。
操作方法：

①教师从工作毯架中拿出一卷工作毯，双手将工作毯抱在胸前（左手与右手分别握住工作毯的上端和下端）。

②将工作毯放在地上，左手压住工作毯的前端中部，右手从左到右将工作毯抚平，直到工作毯完全打开铺平。

③两手从工作毯的前端中间开始，向两边将前端抚平，然后双手四指抓住工作毯前端，向前进行翻折，重复动作，直到工作毯被卷起。

④双手轻轻地拍打工作毯两端，将突出的部分拍平。
⑤双手握住工作毯抱在胸前，放回工作毯架。

兴趣点：工作毯的触感、颜色；卷的动作。

错误控制：搬运工作毯的动作错误；卷得不平整。

变化延伸：尝试卷其他材质的毯子。

4. 五指抓（图5–1）

教具构成：豆子若干；小碗两个（其中一个小碗装着物品）。

直接目的：锻炼幼儿五指抓的动作及灵活性；培养幼儿全手转移物品的能力。

间接目的：培养幼儿的OCCI。

适合年龄：2岁以上。

操作方法：

①教师伸出右手，五指微张，做出抓的动作，重复2～3次。

②教师用左手扶住装有物品的小碗，右手以五指抓的方式抓取碗内的物品。

③重复上述步骤，直到把碗内的物品全部转移到另一个碗中。

④检查碗内的物品是否全部抓取完，将两个碗轻轻地放在桌面，检查托盘上是否有洒漏出来的物品。确认没有，将碗归位（装有豆子的在左，空碗在右）。

兴趣点：教具的形状、颜色和触感。

错误控制：抓取过程中物品掉落；打翻容器。

变化延伸：改变盛放物品的容器；改变内容物。

图 5–1 五指抓

5. 三指抓（捏）（图5–2）

教具构成：木钉九个；木制九孔底座一个。

直接目的：让幼儿学习三指抓（捏）的动作；锻炼幼儿手部的小肌肉。

间接目的：培养幼儿的OCCI。

适合年龄：2岁以上。

操作方法：

①教师伸出右手，用大拇指、食指和中指做出三指抓的动作，重复2～3次。

②教师用左手扶住底座，右手以三指抓的方式将木钉取出，取出木钉后，将木钉放置在桌面。

③重复上述步骤，将木钉一一取出，放置在桌面，对应底座的孔位，一行放三个，一共放三行，每个木钉之间的距离适中。

④完成后，右手用三指抓的方式拿起第一行的第一个木钉，左手先指木钉，然后指向底座第一行的第一个孔位，将木钉插入底座。

⑤重复上述步骤，按照顺序，将木钉全部插入底座。

兴趣点：教具的形状；三指抓的动作；完成工作的成就感。

错误控制：动作不协调；木钉掉落；木钉插不进底座。

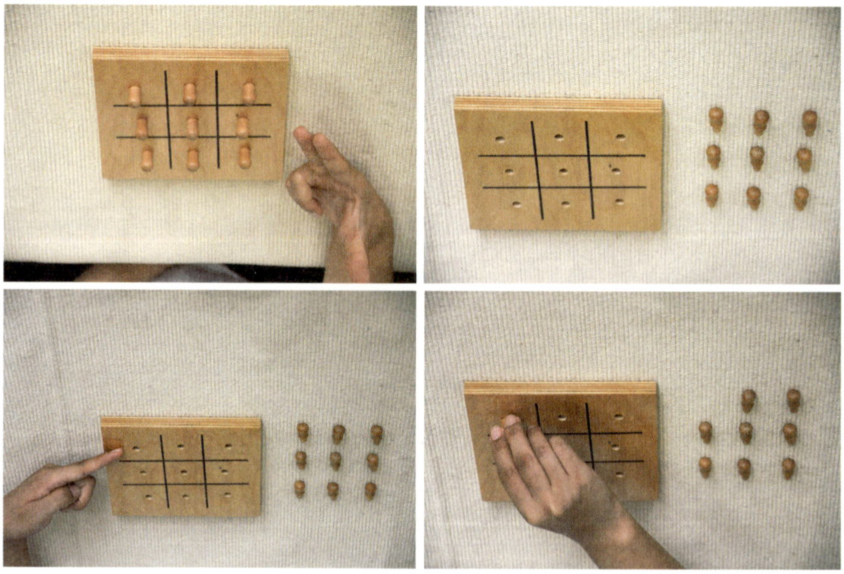

图5-2 三指抓（捏）

变化延伸：练习抓取其他物品，如乒乓球、毛球等。

6. 二指抓（捏）（图5-3）

教具构成：小号不同颜色毛球若干；小碗两个（其中一个装着毛球）。

直接目的：让幼儿学习二指抓（捏）的动作；锻炼幼儿手部的小肌肉。

间接目的：培养幼儿的OCCI。

适合年龄：2.5岁以上。

操作方法：

①教师将右手食指和大拇指一张一合，做出二指抓的动作，重复2～3次。

②左手扶住盛放毛球的小碗，右手以二指抓的方式拿起一个毛球，放入右边的空碗。重复此步骤，直至将左碗内毛球全部转移到右碗。

③将两碗的位置交换，继续重复步骤二的操作，完成后，双手将小碗轻轻地放在桌面。

④工作完成后，将小碗和毛球轻轻地放回教具柜内。

兴趣点：毛球的颜色和大小；完成工作的成就感。

错误控制：转移过程中毛球掉落。

变化延伸：更换抓取的物品，如小木棍、橡皮等。

7. 一指按（图5-4）

教具构成：图钉若干；装图钉的盒子一个；海绵一块；托盘一个。

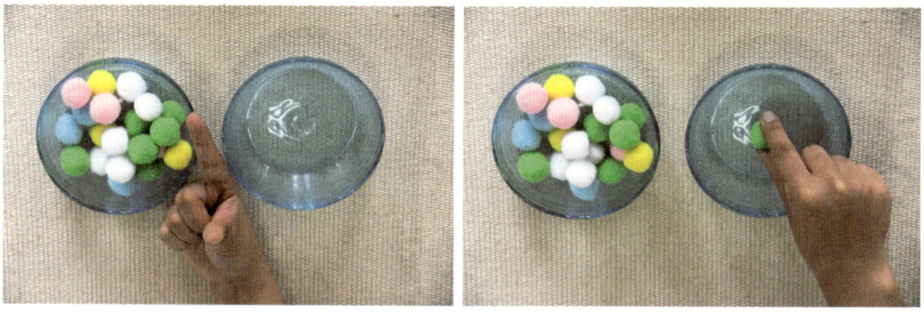

图5-3 二指抓（捏）

直接目的：让幼儿学习一指按的动作；锻炼幼儿手部的肌肉群。

间接目的：培养幼儿的OCCI。

适合年龄：3.5岁以上。

操作方法：

①教师用三指抓的方式拿起一个图钉，将其轻轻地钉在海绵上，不要完全按压进去，再用一指按的方式将图钉的钉针部分全部扎进海绵。

②重复上述步骤，按照从左到右、从上到下的顺序将图钉扎进海绵。

③将全部图钉都扎进海绵后，再按照从左到右、从上到下的顺序将图钉全部拔出，依次放回盒子里。

兴趣点：图钉的颜色、形状；一指按的动作；作品的美感。

错误控制：图钉没能完全扎入海绵；扎到自己。

变化延伸：按照形状卡，用图钉在海绵上扎出对应形状。

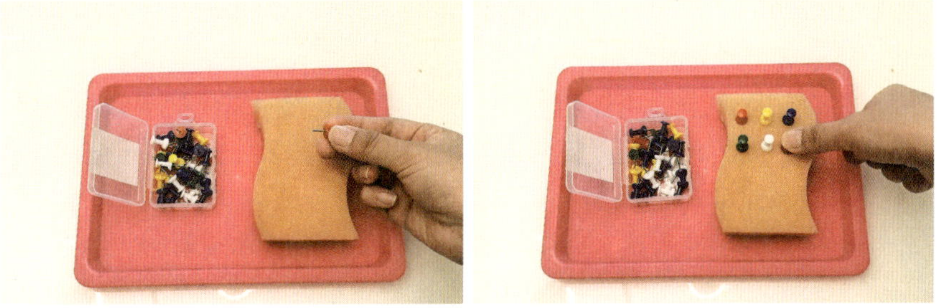

图5-4　一指按

8. 倒固体（图5-5）

教具构成：绿豆若干；小碗两个；托盘一个。

直接目的：让幼儿学习如何倾倒固体；增强幼儿手部肌肉的灵活性、控制力。

间接目的：培养幼儿的OCCI。

适合年龄：3岁。

操作方法：

①教师先用左手三指（大拇指、食指、中指）握住装有绿豆的碗壁，再用右手二指（食指、中指）轻轻地扶住碗壁，将碗移动到右边空碗的上方，注意两个碗之间有一定距离。

②双手配合，将碗口向下倾斜大约45°角，待绿豆落入右边空碗中，轻轻地放下手中的碗，若发现还没有将绿豆全部倒出，则教师重复此操作，直至将全部绿豆倒入右碗。

③反向倒绿豆。教师先用右手三指握住装有绿豆的碗的把手，再用左手二指轻轻地扶住壶

图5-5　倒固体

壁，将碗移动到左边空碗的上方，重复步骤二，直至将全部绿豆倒入左碗。

④教师用双手将两个碗轻轻地放置在桌面，检查托盘内是否有散落的绿豆，如果有，则右手以二指抓的方式，将散落的绿豆捡起放在装有绿豆的碗里，然后将碗重新放置在托盘内。

兴趣点：豆子与杯子发出的声音；容器的颜色、大小。

错误控制：倾倒时豆子溢出；打翻容器。

变化延伸：改变容器的种类，如使用玻璃杯、小壶等。

9. 倒液体（图5-6）

教具构成：透明水壶一个（装有水）；玻璃杯一个；吸水海绵（或小抹布）一块；装海绵的小盘子一个。

适合年龄：2岁以上。

直接目的：让幼儿学习倾倒液体的方法；锻炼幼儿手腕的力量。

间接目的：培养幼儿的OCCI；发展幼儿肌肉群的控制性。

操作方法：

①教师将右手的食指、中指缓缓地伸入壶把手内，右手大拇指捏住壶把手的外侧，左手四指轻轻地扶住壶壁，将壶轻轻地端起。

②教师轻轻地将壶口移向空玻璃杯的上方中央，用右手握住壶的把手，左手轻轻地托住壶的左下侧。水壶与玻璃杯之间留出间隔以免碰撞发出声响，将壶慢慢倾斜以倒出里面的水，直至将杯子倒至八分满（水面离杯口1～2cm）。

③教师左手用海绵从壶口外侧由下向上将水壶擦拭干净，把水壶轻轻地放在托盘上。

④教师左右手交换重复上述操作，再次倒水（把杯子里的水倒回水壶）。

⑤倒完水后，教师将教具有序地放置在桌面，确定是否有水溅出。如有水溅到托盘上，教师可用海绵轻轻地将托盘擦拭干净，然后将教具放回托盘，用海绵擦干桌面。

兴趣点：容器的颜色、形状；把水倒入杯子的成就感。

错误控制：壶壁和杯壁碰撞发出声音；液体溢出；动作不平衡、不协调。

变化延伸：练习倒果汁、牛奶；练习分杯倒水。

图5-6 倒液体

10. 滴管吸水（图5-7）

教具构成：吸水滴管一个；盛水的碗两个（小）；海绵一块。

直接目的：让幼儿学习使用滴管吸水、转移水的方法。

间接目的：精确幼儿三指抓（捏）的动作；培养幼儿的OCCI。

适合年龄：3岁以上。

操作方法：

①教师右手以三指抓的方式拿起滴管，轻轻地挤压、松开1～2次，示范滴管的用法。

②将滴管垂直放入装有水的左碗中，挤压滴管，然后松开。将吸了水的滴管移到右边的空碗上方，挤压滴管，水进入碗中，然后松开滴管，完成一次吸水。

③重复步骤二，直到将左碗的水全部转移到右碗。检查一下是否全部转移，然后用海绵将滴管外部的水分擦干，放回托盘。

④将托盘内的物品全部放置在桌面，用海绵块将托盘内的水珠擦干，再将物品归位到托盘内。

兴趣点：滴管内水位的变化；教具的形状。

错误控制：打翻容器；水溢出；滴管没有垂直。

变化延伸：更换盛水容器；把纯净水换成有颜色的水。

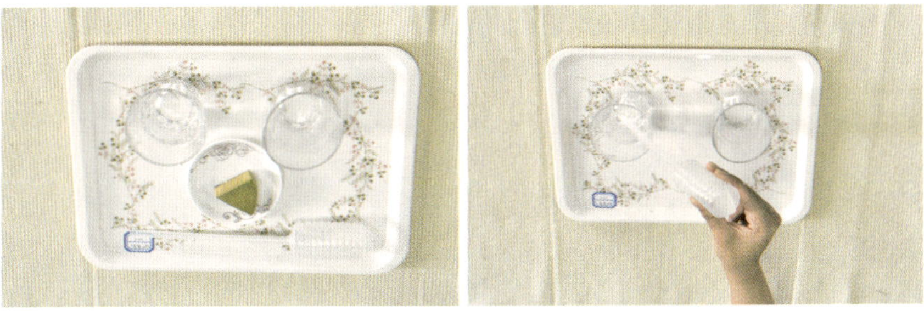

图 5-7 滴管吸水

11. 夹衣夹（图5-8）

教具构成：彩色衣夹若干；大小适中的篮子一个。

直接目的：让幼儿学习如何夹衣夹；精确幼儿三指抓（捏）的动作。

间接目的：培养幼儿的OCCI。

适合年龄：3岁以上。

操作方法：

①教师伸出右手，拿起一个衣夹，向幼儿示范夹的动作，重复1～2次。

②教师左手轻轻扶住篮子一侧，右手用衣夹对准篮子边框，夹住篮子边框。

③重复上述步骤，衣夹之间间隔适当距离，按顺时针方向依次夹住篮子边框。

④篮子边框被夹满一圈后，教师伸出右手，以三指抓（捏）的方式将衣夹有序取下。

⑤将取下的衣夹全部放置在篮子中。

兴趣点：衣夹的颜色；篮子的形状；夹的动作。

错误控制：夹不住篮子边框；夹得不整齐。

变化延伸：练习夹纸片；更换不同大小、松紧、形状的夹子进行练习。

图 5-8 夹衣夹

12. 筷子夹（图5–9）

教具构成：筷子一双；小碗两个；彩色小球若干；托盘一个。

直接目的：让幼儿学习使用筷子的正确方法；精确幼儿三指抓（捏）和夹的动作。

间接目的：培养幼儿的OCCI。

适合年龄：4岁以上。

操作方法：

①教师向幼儿介绍筷子并示范筷子的用法，伸出右手，大拇指、食指、中指微张（能放得下筷子），左手拿起一根筷子放在第四根手指上，再拿起第二根筷子放在中指上，用大拇指根部轻按住两根筷子，食指与大拇指共同捏住筷子上端。

②教师将握筷子的姿势调整好后，大拇指、食指、中指协调发力，使得筷子一张一合（即夹住、松开），做出夹的动作，重复2～3次。

③教师用左手轻轻地扶住左边盛有彩色小球的小碗，右手持筷子移动到左碗上，通过夹的动作，夹起一个彩色小球，夹住不放松，将小球移动到右碗上方，然后松开，小球落入右碗中。

④重复步骤三，将彩色小球全部夹入右碗。完成后，把筷子放在托盘里，双手将两个碗放置在桌面，检查托盘内是否有掉落的彩色小球。如果有，继续使用筷子，将小球夹起，放入碗中。

兴趣点：教具的颜色、形状；夹到东西的成就感。

错误控制：夹不到东西；移动过程中物品掉落。

变化延伸：更换夹的物品，如食物、雪花片等。

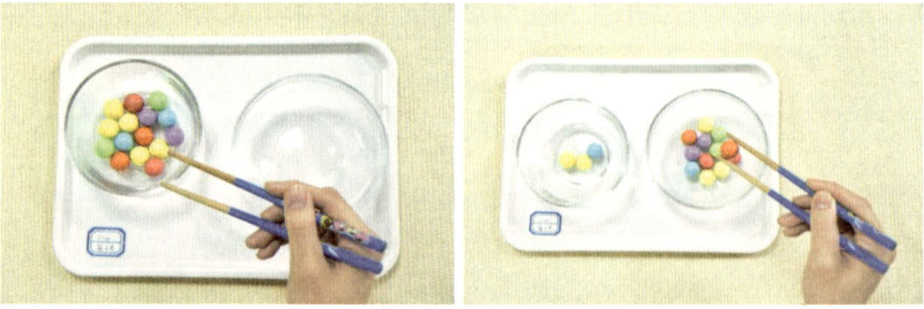

图5–9 筷子夹

13. 开、关锁（图5–10）

教具构成：大、中、小号锁三把；对应的钥匙三把。

直接目的：让幼儿学习开锁的技巧；精确幼儿拧的动作。

间接目的：培养幼儿的OCCI。

适合年龄：3.5岁以上。

操作方法：

①教师将锁和钥匙按照大小顺序摆放好，仔细观察锁和钥匙的大小，将锁与钥匙配对，并将对应的钥匙放在锁的下方位置。

②从最大的锁开始，教师左手拿锁，右手指一下锁孔，然后拿起对应的钥匙插进锁孔中，插进后，将钥匙向右拧，将锁打开，放置在原位。

③依次将锁全部打开，并有序摆放。

④教师拿起最大的锁，双手用力向下按压锁环，将锁锁上，并拔下钥匙，放在锁的下方。

⑤依次将剩下的锁全部锁上，并有序摆放锁和钥匙。

兴趣点：锁的形状、大小；开锁的方法；拧的动作。

错误控制：钥匙插不进锁孔中；拧错方向，拧不开锁；锁关不上。

变化延伸：练习开门锁、柜门锁等。

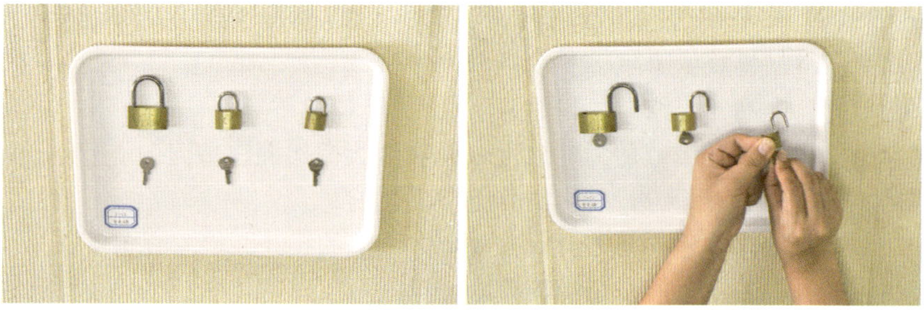

图5-10 开、关锁

14. 拧瓶盖（图5-11）

教具构成：大、中、小号不同颜色的空瓶三个；托盘一个。

直接目的：让幼儿学习拧瓶盖的方法；精确幼儿拧的动作。

间接目的：增强幼儿手腕的灵活性；培养幼儿的OCCI。

适合年龄：3岁以上。

操作方法：

①教师从最大的瓶子开始，先用左手三指轻轻地扶住瓶身，再用右手三指（大拇指、食指、中指）握住瓶盖。

②双手配合同时用力，将瓶盖往逆时针方向旋转一圈，观察瓶盖，发现并未打开瓶盖。松开右手三指，然后回到原点，继续将瓶盖往逆时针方向旋转一圈，如果还未打开瓶盖，重复此操作，直到瓶盖与瓶身分离。

③教师将打开的瓶盖，内部朝上，放在瓶身的下方（3个）。

④教师用右手三指拿起瓶盖，对准瓶口，然后下落。观察瓶盖是否与托盘平行，如果歪了，上提瓶盖，继续对准瓶口然后下落。

⑤左手扶住瓶身不动，右手三指握住瓶盖，将瓶盖往顺时针方向旋转一圈，重复此操作，直到将瓶盖拧结实（3个）。

兴趣点：教具的形状、颜色；拧开盖子的成就感。

错误控制：拧不开盖子。

变化延伸：练习拧矿泉水瓶盖、拧水龙头。

图5-11 拧瓶盖

15. 剪纸（图5-12）

教具构成：剪刀一把；盛放碎纸的容器一个；各种图案的卡纸若干；托盘一个。

直接目的：让幼儿学习使用剪刀的方法；增强幼儿手部小肌肉的灵活性。

间接目的：培养幼儿的OCCI。

适合年龄：3岁以上。

操作方法：

①先挑选出一张自己喜欢的卡纸，放在托盘上。

②教师手指剪刀，向幼儿介绍“这是剪刀”。

③教师拿起剪刀，向幼儿示范剪刀的握法——右手大拇指握住剪刀的上把柄，食指和中指握住下把柄。然后左手指向剪刀刀刃，向幼儿介绍“尖锐的”。

④教师左手拿起卡纸，右手把剪刀打开并对准卡纸上的线条，沿着线剪下去。

⑤重复上述步骤，将卡纸上的线全部剪完。

⑥放下剪刀，将剪下的碎纸全部装入盛碎纸的容器里面，再丢进垃圾桶。

兴趣点：卡纸的颜色和各种图案；会使用剪刀；剪纸的乐趣。

错误控制：剪刀没有沿着线剪；剪到自己的手；使用剪刀的方法错误。

变化延伸：练习剪较为复杂的图案；剪不同材质的纸张。

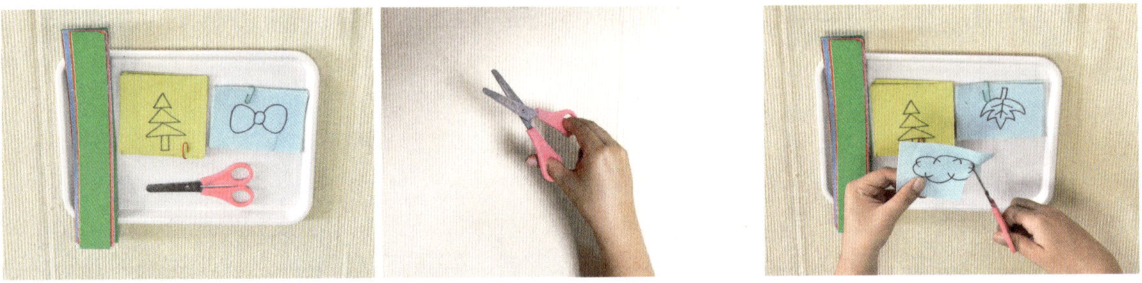

图5-12 剪纸

16. 穿木珠（图5-13）

教具构成：装木珠和绳子的小筐各一个；多种形状、颜色的木珠若干；绳子若干；托盘一个。

适合年龄：3.5岁以上。

直接目的：让幼儿学习如何穿木珠；精确幼儿三指抓（捏）和穿的能力。

间接目的：培养幼儿的OCCI；提高幼儿的审美能力。

操作方法：

①教师用右手以三指抓的方式从筐中拿起一根绳子，将绳子的一侧开端打结，然后找到绳子的另一个开端，将绳子捋直放在桌面上。

②教师用左手以三指抓的方式从筐中拿出一颗木珠，将木珠的一端开孔对准绳子未打结的那一个开端。

③教师将右手中的绳子轻轻地穿过木珠中间的孔，当绳子穿出大约一厘米时，换用右手轻轻地捏住木珠。

④教师用左手以三指抓的方式抓住穿出的绳子，将绳子轻轻地向左拉动，同时，右手将右边的绳子和木珠轻轻地向右拉动。眼睛看向木珠，直到木珠接触到绳结，即可停止拉动。

⑤教师将绳子捋直，左手捏住（三指捏）绳子的左侧开端，重复上述操作，直到将剩余的木

珠都穿到绳子上。

⑥全部完成后，将木珠依次整理好。

兴趣点：木珠的形状、颜色；把木珠穿成一串的成就感和美感。

错误控制：绳子的一端未打结；绳子穿不进木珠；木珠掉落。

变化延伸：练习有规律地穿木珠（例如按照颜色排列）；增加绳子的长度，练习穿一定数量的木珠。

图5-13 穿木珠

二、照顾自己

1. 剪指甲（图5-14）

教具构成：指甲钳一个；用卡纸做成的手模型三个；盛放碎屑的容器一个；托盘一个。

直接目的：让幼儿学习使用指甲钳的方法；指导幼儿学习如何剪指甲。

间接目的：培养幼儿仪容整洁的意识和习惯；培养幼儿的OCCI。

适合年龄：3.5岁以上。

操作方法：

①教师先用左手拿起指甲钳，再用右手的拇指与食指捏住并旋转指甲钳按压部分。

②教师用右手的拇指、食指、中指三指捏紧指甲钳，按压旋转部分，打开指甲钳，示范剪的动作，重复2～3次（压、放）。

③教师先用左手拿起一个用卡纸做成的手掌及手指的模型，再用右手将指甲钳对准手模型拇指的指甲前端，轻轻地剪下指甲前端（指甲前端用黑线区分，指导幼儿顺着线剪）。

④重复步骤三，直到把指甲剪完，放下指甲钳，将剪下的指甲碎屑装入盛碎屑的容器中。

兴趣点：按压的动作；剪指甲的清脆声音；剪完指甲的舒适感。

错误控制：没有剪到指甲；剪得不干净；没剪完；剪多了。

变化延伸：剪自己的指甲；帮家人剪指甲。

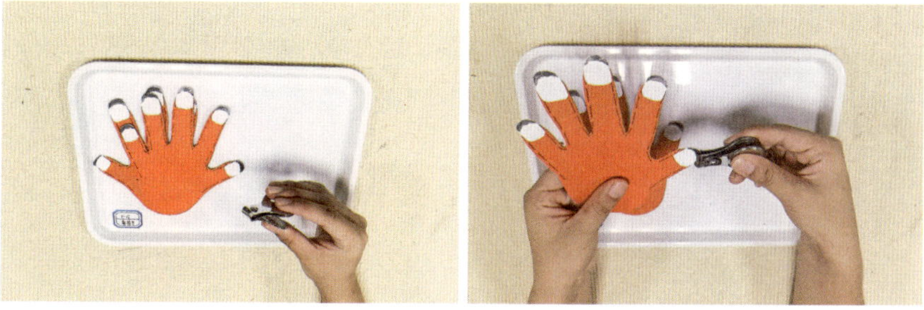

图5-14 剪指甲

2. 衣饰架（扣纽扣）（图5-15）

教具构成：纽扣衣饰框一个。

适合年龄：3岁以上。

直接目的：指导幼儿学习扣纽扣的方法。

间接目的：培养幼儿照顾自己的能力；培养幼儿的OCCI。

操作方法：

①教师伸出左手，用左手三指抓住纽扣的左半边，使纽扣稍稍倾斜。

②教师用右手的三指抓住扣眼的边缘，大拇指放在扣眼边的衣襟上侧，食指和中指放在下侧，先轻轻地往右拉，再轻轻地往回拉，使左手中的半个扣子穿过扣眼。双手配合将纽扣从扣眼中拉出来。

③教师用右手松开扣眼边的衣襟，用三指抓住穿出去的右半个纽扣。

④教师左手松开纽扣，三指抓住扣眼边的衣襟，将其轻轻地往左拉，右手捏住右半个纽扣直至将其完全从扣眼中拉出来。

⑤教师用同样的方法，依次操作下面的纽扣，可邀请幼儿解开最后一个纽扣。

⑥教师先伸出右手的三指，握住衣襟的上角；再伸出左手的三指，捏住衣襟的下角；然后双手同时将衣襟往右翻。用同样的方法，将衣襟的左半边往左翻。最后双手配合将衣襟两边拉到中间合起，并用手抚平。

⑦教师从第一个纽扣开始，伸出左手，用三指抓住扣眼的边缘稍稍往左翻。

⑧教师伸出右手，用三指抓住纽扣。

⑨教师用右手指一下对应的扣眼，并将纽扣轻轻地穿过左手的扣眼。

⑩教师用左手捏住穿出扣眼的纽扣，往左拉。同时，教师右手松开捏着的纽扣，捏住扣眼边缘慢慢往右拉，双手配合直至整个纽扣完全从扣眼中拉出来。

⑪教师扣完全部纽扣后，双手从上到下抚平衣饰框衣襟，使其平整。

兴趣点：纽扣的大小、形状、颜色；成功扣好纽扣的成就感。

错误控制：纽扣扣错了孔；纽扣没对准孔，扣不进去。

变化延伸：变化纽扣的形状（三角形、正方形等）；练习扣玩偶衣服或自己身上衣服的纽扣。

图5-15 衣饰架（扣纽扣）

3．衣饰架（系蝴蝶结）（图5–16）

教具构成：蝴蝶结衣饰筐一个。

直接目的：让幼儿学习系蝴蝶结的技巧；锻炼幼儿手部的精细动作。

间接目的：培养幼儿照顾自己的能力；锻炼幼儿的手眼协调能力。

适合年龄：4岁以上。

操作方法：

①教师将衣饰筐平放在桌面上，先用左手二指捏住蝴蝶结左边的衣带下方，再用右手二指捏住蝴蝶结右边的衣带下方，双手配合，左手向左拉，右手向右拉，解开蝴蝶结。

②教师解开所有蝴蝶结后，先用左手压住衣布中间，再用右手食指将结松开（从中间向上提）；待两根绳子彻底分开后，先用左手握住四根绳将衣布向左拉，再用右手向右拉，然后将绳子沿水平方向拉直，将衣布捋平。

③教师用左右手二指分别捏住衣布一侧上下的两个衣角，将衣布向中间合拢。

④教师用左右手分别以三指捏的方式捏住结绳两端，两手交叉，两根结绳成交叉状，然后左手按住交叉处，轻轻地向上提，右手拿起上面的结绳，从中间的拱洞穿进，再拉出。

⑤教师伸出左手食指，右手拿右边结绳的中点处，往食指上套，做出一个拱圈。右手捏住拱圈，左手拿起左边结绳，沿逆时针方向绕拱圈一周。

⑥教师将左手三指拿的结绳朝右手拇指洞方向推进去，然后右手拉出。左右手配合，将左右两个拱圈分别向左、向右拉紧，微调一下，蝴蝶结就系好了。

兴趣点：教具的形状、颜色；系好蝴蝶结的成就感；蝴蝶结的美感。

错误控制：蝴蝶结系得歪了；系的蝴蝶结大小差异过大。

变化延伸：系自己衣服上的蝴蝶结。

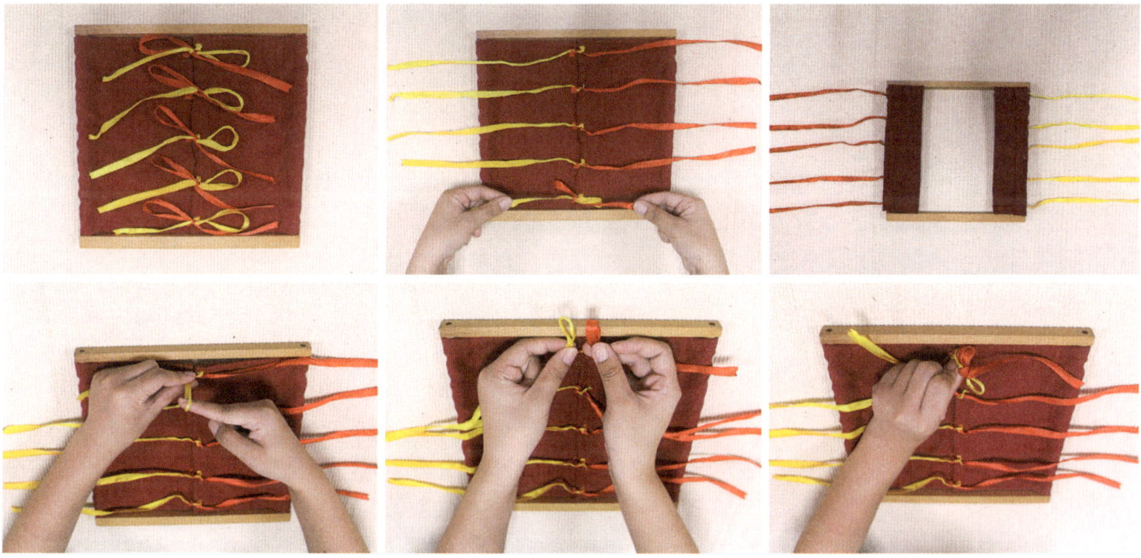

图5–16 衣饰架（系蝴蝶结）

4．系鞋带（图5–17）

教具构成：鞋带一根；托盘一个；仿真玩具小鞋一只。

直接目的：让幼儿学会系鞋带的技巧。

间接目的：培养幼儿的动手能力和照顾自己的能力。

适合年龄：4岁以上。

操作方法：

①教师整理玩具鞋，捋平鞋舌和鞋带孔面，先用左手扶住玩具鞋，再用右手拇指和食指捏住鞋带的塑料头，从上到下穿入右边第一个孔。左手按住鞋带。

②教师用右手食指和拇指继续捏住鞋带塑料头，从下到上穿入左边第一个孔，比较一下两边鞋带的长短，将它们调整至一样的长度。

③教师先用左手固定玩具鞋和左边的鞋带头，再用右手捏住右边的鞋带头向左边折过来，然后从下到上穿过左边第二个孔。

④教师先用右手固定玩具鞋和右边的鞋带头，再用左手捏住左边的鞋带头向右边折过来，然后从下到上穿入右边第二个孔。

⑤重复步骤三，再重复步骤四，直到每个鞋孔都有鞋带穿过即可。

⑥最后双手配合，系一个蝴蝶结。

兴趣点：相互交叉穿鞋带；系好鞋带的成就感。

错误控制：鞋带没有穿进鞋孔；鞋带穿错了鞋孔；没有打结；打了死结。

变化延伸：练习系自己的鞋带；更换鞋带的颜色、材质。

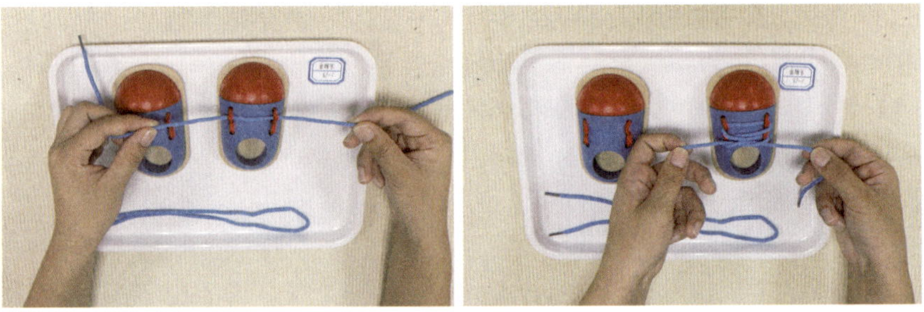

图 5-17 系鞋带

5. 折方巾（图5-18）

教具构成：6条方巾，规格为30×30cm，材料为麻，方巾上有红色错误控制线；托盘一个。

直接目的：让幼儿学习折方巾的基本方法（对边折和对角折）。

间接目的：培养幼儿的OCCI；锻炼幼儿照顾自己的能力。

适合年龄：3岁以上。

操作方法：

①教师向幼儿介绍对边折的折法，首先采用二指抓（捏）的方式，从托盘中取出一条有对边线的方巾，放置在桌面上。

②教师将方巾平铺，先用左手按住方巾的一侧，再用右手掌按照从左到右、从上到下的顺序将方巾抚平。

③教师先用左手轻轻地按住方巾一角，再用右手二指按照从上到下、从左到右的顺序触摸控制线。

④教师沿着控制线对折，折完后抚平。轻轻地翻看一下对边线，检查是否完全重合。

⑤如果有多条控制线，按照步骤四进行操作。

⑥教师按照上述步骤进行对角折的示范，并邀请幼儿进行尝试。

兴趣点：沿着控制线进行折叠。

错误控制：没有沿着控制线折；方巾边角没有对齐。

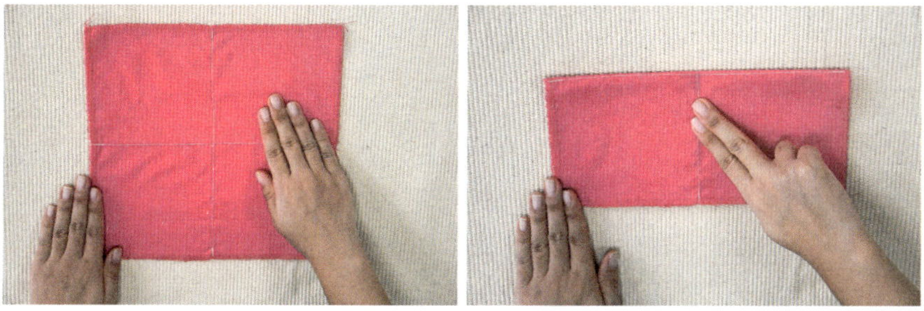

图 5-18 折方巾

变化延伸：折叠汗巾；折叠衣服。

6. 洗手（图5-19）

教具构成：防水垫一个；取水壶一个；洗手盆一个；肥皂一个；指甲刷一把；海绵若干；护手霜一支；毛巾两条；提水桶一个。

直接目的：指导幼儿学习洗手的方法。

间接目的：培养幼儿爱干净、讲卫生的意识；提高幼儿独立生活的能力。

适合年龄：3.5岁以上。

操作方法：

①教师取防水垫，平铺在桌子上，然后将洗手盆摆放在防水垫上，将其余物品有序摆放在桌子上，方便取用。首先用取水壶取水倒入洗手盆，再用海绵将取水壶口的水珠擦干。

②教师将双手浸泡在洗手盆内，把手打湿，拿起肥皂，先擦手心、再擦手背（两只手都要擦）。然后双手合十进行摩擦，打出一点肥皂泡，然后右手握拳，中间留出一根手指宽的距离，套住左手大拇指，清洗每根手指（洗完左手，再洗右手），最后用掌心去清洗掌背。完成后，双手浸泡在洗手盆内，洗掉肥皂泡。

③教师用左手拿起指甲刷，蘸取一些肥皂，右手掌心朝上，四指弯曲碰触大拇指，用指甲刷清洗指甲（清洗完右手指甲，再清洗左手指甲）。完成后，双手浸泡在洗手盆内，洗掉残留的肥皂泡，用毛巾擦干双手。

④教师将洗手盆里的水倒进提水桶，用毛巾擦干洗手盆。然后将防水垫折叠好，将其余物品放入洗手盆收纳好，只留下护手霜。

⑤最后打开护手霜，挤出一点擦手，盖好盖子，放入洗手盆收纳好。

兴趣点：幼儿对水的喜爱；肥皂产生的泡泡和味道；洗手的动作。

错误控制：动作不协调；有水溅出；肥皂泡清洗不干净。

变化延伸：洗其他物品。

图 5-19 洗手

三、照顾环境

1. 擦镜子（图5-20）

教具构成：抹布一块；喷水壶一个；小方巾一块；托盘一个；小镜子一个；防水垫一个。

直接目的：精确幼儿擦的动作；让幼儿学习擦镜子的方法。

间接目的：发展幼儿的手部肌肉；培养幼儿爱清洁的习惯。

适合年龄：3.5岁。

操作方法：

①教师将防水垫打开，平铺在桌面上，然后向幼儿示范喷水壶的用法。打开喷水壶的盖子，伸出右手四指握住壶身一侧，将拇指放在喷嘴上，用些许力气往下按压，水被喷出。

②教师将喷嘴对准小镜子，按压喷水，整个镜面被水打湿即可停止，然后将喷水壶放回托盘。

③教师先用左手扶住镜子，再用右手拿起小方巾，按照从上到下、从左到右的顺序，将镜面上的水珠擦干净。然后将小方巾折叠好，放回托盘，指导幼儿观察镜面是否擦干净。

④教师将托盘内的物品拿出放在桌子上，用抹布擦拭溅到托盘内的水。

⑤教师把物品全部归位到托盘内，用抹布擦拭防水垫，然后将防水垫折叠好。

兴趣点：擦的动作；镜子变干净后的舒适感。

错误控制：没有将镜子擦干净（有灰尘残留或有水渍）。

变化延伸：练习擦玻璃杯、擦植物叶子。

图 5-20 擦镜子

2. 擦叶子（图5-21）

教具构成：绿叶盆栽一盆；抹布一块；海绵一块；喷雾器一个。

直接目的：让幼儿学习擦叶子的技巧；精确幼儿擦的动作。

间接目的：发展幼儿手眼协调的能力；培养幼儿爱护植物的意识。

适合年龄：3岁以上。

操作方法：

①教师将喷雾器的盖子打开，用左手轻轻地压住一片叶子，用喷雾器对准叶片喷水（按压喷头），让水珠覆盖整片叶子。然后将喷雾器放回托盘内，盖上盖子。

②教师将左手垫在叶片下方，再用右手拿起抹布，从叶子根部擦到叶子尖部，然后把抹布放回托盘内。左手垫在叶片下方，右手拿起海绵，将残留在叶片上的水分擦干。

③教师用手指一下擦干净的叶片和未擦过的叶片，让幼儿观察两者的区别。

④重复步骤一和步骤二，将叶片全部擦干净后，将托盘内的物品全部放置在桌面上，拿起海绵块，将托盘内的水珠擦干净。

兴趣点：擦干净叶子的成就感；绿植的美感。

错误控制：没有将叶子擦干净，叶片上还是有灰；动作不协调；叶子被擦破。
变化延伸：练习擦镜子、浇花等工作。

图 5-21 擦叶子

3．浇花（图5-22）

教具构成：盆栽花一盆；海绵一块；小浇水壶一个（装一半水）。
直接目的：让幼儿学习浇花的技巧；锻炼幼儿手臂、手腕的力量。
间接目的：培养幼儿的专注力、独立性；让幼儿了解植物需要水。
适合年龄：3岁以上。
操作方法：

①教师先用右手三指握住壶柄，再用左手轻轻地扶住壶嘴，将水壶移动到盆栽花的上方，壶嘴对准植物的根部，双手协调，向下倾斜，直至水从壶嘴倒出，持续2～3秒，将水壶放回托盘内，用海绵擦拭壶嘴残留的水。

②教师用双手握住花盆边缘，将花盆旋转180°，继续重复步骤一。浇完后，教师引导幼儿观察浇过水的土壤和没有被浇过水的土壤的区别。

③完成后，将托盘内的物品放置在桌面上，左手扶住托盘，右手拿起抹布将托盘内的水珠擦干净，再将教具归位。

兴趣点：浇水的动作；植物的颜色和造型。
错误控制：水溢出；没有对准植物的根部浇水。
变化延伸：给草坪浇水。

图 5-22 浇花

4．扫垃圾（图5-23）

教具构成：小号垃圾铲、扫帚各一个；装碎屑的碗一个；碎纸屑若干。
直接目的：让幼儿学习扫帚的使用方法；让幼儿学习扫垃圾的技巧。
间接目的：发展幼儿手臂、手腕的协调性；培养幼儿照顾环境的意识。

适合年龄：3.5岁以上。

操作方法：

①教师向幼儿介绍扫帚的用法。伸出右手，四指并拢握住扫帚柄的适中位置，拇指轻触四指，做出扫的动作，重复2～3次，将扫帚放在旁边。

②教师用不粘胶布在托盘内贴出一个区域（控制区）。

③教师将纸屑散倒在托盘内。

④教师用右手握住扫把，协调用力，将纸屑扫进控制区，拢成一堆。

⑤教师向幼儿示范垃圾铲的用法。用左手拿垃圾铲柄，向下倾斜，使得垃圾铲的开口紧贴平面。

⑥教师用右手握住短柄扫把的中间位置，手臂、手腕稍稍用力，将拢成一堆的碎纸屑扫进垃圾铲中。重复此动作，直到将碎纸屑全部扫进垃圾铲中。

⑦教师检查短柄扫帚上面是否有纸屑卡住，如果有，用手轻轻地将它们拨下来，放入垃圾铲，然后将垃圾铲内的碎纸屑全部倒入垃圾桶内。最后将教具全部放回教具柜内。

兴趣点：扫的动作；教具的形状、颜色；扫干净垃圾的整洁感和舒适感。

错误控制：没有将碎纸屑扫干净；抓握扫帚的方式不正确。

变化延伸：清扫户外的落叶等垃圾。

图5-23 扫垃圾

四、礼仪教育

1. 咳嗽、打喷嚏、打哈欠

直接目的：让幼儿学习咳嗽、打喷嚏、打哈欠的正确姿势。

间接目的：发展幼儿的社会性；培养幼儿的人际关系。

适合年龄：3岁以上。

操作方法：

• 咳嗽

①教师向幼儿说明当我们在公众场合想要咳嗽的时候，不能对着人咳嗽。

②教师示范咳嗽的正确姿势——用手捂住嘴部，头转向一侧，略微低头，然后咳嗽。

③咳嗽完后，要去洗手或用湿纸巾擦手。

• 打喷嚏

①教师向幼儿说明当我们在公众场合想要打喷嚏的时候，需要用纸巾捂住，防止病毒传播。

②教师示范打喷嚏的正确姿势——拿一张纸巾轻轻地捂住口鼻，然后打喷嚏。

③打完喷嚏后，用纸巾擦一下鼻子和嘴巴周围，将纸巾丢进垃圾桶并洗手。

• 打哈欠

①教师向幼儿说明当我们在公众场合想要打哈欠的时候，要注意遮住嘴部，注意仪态。

②教师示范打哈欠的正确姿势——用手遮住嘴部，头朝侧面，然后打哈欠。要提醒幼儿不要发出太大的声音。

兴趣点：优雅的动作。

错误控制：姿势不正确；发出的声音过大。

变化延伸：表演情景剧——咳嗽、打喷嚏以及打哈欠。

2. 如何打断他人说话

直接目的：让幼儿学习插话的礼仪。

间接目的：发展幼儿的社会性；培养幼儿的人际关系；培养幼儿的OCCI。

适合年龄：3岁以上。

操作方法：

①教师向幼儿说明情景——当你想跟他人说话的时候，发现对方正在与其他人交谈，这个时候不能直接上前打断，要礼貌用语。

②教师示范如何打断他人说话，邀请一位幼儿和助教进行示范。

③教师与幼儿正在交谈，助教走过来，轻轻地拍一下教师的手臂说："不好意思，可以打断一下你们的对话吗？"

④教师对助教说："请你稍等一会。"

⑤教师继续与幼儿进行对话，尽快结束与幼儿的对话，然后转身面对助教说："谢谢你的等待，请问你有什么事情？"

兴趣点：眼神和表情的交流；说话时的语气。

错误控制：直接打断他人说话。

变化延伸：组织小组讨论；组织表演礼貌用语情景剧。

3. 打招呼

直接目的：让幼儿学习主动与他人打招呼；让幼儿学习生活礼仪。

间接目的：发展幼儿的语言能力；培养幼儿的自信心；锻炼幼儿与他人交往的能力。

适合年龄：2.5岁以上。

操作方法：

①邀请一个新入园的幼儿站在教室前面，然后对其他幼儿说："今天老师要给你们展示如何打招呼。每天早晨老师都会在班级的门口和小朋友们打招呼，小朋友们看见老师要和老师握手问好。"并邀请一位助教一起示范如何打招呼。

②教师与助教面对面站立，抬头挺胸，不驼背，双手微贴大腿，自然下垂。双脚自然分开，间隔一拳距离。教师面带微笑，目光注视助教的眼睛，举起右手（与肩同高）并左右小幅度挥动，说："老师好"。

③在教师说完"老师好"之后，助教同样面带微笑，挥手回应："你好，×××同学"。

④教师向助教的方向伸出右手，手心朝上。助教也伸出右手，两人握手，面带微笑并注视对方的眼睛。

⑤教师邀请幼儿自己试一试，主动跟他人打招呼。

兴趣点：挥手、握手的动作；问好后的愉悦感。

错误控制：没有微笑、对视；不敢开口表达；站姿不端正。

变化延伸：练习不同时间段的打招呼用语，如早安、下午好等。

4．经过礼仪

直接目的：让幼儿学习从他人面前经过的礼仪。

间接目的：发展幼儿的语言能力；培养幼儿与人交往的能力；发展幼儿的社会性。

适合年龄：2.5岁以上。

操作方法：

①教师向幼儿说明情景——当你在幼儿园内走时，迎面遇到老师了，应该主动打招呼并且注意礼貌用语。

②教师邀请一位助教一起示范经过礼仪，让助教在走廊里走动，然后邀请一位幼儿跟着自己。

③教师邀请幼儿一起走向走廊。碰见助教后，教师主动上前问好："×老师，你好。"幼儿跟随教师和助教问好："×老师，你好。"（声音轻柔、微笑）。

④当要分别走开的时候教师说："×老师，再见。"幼儿跟随教师对助教说："×老师，再见。"（挥手说再见）。

⑤教师邀请两个幼儿尝试一下经过礼仪。

兴趣点：与他人碰面时主动打招呼、交流。

错误控制：与他人正面碰见，但是不打招呼；打招呼的声音较大。

变化延伸：练习在不同的场合看见同伴的时候要怎样打招呼。

5．请求帮助

教具构成：桌子一张。

直接目的：让幼儿学习主动请求他人帮助和请求帮助时的礼貌用语。

间接目的：培养幼儿的社会性、责任感；发展幼儿的语言能力。

适合年龄：3.5岁以上。

操作方法：

①教师向幼儿说明情景："老师今天交给小朋友们一个搬桌子的任务，但是一个小朋友无法完成，遇到困难了，这个时候我们需要寻求他人帮助。"并邀请一位助教一起示范。

②教师站在桌子前，环顾一下四周，看见助教，走到助教面前，轻声问："请问你可以帮助我一起搬桌子吗?""要把桌子搬到这里"（用手指）。

③助教回答："可以的。"教师说："谢谢。"然后两人合作，把桌子搬到指定地方。

④教师邀请两个幼儿尝试一下请求他人帮助。

兴趣点：搬桌子的过程；被帮助的快乐和帮助他人的成就感。

错误控制：没有主动请求帮助；被帮助后没有说谢谢。

变化延伸：寻求他人进行其他方面的帮助。

6．泡茶、倒茶

教具构成：小热水壶一个；茶具一套（包含底座一个、木镊子一个、茶壶一个、茶杯四个）；菊花一罐。

直接目的：让幼儿练习沏茶、倒茶的技巧。

间接目的：让幼儿体会与他人分享的快乐；培养幼儿的OCCI。

适合年龄：4.5岁以上。

操作方法：

①教师将茶壶的盖子打开，再将装菊花的罐子打开，用木镊子夹起4～5朵菊花，放入茶壶，将罐子的盖子盖上。

②教师打开热水壶（小心烫），将热水倒入茶壶（不用倒满，倒至壶口三分之一处），等待1～2分钟。

③教师用右手四指握住茶手柄，拇指按住茶盖子上的凸起处，拿起茶壶，移动到茶杯的上方，向下倾斜，将茶倒入茶杯中。注意不能倒满，只用倒三分之二。

④教师放下茶壶，用手在茶杯上方轻轻地扇动，闻茶的清香（语言表达：清香）。

⑤教师将沏好的茶分给幼儿品尝。

兴趣点：茶的香气；教具的颜色和形状；倒茶发出的声音。

错误控制：打翻容器；茶水溢出；茶叶放入过多。

变化延伸：更换茶叶种类；更换泡茶容器。

7. 门的开关

教具构成：教室的门。

直接目的：让幼儿学习如何关门和开门；让幼儿学习基本的生活礼仪。

间接目的：培养幼儿的OCCI；发展幼儿的社会性。

适合年龄：3岁以上。

操作方法：

• 开门

①教师侧身站在门的旁边，脚与门间隔两个拳头宽。

②教师用右手握住门把手，往下按压。

③教师用左手扶住门框，左右手同时往后拉（或往前推）。

④门微微打开后，改为双手扶住门框，将门完全打开。

• 关门

①教师用双手扶住门框，将门往前推（或往后拉）。

②教师将门推（或拉）到中间位置，改为右手握住门把手，左手扶门框。

③教师用右手按压门把手，轻轻地关好门。

兴趣点：门把手的形状；门的造型。

错误控制：没有成功关上、打开门；夹到自己。

变化延伸：打开、关闭各种类型的门。

8. 如何递交危险物品

教具构成：剪刀一把；托盘一个。

直接目的：让幼儿学习如何传递尖锐、危险物品。

间接目的：培养幼儿的OCCI；发展幼儿的社会性；学会保护自己。

适合年龄：3.5岁以上。

操作方法：

①教师向幼儿说明剪刀是尖锐、危险物品，传递的时候要注意安全。

②教师用右手拿起剪刀，握住手柄，左手握住剪刀尖锐处。

③教师提醒幼儿传递剪刀时，要将尖锐处朝下，再递给他人。

兴趣点：成功传递物品的成就感；剪刀的形状、颜色。

错误控制：伤害到自己或他人；剪刀掉落。

变化延伸：传递其他尖锐物品，如针、刀等。

五、食物制作与分享

1. 切香蕉（图5-24）

教具构成：水果刀一把；香蕉一根；盘子一个；案板一个；一次性手套若干。

直接目的：让幼儿学习如何切香蕉；让幼儿学习使用水果刀的方法。

间接目的：培养幼儿的OCCI；发展幼儿的手眼协调能力。

适合年龄：3.5岁以上。

操作方法：

①教师将香蕉剥好皮后放在案板上，戴上一次性手套，向幼儿示范握水果刀的方法——右手握住刀柄，刀的锋刃朝着下面；并向幼儿强调刀是锋利的，在没有成人看护的情况下，幼儿不能单独使用水果刀或其他刀具。

②教师用左手按住香蕉，右手拿刀，按照从左到右的顺序开始切。

③教师将香蕉切成一段一段的，每段大约3cm，切好后在每块香蕉上插入牙签，放入盘子里，请幼儿品尝。

兴趣点：香蕉的形状、颜色和香味；切开香蕉的成就感、触感。

错误控制：没有切开香蕉；伤害到自己。

变化延伸：尝试切橙子、猕猴桃等水果。

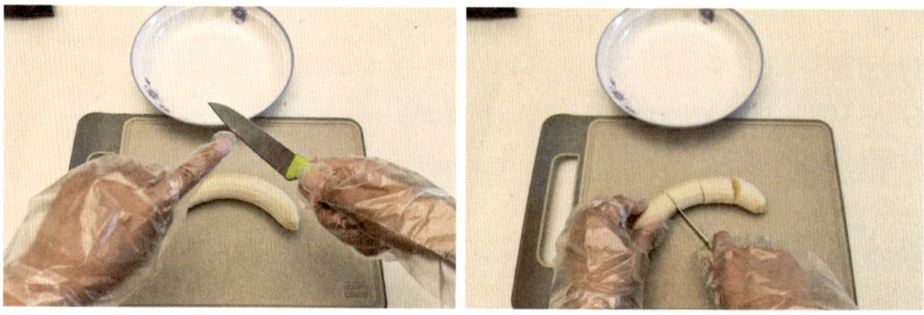

图5-24 切香蕉

2. 涂果酱（图5-25）

教具构成：吐司片若干；果酱一瓶；勺子一个；一次性手套若干；餐盘一个。

直接目的：让幼儿学习如何涂抹果酱；精确幼儿抹的动作。

间接目的：培养幼儿的OCCI；发展幼儿的社会性。

适合年龄：3.5岁以上。

操作方法：

①教师戴好一次性手套，取一片吐司放在餐盘上，然后打开果酱瓶。

②教师用勺子先挖一勺果酱涂抹在吐司片上，按照从上到下、从左到右的方向均匀涂抹。

③若吐司片较大，可重复上述操作，继续挖一勺果酱涂抹在吐司片上。教师告诉幼儿："可以重复以上步骤制作多片果酱土司，与其他人分享。"

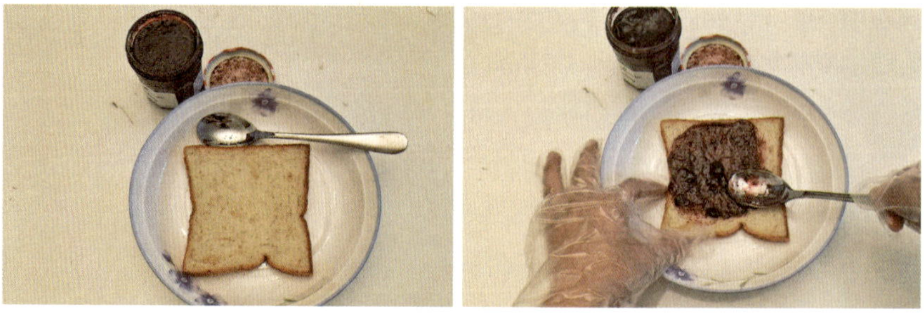

图5-25 涂果酱

④完成后，将吐司片放置在餐盘中，拧好果酱瓶的盖子。

兴趣点：吐司和果酱的香味；涂抹好果酱的成就感。

错误控制：果酱没有涂抹均匀；果酱掉落在桌面。

变化延伸：涂抹花生酱；更换土司或面包片；更换涂抹工具（西餐刀）。

3．搓汤圆（图5-26）

教具构成：适量汤圆粉；适量纯净水；小碗两个；案板一个；一次性手套若干。

直接目的：让幼儿学习如何制作汤圆；精确幼儿搓的动作。

间接目的：培养幼儿的OCCI；增强幼儿对我国传统特色美食的喜爱之情。

适合年龄：4岁以上。

操作方法：

①教师拿出汤圆的图片，向幼儿介绍汤圆是我国传统特色美食。

②教师戴上一次性手套，取适量汤圆粉放入碗中，然后加入一些纯净水，伸出右手二指（食指和中指），进行搅拌，直至汤圆粉凝固成一团（水和粉的比例，教师可以提前配制好）。

③教师将汤圆面团拿出，放在案板上，将面团揪成一小团一小团的（每个小面团大概是成人的大拇指盖那么大）。

④教师拿起一个小面团，放在左手掌心，右手掌心轻轻地按住面团，然后水平旋转揉搓，直

图5-26　搓汤圆

到将小面团揉成球状。

⑤重复步骤三，将面团全部制作成汤圆。

兴趣点：汤圆的形状；制作好汤圆的成就感。

错误控制：没有将面团搓成球状。

变化延伸：在面团里加入不同颜色的蔬菜汁，制作五彩汤圆；制作包馅的汤圆。

4. 制作三明治（图5-27）

教具构成：吐司片若干；火腿片若干；煎鸡蛋一个；黄瓜片若干；蟹肉棒一个；小号刀一把；案板一个；一次性手套若干。

直接目的：让幼儿学习制作三明治的方法；培养幼儿照顾自己的意识。

间接目的：培养幼儿的OCCI。

适合年龄：3.5岁以上。

操作方法：

①教师戴好一次性手套，取一片吐司放在案板上，先放几片黄瓜在吐司中间位置，再放几片火腿，同样放在中间位置。然后拿起另外一片吐司，完全覆盖住食物，放置后需要检查一下是否与第一片吐司对齐（以防切开的时候一片大一片小，包裹不住里面的食物）。

②教师在第二片吐司上，居中放置煎鸡蛋，然后双手拿起蟹肉棒，将蟹肉棒撕成两半，放置在煎鸡蛋上，然后拿起第三片吐司，盖在食材上面。

③教师用右手拿刀，左手按住吐司的左边一半，从中间开始切，刀进入吐司的时候，左手按压刀背，使得刀切得更深，将吐司片完全一分为二。

④教师邀请幼儿自主尝试，并和同伴分享。

兴趣点：食材的香味、颜色；与同伴分享的快乐；制作出三明治的成就感。

错误控制：没有完全将一整块三明治一分为二；吐司没有包裹住食材。

变化延伸：制作汉堡包。

图5-27 制作三明治

5. 制作双皮奶（图5-28）

教具构成：小碗两个；小勺子一个；围裙一条；纯牛奶一瓶；小锅（用电的）一个；白砂糖

一罐；蛋清两份（用碗装）；筷子一双；保鲜膜一片；牙签一根。

直接目的：让幼儿学习制作双皮奶的方法；锻炼幼儿手眼、手臂的协调能力。

间接目的：锻炼幼儿的生活自理能力；增强幼儿对岭南地区美食的了解与喜爱。

适合年龄：5.5岁以上。

操作方法：

①教师向幼儿说明双皮奶是岭南地区的特色美食。

②教师系上围裙，拿起瓶装牛奶，拧开盖子，将牛奶全部倒入小锅中，开始加热（按一下开关直接加热）。

③等待2～3分钟，教师伸出右手，掌心朝下移至小锅的上方（强调不要碰到锅壁），感受到热度后就可以再次按下开关，停止加热。

④教师用双手握住小锅的锅柄，将牛奶全部倒入碗中备用。

⑤教师打开装白砂糖的罐子，用勺子挖出两勺白砂糖放入装有蛋清的碗中，然后用勺子搅拌蛋清（顺时针方向转圈搅拌，动作轻柔），大概搅拌1分钟左右，把碗拿起来看一下，看不到糖的颗粒就可以了，放在一旁备用。

⑥教师用手指着装牛奶的碗，用筷子轻轻地刺破表面的奶皮，告诉幼儿这是一层奶皮，然后将牛奶倒入搅拌好的蛋清之中。再次搅拌，直到牛奶与蛋清混合均匀（颜色没有明显的区分就可以了）。

图5-28 制作双皮奶

⑦教师将牛奶与蛋清的混合物倒入原本装牛奶的碗中，可以看到奶皮自动浮上来了，然后用保鲜膜盖住整个碗口，用牙签扎5～6个洞，放入小锅中，按加热开关，等待10分钟。

⑧请幼儿自己尝试，将做好的双皮奶分给同伴品尝。

兴趣点：搅拌的过程；食材的颜色、形状、香味；做出双皮奶的成就感。

错误控制：打翻容器；搅拌时内容物溢出。

变化延伸：使用不同的容器制作双皮奶。

6. 包虾饺（图5–29）

教具构成：一次性手套两双；切成小丁的虾仁一碗；淀粉、玉米油各一小碗；勺子一个；盐一碟；葱一碟；面团一碗；围裙一条；塑料膜（铺在桌上）一张；小擀面杖一把。

直接目的：让幼儿学习包虾饺的方法；锻炼幼儿的手臂力量和手部精细动作。

间接目的：增强幼儿对岭南特色美食的认识和喜爱；体会与他人分享的快乐；为独立生活做准备。

适合年龄：5岁以上。

操作方法：

①教师向幼儿说明虾饺是岭南地区的特色美食之一，邀请幼儿一起制作。教师示范，首先系上围裙，将放置虾丁的碗放在自己面前，挖一勺淀粉（向幼儿介绍这个白色的粉末称作淀粉）、一勺玉米油、一勺葱和半勺盐到碗里面。

②教师戴上手套，用五指抓的方式将虾丁和佐料抓均匀（看不见颗粒、溶化了就可以了），放在一旁备用，脱下手套。

③教师戴上另一双干净的手套，拿起面团，揪下一团大小适中的面团在手中搓圆，然后放置在塑料膜上，拿起擀面杖，从面团中间位置压下去，摊开手掌，掌心朝下推动擀面杖前后左后进行擀压，直到面团变得平整。

④教师将擀好的饺皮摊开放在桌子上，用勺子挖一勺虾丁，放入饺皮中，双手分别捏住饺皮下端，向上翻折（注意虾丁不能溢出），然后左手扶住，右手从一侧捏着收口（把饺皮捏合）。

⑤重复步骤三和步骤四，完成后，将包好的虾饺，放入蒸笼，等待15分钟。

⑥邀请幼儿自主尝试，并把蒸好的虾饺分享给同伴品尝。

兴趣点：教具的形状、颜色；虾馅的香味；抓拌、擀面的动作。

错误控制：擀破饺皮；馅溢出。

变化延伸：尝试包其他馅的饺子、包包子等。

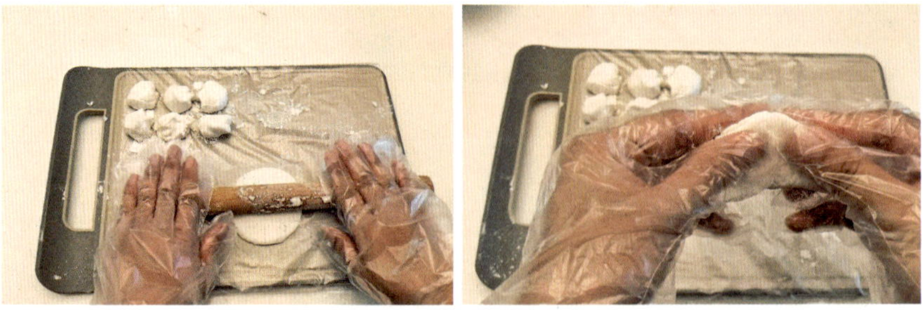

图5–29 包虾饺

知识小测

1. 蒙台梭利日常生活教育内容包括（　　　　　　）、（　　　　　　）、（　　　　　　）、（　　　　　　）和食物制作与分享。
2. 蒙台梭利教育的教育目标中培养幼儿的OCCI指的是培养幼儿的（　　　　　　）、（　　　　　　）、（　　　　　　）、（　　　　　　）。

思考与练习

1. 写一份蒙台梭利教育操作展示页（以日常生活教育为例）。
2. 小组分工，写一份蒙台梭利教室规则。
3. 优化蒙台梭利教室的日常生活教育区域的环境布置。
4. 结合岭南传统饮食风俗文化，设计一份日常生活教育的教具或“工作”。
5. 课后进行日常生活教育教具操作练习。

第六章 蒙台梭利感官教育

学习目标

1. 了解蒙台梭利感官教育的目的、内容和特征。
2. 认识并熟练操作感官教育教具。
3. 科学布置和摆放感官教育教具。
4. 学习利用感官教育教具开展幼儿教育工作。
5. 融入本土文化创设感官教育教具。

当幼儿开始接受感官教育时，他的心智当然不是空白一片，但是他的概念却全部混淆不清。此时心智最需要的是将已有的加以重整，而不是再吸取更多新的知识。

——玛利亚·蒙台梭利

第一节 蒙台梭利感官教育概述

感官教育也称为感觉教育。所谓感官，是指人们的感觉器官，包括五官和肢体。感觉器官将人们和周围的环境有机地联系起来，是人们获取对大自然的感性知识的纽带。感官教育是指经由视、嗅、味、触、听上的外界刺激传给大脑的信息，再经由大脑传到感官，使幼儿产生知觉，发展他的观念、思想、理解等方面的能力。蒙台梭利曾说“来自智力的东西没有一样不是先来自感官”，可见其对感官教育的重视。

一、感官教育的目的

（一）促进幼儿感觉机能和智力的发展

幼儿期正处在各种感觉的敏感期，通过感官训练对感官的刺激，可以促进幼儿感觉能力的迅速发展和不断完善，同时蒙台梭利认为，“智能的培养首先依靠感觉，利用感觉搜集事实，并辨别它们，而感觉训练也是初步的、基本的智力活动。通过感觉训练使幼儿对事物的印象清晰、纯正，这本身就是一种智能和文化的学习，是智力发展的第一步。”幼儿感觉器官要比高级智力活动发展得早，通过感官教育可以在幼儿早期发现某些容易被人们所忽略的影响智力发展的感觉能力缺陷并及时采取措施，使其得到矫治和改善。

（二）帮助幼儿获取各方面的正确认识

孩子从出生时就开始运用他的感官了，在他的理性尚在沉睡、推理能力尚未发展之前，感官是他认识世界的重要工具，所以从出生到3岁入学前，孩子已依靠自己的感觉器官自主去探索并累积了不少感官经验。但这些感官经验是零碎的、片段的、杂乱无章的。蒙台梭利的感官教育正是运用特殊的、独立的教具进行系统化的锻炼，促使幼儿可以有秩序、有逻辑性地整理获得的感觉，获得各方面的正确认识。

（三）养成幼儿集中注意和遵守秩序的习惯

幼儿在操作教具的过程中需要全神贯注，集中注意力观察和操作教具，并在完成“工作”后进行细致的检查，在“工作”的过程中需要严格按照既定步骤进行连贯的操作，可以使幼儿养成遵守秩序的好习惯。

（四）打下形成幼儿健全人格的基础

幼儿通过直接感知来认识事物和丰富记忆，其思维也常常受到感知的影响，其情绪和意志也随着直接感知的变化而变化，因此进行系统的感官教育可以帮助幼儿正确地认识周围事物、巩固认知结构和培养良好的情绪与意志，为健全幼儿人格的发展打下坚实基础，甚至为全人教育铺路。

（五）促进幼儿对美的感受、理解和表达

在幼儿期注重幼儿的感官训练，能促进幼儿感觉的精致化。如果幼儿感觉得到了精致化，他就能鉴别出身边各种色系的细微差别，听到音律的节奏变化，从而使他的审美感和艺术鉴赏力获得提升，有利于提高他对美的领悟性和创造力，更加热爱美丽多姿的世界。

二、感官教育的内容

蒙台梭利主张通过“G.P.S.”操作方法帮助幼儿运用教具实现感官教育。P（pairing）是从教具中找出相同的加以“配对”，G（grading）是把教具按照一定的序列（从大到小或从小到大）进行“排序”，S（sorting）是对教具进行“分类”。配对、排序和分类是幼儿操作感官教具的原则，也是教具本身的属性，任何一种教具必须具备这三种属性中的一种或多种。蒙台梭利将感官教育的训练分为视觉训练、触觉训练、听觉训练、嗅觉训练和味觉训练，每种训练都有相应的教具进行操作，具体包括：①视觉训练，如带插座圆柱体组、粉红塔、棕色梯、色板、几何嵌图橱等；②触觉训练，如触觉板、温觉板、重量板、布盒等；③听觉训练，如听觉筒、音感钟等；④嗅觉训练，如嗅觉瓶、香料包等；⑤味觉训练，如味觉瓶等。

三、感官教育的特征

（一）刺激的孤立性

蒙台梭利教具中，每一种教具只训练一种感知能力，以排除其他感觉的干扰，使相应的感官以最大的敏锐度去感知这种刺激，得到纯正、清晰的感觉。例如，在触觉练习时，让幼儿闭着眼睛（或给幼儿蒙上眼睛）仅通过触觉器官来辨别物体的大小、形状、光滑与粗糙，以便排除视觉的影响。

（二）操作的顺序性

蒙台梭利认为，感官教育主要针对幼儿的敏感期而拟定的，而敏感期的出现是服从个体发展节律的，所以要根据这种发展节律设计有顺序的系列教具，并循序渐进地进行训练。

蒙台梭利教具操作的顺序性有以下两个方面的含义。

一方面，由简单到复杂。例如，带插座的圆柱体由直径的递减（第一组）和高度的递减（第二组）逐渐过渡到较复杂的高度与直径同时递减（第三组）和更复杂的高度递增与直径递减（第四组）。

另一方面，由具体到抽象。首先，教具的操作由具体到抽象。以幼儿对平面形状的学习为例，幼儿通过触摸拼图橱中的几何图形感知形状→用剪刀将卡纸剪成几何图形→用剪刀将卡纸剪成几何图形的轮廓→用笔画出几何图形的轮廓。其次，教具的意义由具体到抽象。以数棒为例，幼儿在经常使用数棒的过程中，逐渐知道“2”是由2个“1”、“10”是由10个“1”组成的。开始，幼儿理解的“1”并不是一个抽象的概念，而是一个最短的数棒；“2”这个数棒和两个最短的数棒“1”接起来一样长，“10”这个数棒则和10个最短的数棒“1”接起来一样长。渐渐地，幼儿便懂得了“2”中包含2个“1”，“10”中包含10个“1”。这是开始学习数量和数量间配对关系的方法，逐渐地，幼儿理解了数的组成和数的实际意义，获得了较为抽象的概念。

（三）工作的趣味性

蒙台梭利教具对幼儿的吸引力不在于它的外表，而在于它的内部——能够满足幼儿内在的需求。以带插座的圆柱体为例，这一教具的外表并非相当具有吸引力，但它常常可以使幼儿长时间重复将圆柱体从圆孔中拿出、放入的动作，不断地体验着成就感和秩序感。

（四）教育的自主性

在蒙台梭利教室里，不是教师直接将知识教给幼儿，而是幼儿通过自己操作教具来自我学习。幼儿根据自己内心的需求决定选择哪一个教具，在哪个层次上进行操作；根据自己敏感能力的发展情况决定采取何种学习速度。幼儿通过教具主动地进行自我教育。

第二节　蒙台梭利感官教育教具基本操作

一、感官教具一览表

（一）视觉教育

视觉教育的常见教具如表6–1所示。

表6–1　视觉教育

教育内容	教具名称
辨别大小	粉红塔
	棕色梯
	长棒
	带插座圆柱体组
	彩色圆柱体组
辨别颜色	色板Ⅰ、Ⅱ、Ⅲ
辨别形状	几何嵌图橱
	几何立体组
	三角形盒
	长方形盒Ⅰ、Ⅱ
	大六边形盒、小六边形盒
	蓝色三角形盒
数学预备	单项式（二倍体）盒、二项式盒、三项式盒

（二）触觉教育

触觉教育的常见教具如表6–2所示。

表6-2　触觉教育

教育内容	教具名称
触觉教育	粗细触觉板
	布盒
温觉教育	温觉板
压觉教育	重量板

（三）听觉、嗅觉、味觉教育

听觉、嗅觉、味觉教育的常见教具如表6–3所示。

表6-3　听觉、嗅觉、味觉教育

教育内容	教具名称
听觉教育	听觉筒
嗅觉教育	嗅觉瓶
味觉教育	味觉瓶

二、感官教具操作

（一）视觉教育

1．粉红塔（图6–1）

教具构成：由10个体积为1～10cm^3，且长、宽、高等差为1cm的粉红色木制立方体构成。

直接目的：培养幼儿辨别立方体大小的视觉能力。

间接目的：培养幼儿的OCCI；培养幼儿的逻辑思维。

适合年龄：2.5岁。

操作方法：

• 中央造塔

①用双手将粉红塔从最小的一块开始拿到工作毯上散放，每次只拿取一块粉红立方体。

②向幼儿展示最大的和最小的粉红立方体，展示后放回原处。

③进行中央造塔，用眼睛进行观察比较，并与其他的粉红立方体进行对比，将最大的一块粉红立方体放在工作毯的左侧。再以同样的方法从中找出最大的一块粉红立方体，依次由大到小造成一个塔的形状（用视觉引导幼儿观察排列的顺序）。

④双手手心由上到下触摸两次粉红塔侧面，感知规则变化的10个立方体的四个侧面。

⑤由小到大依次将粉红立方体取下并散放在工作毯上，再从最大的一块开始收回到教具柜中并排列整齐。

• 两边对齐造塔

①用双手将粉红塔从最小的一块开始拿到工作毯上散放，每次只拿取一块粉红立方体。

②由大到小进行排列，每排列一块都让相邻的两边与上下边重合，并用双手掌心触摸重合的边缝感知是否重合，直到全部排列完成。

③用最小的立方体做对比，体会每一块的间隔都是一样大的。

• 概念的介绍——三阶段教学法认识“大”和“小”

①命名。教师先找出最大的一块粉红立方体，再找出最小的一块，然后对幼儿说：“这是大的，这是小的，请你来摸一摸。”（摸的时候用手掌以上→前→上→后→上→左→上→右的顺序触摸立方体的每一个面）。

②辨别。教师对幼儿说：“请你告诉我哪个是大的？哪个是小的？请把大的拿给我。”

③发声。教师对幼儿说：“这是什么？那个是什么？”

兴趣点：塔的造型；搭建和搬运过程；搭建成功的乐趣。

错误控制：搭错之后塔的结构不平衡，视觉上不协调；将最小的一块粉红立方体与其他粉红立方体做对比，可量出10个粉红立方体中相邻两块之间的等差关系（1cm）。

注意事项：取、放粉红立方体时，要一个一个地拿，在取、放时走路要慢，注意安全；当粉红立方体放在工作毯上时，注意提醒幼儿轻拿轻放。

变化延伸：自由造型——水平造塔或间隔造塔；联合造塔——和棕色梯、长棒一起搭建。

图6-1 粉红塔

2. 棕色梯（图6-2）

教具构成：由10个长为20cm、宽与高都是从10cm递减至1cm且等差为1cm的棕色长方体组成。

直接目的：通过视觉辨别，让幼儿感知长方体在高和宽上的差异，培养幼儿辨别粗细（高低、厚薄、宽窄）的视觉能力。

间接目的：让幼儿学习长方形的概念；发展幼儿的手眼协调能力。

适合年龄：3～4岁。

操作方法：

• 造梯子

①双手握住长方体的两边，将棕色梯从最细的一根到最粗的一根依次拿到工作毯上散放。

②向幼儿展示最粗的和最细的长方体，展示后放回原处。

③每次找最粗的一个长方体，按最粗的到最细的顺序进行放置，来造一个梯子。每放一个长方体都要用双手掌心进行触摸上下两侧感知相对的两个面是相同并重合的，直到全部立方体按顺序摆放完成。

④用最细的一个立方体和其他立方体做对比。然后用右手食指触摸上下相连的两个面对幼儿说："一样的"。

⑤回收工作，将长方体散放在工作毯上，从最粗的一个开始依次放回到教具柜里。

• 概念的介绍——三阶段教学法认识"粗"和"细"

①命名。教师对幼儿说："这是粗的，这是细的，请你来摸一摸。"（摸的时候用手掌触摸长方体的每一个面）。

②辨别。教师对幼儿说："请你告诉我哪个是粗的？哪个是细的？请把细的拿给我。请用手指一下粗的。"

③发声。教师对幼儿说："这是什么？那个是什么？"

兴趣点：搭建棕色梯的过程；搭建成功后的成就感。

错误控制：最细的一个长方体是10个长方体中相邻两个之间的等差；视觉识别发现不同粗细的长方体排列的错误。

注意事项：当幼儿自由搭建时，注意不要搭得太高；从最细的立方体开始拿，从最粗的立方体开始放回，一次只能拿取一个。

变化延伸：自由造型；比一比——感知粗细的差异变化。

图6-2 棕色梯

3. 长棒（图6-3）

教具构成：由10根宽度、高度为2.5cm，长度从100cm递减至10cm，且等差为10cm的红色木棒构成。

直接目的：通过让幼儿感知木棒在长短上的差异，培养幼儿辨别长短的视觉能力。

间接目的：培养幼儿的逻辑思维，为数学学习做准备。

适合年龄：3～4岁。

操作方法：

• 排列长棒

①双手横握木棒两段，从最短的一根开始拿到工作毯上散放。

②向幼儿展示最长的和最短的一根木棒，展示后放回原处。

③从最长的一根木棒开始，以左端对齐的方式将10根木棒排列成阶梯形。

④用右手的食指和中指沿着木棒按照左→上→右→下的顺序描画。

⑤用最短的一根木棒做对比，加上最短的木棒后相邻的两根木棒一样长。

⑥从最长的一根木棒开始依次收回，让每一根木棒左侧贴近教具柜的左边线排列。

• 概念的介绍——三阶段教学法认识“长”和“短”

①命名。教师对幼儿说：“这是长的，这是短的，请你来摸一摸。”（摸的时候用右手的食指和中指从左到右摸木棒）。

②辨别。教师对幼儿说：“请你告诉我哪个是长的？哪个是短的？请指一下长的。请你把短的拿给我。”

③发声。教师对幼儿说：“这是什么？那个是什么？”

兴趣点：搭建过程的乐趣；木棒的颜色和排列的效果。

错误控制：最短的一根木棒是10根木棒中相邻两个之间的等差；视觉辨别发现木棒长短排列的错误。

注意事项：拿木棒时，双手握住木棒两端，不可将木棒竖拿，避免碰伤他人；从最短的木棒开始拿，从最长的木棒开始放回，一次只能拿放一根木棒。

变化延伸：自由造型；比一比——感知长短的差异变化。

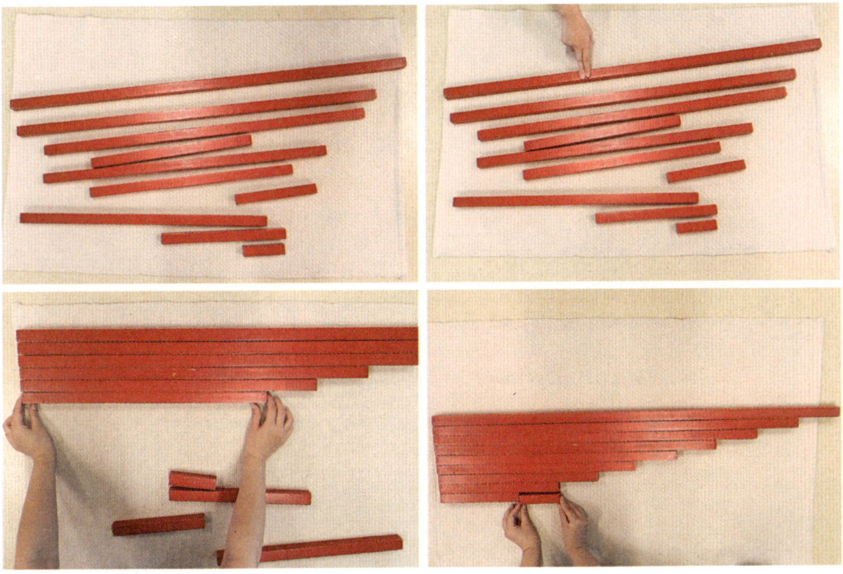

图6-3 长棒

4. 带插座圆柱体组（图6-4）

教具构成：4组圆柱体插座，每组有10个圆孔和相对应尺寸的插座圆柱体。

第一组：直径（5.5 ~ 1.0cm）递减，高度（5.5cm）不变

第二组：直径（2.5cm）不变，高度（5.5 ~ 1.0cm）递减

第三组：直径（5.5 ~ 1.0cm）递减，高度（5.5 ~ 1.0cm）递减

第四组：直径（5.5 ~ 1.0cm）递减，高度（1.0 ~ 5.5cm）递增

直接目的：培养幼儿辨别大小（粗细、胖瘦、高低）的视觉能力。

间接目的：让幼儿学习序列与配对的概念。

适合年龄：2.5 ~ 4岁。

操作方法（四组教具的演示顺序——第一组→第二组→第三组→第四组）：

• 顺序配对

①将第一组带插座圆柱体拿到工作毯上，向幼儿介绍工作名称。

②将最左侧（最粗）的一个带插座圆柱体用三指抓的方式拿出来，放到相对应的圆孔前面。再用同样的方式取出最右边（最细）的一个带插座圆柱体。然后问幼儿："这是什么样的圆柱体？（粗的）那是什么样的圆柱体？（细的）"

③用同样的方法依次取出其他圆柱体，将10个圆柱体全部拿出并按从粗到细的顺序放在相对应的圆孔前面。

④先用左手扶着插座，再用右手食指、中指从左向右依次触摸各个圆孔，检查是否将圆柱体全部取出。

⑤先用左手拿起最左边的带插座圆柱体，再用右手食指、中指触摸圆柱体的周长、高和直径，再按逆时针方向触摸相对应的圆孔，将带插座圆柱体放回到相应的圆孔中。

⑥用相同的方法，从左到右依次将10个圆柱体放入相应的圆孔。用小指触摸最小的圆柱体及圆孔。

⑦工作完成，回收教具。

• 乱序配对

①将第一组所有的圆柱体拿出并散放在工作毯上。

②先用左手将其中一个圆柱体倒着拿，再用右手食指、中指触摸圆柱体，通过视觉判断找到相对应的圆孔，再按逆时针方向触摸圆孔，将该圆柱体与圆孔比对后，放到圆孔内。

③再次用双手食指比对圆孔口以确认配对准确。

④先用同样的方法完成其他9个圆柱体与圆孔的配对，再用小指触摸最小的圆柱体及圆孔。

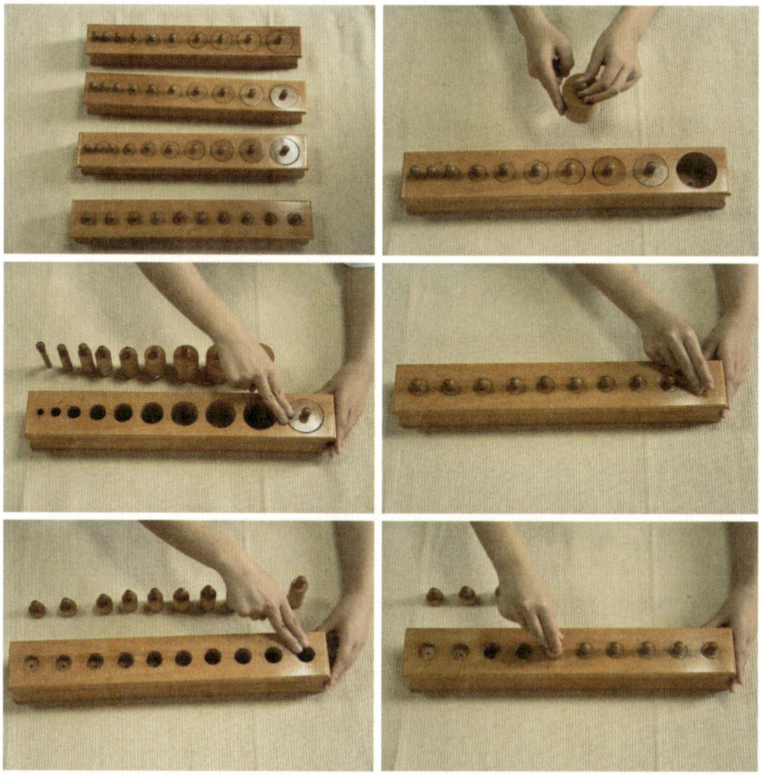

图6-4　带插座圆柱体组

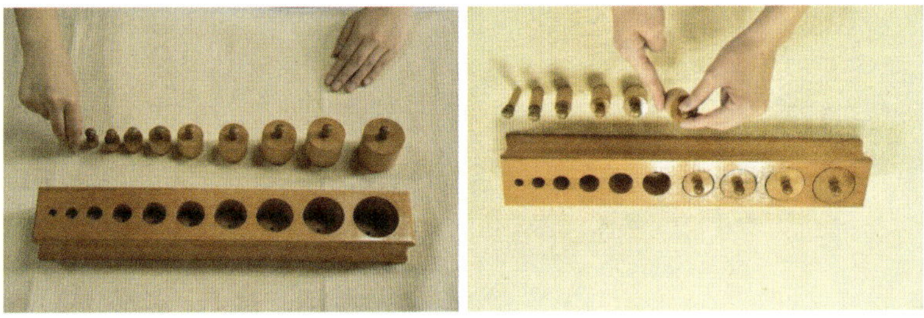

图 6-4　带插座圆柱体组（续）

（第二组、第三组、第四组教具操作方法同上）

兴趣点：圆柱体与圆孔成功配对的乐趣与成就感。

错误控制：每个圆柱体完全嵌入对应的圆孔，一一对应才可全部嵌入。

注意事项：第一组每次展示一种操作方法，分两次展示完。其他三组根据幼儿掌握情况可调整展示次数；在第一次教幼儿认识“粗、细”时，选择最粗的和最细的两个圆柱体，给幼儿以最大的视觉反差，待幼儿练习熟练后再选择相近的两个做比较。

变化延伸：先排序再配对；巩固“粗的、细的”“长的、短的”的概念，用三阶段教学法学习“高而粗、短而细”“高而细、短而粗”等概念；将四组带插座圆柱体全部取出来，乱序摆放，一一配对插入相对应的圆孔。

5. 彩色圆柱体组（图6-5）

教具构成：4个盒子，内有10个为一组的圆柱体，其圆柱体与四组带插座的圆柱体相对应——红色与第一组对应，蓝色和第二组对应，黄色和第三组对应，绿色和第四组对应。

直接目的：培养幼儿辨别大小（粗细、高低、高低与粗细的组合）的视觉能力。

间接目的：培养幼儿敏锐的观察力和建构能力。

适合年龄：4岁及以上。

操作方法：

• 造塔

①以红色组圆柱体为例，取出红色组圆柱体，逐个放置在工作毯上。

②用眼睛观察，寻找红色组圆柱体中最大的一个，放在红色底座上，再找出一个较大的圆柱体，放在最大的一个上面叠合，按从大到小的顺序依次将圆柱体搭起来。

③双手从上往下半围着红色圆柱体塔进行检查。

• 比高

①取出剩余三组圆柱体，依次将圆柱体放在工作毯上，保留红色圆柱体塔。

②按照从大到小的顺序依次将剩余的三组圆柱体搭成圆柱体塔。

③用语言进行确认。教师对幼儿说：“我们来看一下，红色组是最高的，其他三组是一样高的。”

• 与带插座圆柱体配对

①按照大小将彩色圆柱体和带插座圆柱体每两组放在一起。

②依次取出插座中的圆柱体，逐一放在对应的彩色圆柱体上。

③用语言进行确认。教师对幼儿说：“经过比对，它们是一样的。”

兴趣点：搭建的乐趣；彩色圆柱体的颜色与造型。

错误控制：不同颜色的盒子与圆柱体相对应；教师与幼儿的视觉辨别。

注意事项：遵守彩色圆柱体介绍与示范的顺序。

图 6-5　彩色圆柱体组

变化延伸：找相同；将彩色圆柱体和带插座圆柱体一起搭建。

6. 色板Ⅰ、Ⅱ

教具构成：色板Ⅰ，红、黄、蓝三原色的色板各两块；色板Ⅱ，红、黄、蓝、橙、绿、紫、粉、棕、黑、白、灰色板各两块。

直接目的：让幼儿认识颜色的名称；培养幼儿分辨颜色的视觉能力；让幼儿学习如何进行颜色配对。

间接目的：培养幼儿对色彩的美感。

适合年龄：2.5～4岁。

色板Ⅰ操作方法：

- 颜色配对

①取出色板Ⅰ放在工作毯上，将盒子中的色板用三指拿边框的方法取出并散放在工作毯上。

②将每种颜色的色板分别取出一块作为控制组，剩下的色板作为操作组，将操作组与控制组进行配对（将颜色相同的色板放在一起）。

- 名称教学——三阶段教学法认识颜色的名称

①将色板盒中每种颜色的色板取出一块。

②用三阶段教学法认识每一块色板的颜色。

命名。教师对幼儿说："这是红色的，这是黄色的，这是蓝色的。"

辨别。教师对幼儿说："请你告诉我哪个是黄色的？哪个是红色的？请你把蓝色的拿给我。"

发声。教师对幼儿说："这个是什么颜色？那个是什么颜色？"

色板Ⅱ操作方法（图6–6）：

图 6-6　色板Ⅱ

• 颜色配对

①将三原色的色板取出并放在工作毯上，分别说出三原色的名称，并向幼儿介绍三原色混合后形成的效果。

②将每种颜色的色板分别取出一块作为控制组，剩下的色板作为操作组，将操作组与控制组进行配对（将颜色相同的色板放在一起）。

• 名称教学——三阶段教学法认识颜色的名称

①将色板盒中每种颜色的色板取出一块。

②用三阶段教学法认识每一块色板的颜色。

兴趣点：满足了幼儿对认识颜色的需求；色卡的颜色。

错误控制：色板盒中相同的颜色进行一一对应的、准确的配对。

注意事项：在学习颜色的命名时除了考虑难易程度外，还要考虑幼儿的兴趣。

变化延伸：从盒子中拿出色板并让幼儿命名，让幼儿将生活中所看到的实物与色板的颜色进行对应；制作颜色三步卡，指认相应颜色的色板并配对。

7．色板Ⅲ（图6–7）

教具构成：红、黄、蓝、橙、绿、紫、粉、棕、灰九种颜色由深色到浅色的色板63块，每种颜色有七级色差；装色板的木盒。

直接目的：让幼儿认识颜色色系的深浅变化关系，学会按照颜色的明暗度以及深浅变化进行分类和排序。

间接目的：颜色的对比和组合的预备。

适合年龄：3.5岁以上。

操作方法：

• 按颜色排序

①教师向幼儿介绍“工作”，对幼儿说：“今天我们要操作色板Ⅲ。”

②教师邀请幼儿选一组自己喜欢的颜色并向幼儿提问：“你喜欢什么颜色？”

③教师取出色板盒中幼儿最喜欢的一组色板，盖上色板盒，放置在一旁。

④教师对幼儿说：“我要找到最深的。”将色板由最深到最浅从上到下进行排序。每拿一块都要和前一块以及剩下的色板进行对比，直到整个色系全部排列好。

⑤用相同的方法完成剩余色板的排序工作。

• 三阶段教学法认识颜色深浅

①教师将蓝色组的色板取出并散放在工作毯上，按由深到浅的顺序将七块色板进行排序。

②教师让幼儿指认最深的蓝色，“这是最深的蓝色”。

③教师让幼儿指认最浅的蓝色，“这是最浅的蓝色”。

④教师对幼儿说：“请你指一指哪个是最深的蓝色？请你把最浅的蓝色拿给我。”

⑤教师对幼儿说：“请你告诉我这个是什么颜色？那个是什么颜色？”

⑥教师将一块色板相邻的两块色板分别放在该块色板的两侧，其余色板放置在稍远的一边，请幼儿观察色板的颜色变化，并介绍“这是比较深的蓝色，这是比较浅的蓝色”。

⑦用三阶段教学法让幼儿认识比较级——“比较深和比较浅”。

兴趣点：教具本身的颜色变化。

错误控制：通过视觉进行不同颜色及其深浅的辨别。

注意事项：提醒幼儿回收教具时要分颜色一组一组地收，不要把不同颜色的色板混在一起。

图6-7 色板Ⅲ

变化延伸：制作九色板；制作有色水，感知颜色深浅变化。

8．几何嵌图橱（图6-8）

教具构成：6个示范橱。

第一橱：圆形橱——6个直径（10cm→5cm）递减的圆形

第二橱：矩形橱——6个长度不变、宽度（10cm→5cm）递减的矩形

第三橱：三角形橱——6个角度不同、边长不同的三角形

第四橱：正多边形橱——6个正多边形，即正五边形、正六边形、正七边形、正八边形、正九边形、正十边形

第五橱：四边形橱——4个不同的四边形，即2个平行四边形、1个等腰梯形、1个不等腰梯形

第六橱：不同的曲线形橱（弧形橱）——4个不同的曲线形，即蛋形（卵形）、椭圆形、花棱形、三弧形（曲线三角形）

注：所有橱内的每一个图形都有相对应的实心卡、粗线卡、细线卡。

直接目的：培养幼儿辨别形状的视觉能力，认识平面几何图形并学习它们的名称。

间接目的：开始平面几何学的预备学习，为几何立体的学习做准备。

图6-8 几何嵌图橱

适合年龄：3岁以上。

操作方法：

• 示范橱的介绍

①将示范橱取出并放在工作毯上。

②用三指抓的方式将圆形、三角形、正方形分别拿出来并放在工作毯上，边取出边观察。

③用相同的方法将圆形、三角形、正方形分别放回到原来的位置中，放入时用手指触摸边框的契合处，做错误控制。

④先用右手食指和中指沿逆时针方向触摸几何图形及镶嵌框，再用左手拿起图形翻过来，然后用右手的食指和中指触摸图形的边缘，将几何图形取出并放到相对应的格子中。

⑤用同样的方法分别触摸图形和边框，依次将图形放回到边框中。

• 图形配对

①将示范橱中的图形和边框全部拿出来并散放在工作毯上。

②将相同的图形对应地摆放在一起。

③依次将图形收回到相对应的格子中。

• 名称教学——三阶段教学法认识几何图形的名称

①命名。教师对幼儿说："这是圆形，这是三角形，这是正方形。"边说边拿出图形进行触摸。

②辨别。教师对幼儿说："哪个是三角形？哪个是正方形？请你拿出圆形。"

③发声。教师对幼儿说："这是什么图形？放回去的是什么图形？这个呢？"

兴趣点：抽屉的开关及图形的形状；在配对中发现图形中的差别。

错误控制：每个图形都要放在适当的图形框中，才能一一对应。

注意事项：用三指抓的方式完成取和放的工作。

变化延伸：将6个几何嵌图橱中的图形全部拿出来，打乱顺序，再依次放回；蒙眼猜出几何嵌图的形状。

9. 几何立体组（图6–9）

教具构成：几何立体图形10个；底座3个；投影木板若干。

直接目的：帮助幼儿认识生活周围的几何体形状，发展实体感官。

间接目的：为幼儿学习几何学做准备。

适合年龄：3.5岁（在学习几何嵌图橱操作之后）。

操作方法：

• 名称练习

①教师向幼儿介绍"工作"。以球体、圆柱体、正方体为例进行教学。

②教师用手指指向球体，并对幼儿说："这是球体。"双手从底座中拿出球体，手掌微微拱起包围握住球体按上下→左右的顺序进行感知。

③教师将球体放在工作台上，左手轻轻地拨动，使其滚到右手边，再用右手将球体推回左手边，双手捧住球体，然后按从上下→左右的顺序握住球体，将球体放回底座。

④教师用手指指向圆柱体，并对幼儿说："这是圆柱体。"双手握住圆柱体，右手手掌水平向右触摸圆柱体的上面和底面，将圆柱体倒放在工作台上，左手轻轻地推动圆柱体使其滚向右手边，将圆柱体放回原位。

⑤教师将正方体移至工作台中间，用手掌细致地触摸正方体的6个面，并对幼儿说："这是正方体。"

⑥教师再次确认，对幼儿说："你能给老师指出正方体/圆柱体/球体吗？"并向幼儿点头示意。

图 6-9 几何立体组

- 与投影板配对

①复习已学过的几何立体图形的名称，如正方体、长方体、三棱锥等。

②按照每个几何立体图形的底面和侧面形状找出其对应的投影板，将投影板放在几何立体图形的下方（圆柱体和圆锥体除外）。

③依次将每个几何立体图形放在对应的投影板上进行配对并确认。

④工作完成，回收教具。

兴趣点：触摸的动作；滚动的乐趣；与投影板配对成功的成就感。

错误控制：底座及投影板与几何立体图形一一对应。

注意事项：要引导幼儿用多种感官感知几何立体图形的特征。

变化延伸：记忆游戏；将几何立体图形与图片配对。

10. 三角形盒（图6-10）

教具构成：1个灰色大等边三角形；2个绿色直角三角形；3个黄色等腰三角形；4个红色等边三角形；1个三角形盒。

直接目的：让幼儿认识各种平面几何图形的形状及名称；让幼儿了解三角形可由不同的三角形组合而成。

间接目的：为幼儿学习初等几何学的内在逻辑知识做准备。

适合年龄：4岁以上。

操作方法：

①教师用三指抓的方式把盒子里的三角形全部拿出来并散放在工作毯上。

②教师将相同颜色、相同大小的三角形放在一起，并排列在工作毯上方。

③教师将相同的三角形按从左到右的顺序组合起来。在组合三角形时，要用食指和中指分别触摸三角形的黑线。

④教师用灰色的大三角形依次与几个组合后的大三角形做对比，让幼儿感知它们都是一样大。

⑤教师把所有三角形按从左到右的顺序收回到三角形盒子中。

兴趣点：用手指触摸黑线的动作；组合各种不同图形的乐趣。

图6-10 三角形盒

错误控制：构成三角形时黑线的重合处是拼接的内边；能将每组三角形适当地放入三角形盒。

注意事项：将图形按从左到右的顺序收回盒子中。

变化延伸：自由拼摆出不同的平面几何图形和造型；将4个组合后的大三角形组合在一起，组成1个大的等边三角形，数一数一共有多少个三角形。

11. 长方形盒Ⅰ（图6-11）

教具构成：2个绿色等腰三角形；2个灰色直角三角形；2个黄色等边三角形；2个绿色直角三角形；2个黄色直角三角形；2个黄色等腰直角三角形；1个红色等腰三角形；1个红色直角三角形；1个长方形盒。

直接目的：培养幼儿辨别形状的视觉能力；让幼儿认识各种平面几何图形的形状及名称；让

图6-11 长方形盒Ⅰ

幼儿认识不同三角形所组成的不同四边形。

间接目的：培养幼儿组合的能力，为学习几何学做准备。

适合年龄：4岁以上。

操作方法：

①教师用三指抓的方式把长方形盒里的三角形全部拿出来并散放在工作毯上。

②教师将相同颜色、相同大小的三角形放在一起，并排列在工作毯上方。

③教师将相同的三角形按从左到右的顺序组合起来。在组合三角形时，要用食指和中指分别触摸三角形的黑线。

④教师让幼儿指认拼摆完成的平面几何图形，包括绿色正方形、灰色长方形、黄色大平行四边形、黄色小平行四边形、绿色平行四边形、黄色菱形、红色梯形。

⑤教师把所有图形按从左到右的顺序收回到长方形盒子中，边收边对幼儿说几何图形的名称。

兴趣点：用手指触摸黑线的动作；拼图形的乐趣。

错误控制：构成四边形时黑线的重合处是拼接的内边；能将各三角形恰当地放入长方形盒。

注意事项：将图形按从左到右的顺序收回到盒子中。

变化延伸：自由组合游戏，拼摆出不同的几何图形；不受黑线的控制，进行任意组合。

12. 长方形盒Ⅱ（图6-12）

教具构成：2个蓝色等腰直角三角形；3个蓝色直角三角形；2个蓝色等边三角形；1个蓝色等腰三角形；1个长方形盒。

直接目的：让幼儿认识三角形所组成的不同四边形。

间接目的：让幼儿复习长方形盒Ⅰ的图形内容，学会脱离错误控制线摆出正确的图形。

适合年龄：3岁以上。

操作方法：

①教师将长方形盒中的三角形全部拿出，散放在工作毯上。

②教师将大小相同的三角形两两放在一起，并摆放在工作毯的上方。

③教师将大小相同的三角形按从左到右的顺序组合成多种图形。每拼完一个图形就让幼儿指

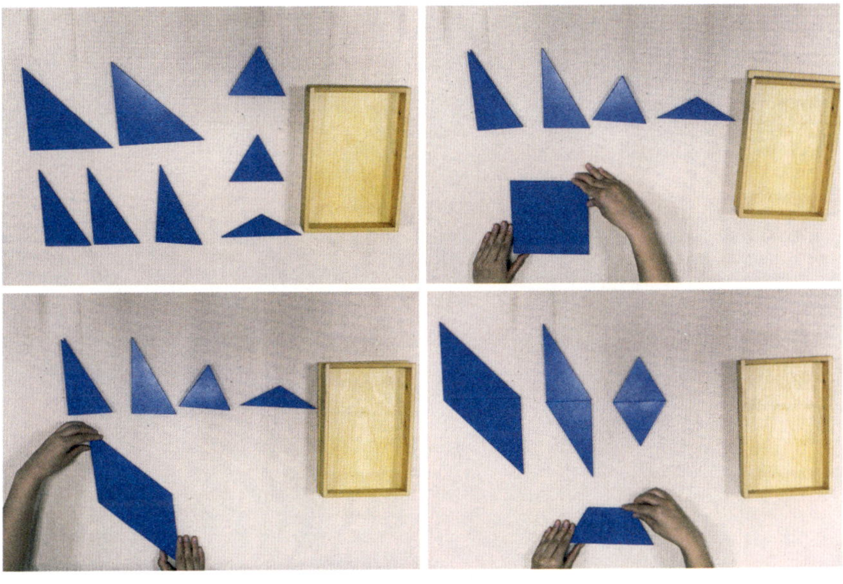

图6-12 长方形盒Ⅱ

认图形的名称（正方形、长方形、平行四边形、菱形、梯形）。

④教师将所有图形按从左到右的顺序收回到长方形盒中。

兴趣点：组合不同图形的乐趣。

错误控制：视觉辨别，各三角形组合时重合的边对齐。

注意事项：使用正确的名称进行练习。

变化延伸：在美工区在卡纸上画出所学的图形并进行剪切和粘贴。

13. 大六边形盒（图6-13）

教具构成：一个大的六边形盒，内装11个三角形。

1个大的黄色等边三角形，三条边上都有错误控制线

2个红色等腰钝角三角形，在长边上有一条错误控制线

2个灰色等腰钝角三角形，其中一条腰上有错误控制线

6个黄色等腰钝角三角形，其中3个三角形的两条腰上各有一条错误控制线，另外3个三角形的长边上各有一条错误控制线

直接目的：让幼儿认识三角形的组合与变化。

间接目的：让幼儿感知图形组合和变化的美感。

适合年龄：4岁（在学习几何嵌图橱操作之后）。

操作方法（拼图形）：

①从大六角形盒中取出所有三角形，找出相同大小的图形，分类摆好。

②找出长边上有错误控制线的3个黄色等腰钝角三角形，将每个黄色等腰钝角三角形对应放在黄色等边大三角形的三条边旁，沿边拼合三角形，用手指触摸错误控制线，检查边对边是否对准，然后对幼儿说："六边形。"

③取出腰上各有一条错误控制线的黄色等腰钝角三角形，将其中一个三角形的有错误控制线的边竖直摆放，中指并拢从上到下触摸另一个三角形的错误控制线，将两个三角形对应的错误控制线拼合。

④用双指分别触摸已拼合的两个三角形剩余的两条有错误控制线的边，将其与第三个三角形的有错误控制线的边，沿边拼合，然后对幼儿说："三角形。"

图6-13 大六边形盒

⑤取出两个灰色等腰钝角三角形，用双指触摸这两个三角形的错误控制线，沿错误控制线拼合成平行四边形，然后对幼儿说："平行四边形。"

⑥取出两个红色等腰钝角三角形，用双指触摸这两个三角形的错误控制线，沿错误控制线拼合成菱形，然后对幼儿说："菱形。"

⑦工作完成，回收教具。

兴趣点：用手指触摸黑线的动作；组合不同图形与造型的过程。

错误控制：黑色控制线是拼接的内边；将各三角形恰当地放入大六边形盒。

注意事项：在操作过程中鼓励幼儿自己探究发现新的图形与造型。

变化延伸：自由拼摆出不同的几何图形与造型；找出六边形与三角形的关系。

14. 小六边形盒（图6-14）

教具构成：一个小的六边形盒，内装18个三角形。

1个黄色正三角形

2个红色正三角形，其中一条边上有错误控制线

3个绿色正三角形，其中一个三角形两条边上都有错误控制线，另外两个三角形只有其中一条边上有错误控制线

6个灰色正三角形，每一个三角形的两条边上均有一条错误控制线

6个红色等腰三角形，每一个三角形的长边上均有一条错误控制线

直接目的：让幼儿认识三角形的组合与分解的变化。

间接目的：巩固幼儿对图形的记忆。

适合年龄：4岁（在学习几何嵌图橱操作之后）。

操作方法（拼图形）：

①取出所有三角形，散放在工作毯上。

②按照形状、颜色将三角形进行分类，依次摆放。

③找到灰色正三角形，进行对比，观察其大小、形状是否一样。用双指触摸灰色正三角形的错误控制线，沿错误控制线拼合成灰色六边形。

④用同样的方法拼合成绿色梯形、红色菱形。

图6-14　小六边形盒

⑤工作完成，回收教具。
兴趣点：用手指触摸黑线的动作；组合不同图形的过程。
错误控制：黑色控制线是拼接的内边；将各三角形恰当地放入六边形盒。
注意事项：在操作过程中鼓励幼儿自己探究发现新的图形。
变化延伸：自由拼摆出不同的几何图形；找出六边形与三角形的关系。

15. 蓝色三角形盒（图6–15）

教具构成：一个木盒，内有若干个30°、60°、90°角的蓝色三角形。
直接目的：让幼儿了解直角三角形的特点。
间接目的：为幼儿学习三角形角的知识做准备。
适合年龄：4岁（在学习几何嵌图橱操作之后）。
操作方法（拼图形）：
①取出4个不等腰直角三角形，用手指指向直角，然后对幼儿说："这是90°角。"
②依次将4个直角三角形的90°角进行拼合，拼合成几何图形。
③将拼合成的几何图形进行拆解，按60°角拼合在一起组成新的图形。

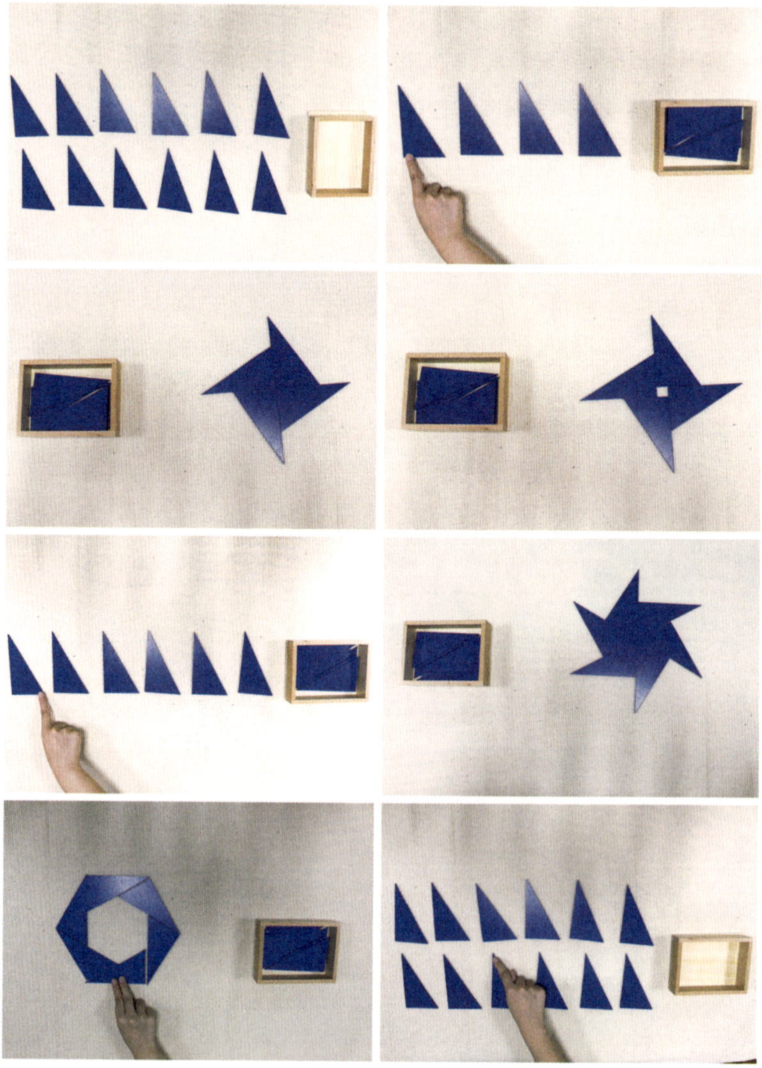

图6–15 蓝色三角形盒

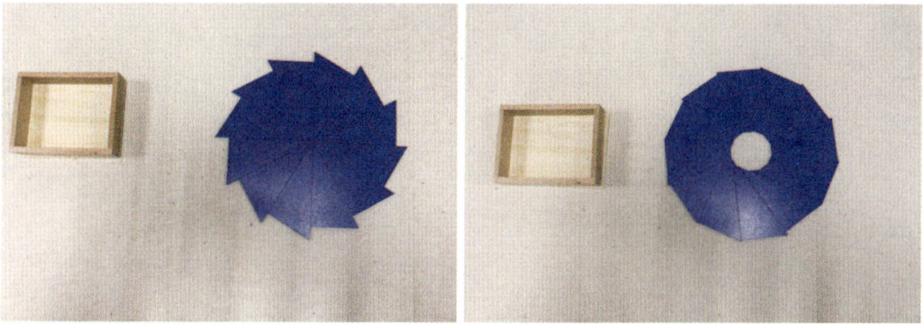

图 6-15　蓝色三角形盒（续）

④将拼合成的几何图形进行拆解，按30°角拼合在一起组成新的图形。

⑤工作完成，回收教具。

兴趣点：组合各种不同图形与造型的乐趣。

错误控制：30°、60°、90°角的对应与组合；将各三角形恰当地放入木盒中。

注意事项：使用正确的名称进行练习。

变化延伸：自由拼摆出不同的几何图形与造型；找出六边形与三角形的关系。

16. 单项式（二倍体）盒（图6-16）

教具构成：一个正方形木盒，内有3个正方体以及4个长方体。

直接目的：培养幼儿辨别大小、颜色、形状的视觉能力。

间接目的：让幼儿了解部分和整体的关系；让幼儿学习立体图形的组合与分解的概念。

适合年龄：3.5岁以上。

图 6-16　单项式（二倍体）盒

图6-16 单项式（二倍体）盒（续）

操作方法：

• 对比

①取出木盒中的正方体、长方体，用语言“让我们进行对比”向幼儿介绍“工作”。

②拿出两个黄色小正方体，用手指触摸六个面，用语言向幼儿确认“它们是一样的，这两个部分可以合在一起”。将两个正方体的对边拼合在一起，取出白色小长方体，和拼合后的小正方体按上→下→左→右的顺序进行对比，和幼儿一起得出结论“它们的形状和大小是一样的。”

③将白色小长方体和拼合后的小正方体的对边拼合在一起，取出绿色小正方体，按上→下→左→右的顺序进行对比，和幼儿一起得出结论“它们的形状和大小是一样的，它们可以合成一个整体”。

④按照上面的操作步骤将剩余的长方体进行对比与组合。

• 整体与部分

①用手掌做刀状，以组合处的边为线进行切分示意。

②将切分后的两个部分分离，用语言向幼儿确认“它被分成了两个部分”。

③用同样的方法将剩余的立方体进行切分。

兴趣点：搭建立方体的过程；教具的颜色和形状。

错误控制：搭建错误无法形成大正方体，正方体盒子也不能盖好。

注意事项：寻找正确的对比目标。

变化延伸：蒙眼搭建正方体；切分立方体，体会横切面和纵切面的关系。

17．二项式盒（图6–17）

教具构成：一个正方形木盒，内有2个正方体和6个长方体。

直接目的：让幼儿了解部分与整体的关系；让幼儿学习立体图形的组合与分解的概念。

间接目的：为幼儿学习数学知识做准备。

适合年龄：3.5岁以上。

操作方法（取出、放回/分类）：

①教师根据盒盖上的颜色依次取出立方体，每拿出一个立方体，让幼儿观察其六个面的颜色。

②让幼儿进行分类，对幼儿说：“请你找出全红色/红黑色/红蓝色/蓝黑色等正方体/长方体。”

图6-17 二项式盒

邀请幼儿观察并找出指定颜色的立方体，然后进行分类。

③将全红色正方体放在盒盖上的红色格子上，用语言向幼儿确认“这个是全红色”。观察全红色正方体右侧面为红色，右侧旁边格子颜色为黑色，向幼儿确认“红黑色”长方体为下一个操作目标，将红黑色长方体放在对应的黑色格子上。

④观察全红色正方体正面为红色，下移一格为黑色，找出红黑色长方体放在黑色格子上。

⑤找到盒盖上的蓝色格子，其背面、侧面都是黑色，按照黑色→蓝色→黑色的顺序找到相应立方体放置。

⑥将搭好的第一层几何体移至木盒中，用食指指着盒盖上的蓝色格子，按照前面的步骤，将剩余几何体搭好，依次放进盒中。

⑦检查盒面和格子颜色是否对应，然后合上盒子。

兴趣点：搭建立方体的乐趣；纵切面、横切面的图案都一样。

错误控制：盒子及盒盖上的形状及颜色与各个立方体对应；搭建错误，盒子也不能盖好。

注意事项：要按顺序取、放，取出时从最外侧右下方的立方体开始，放回时从最左上方的红色立方体开始。

变化延伸：脱离盒盖搭建立方体；切分立方体。

18. 三项式盒（图6-18）

教具构成：一个正方形盒，内有3个正方体和24个长方体。

直接目的：让幼儿能够搭建立方体；锻炼幼儿的视觉与操作能力。

间接目的：为幼儿学习数学知识做准备。

适合年龄：4岁（在学习二项式盒操作之后）。

图6-18 三项式盒

操作方法：

①教师根据盒盖上的颜色依次取出立方体，每拿出一个立方体，让幼儿观察其六个面的颜色。

②让幼儿按照盒盖上的颜色进行分类。

③找到盒盖上的红色格子，将全红色正方体放在上面，观察旁边格子的颜色，确认是黑色，找出底面为黑色、侧面为红色的立方体，使红色面与一个红色立方体的红色面相接，放回盒子里。

④用同样的方法按颜色将立方体放回盒中，从蓝色立方体开始，黑色立方体有需要的时候再放置，最后放黑色立方体。

兴趣点：搭建立方体的乐趣；纵切面、横切面的图案都一样。

错误控制：盒子及盒盖上的形状及颜色与各个立方体对应；搭建错误，盒子也不能盖好。

注意事项：要按顺序取、放，取出时从最外侧右下方的立方体开始，放回时从最左上方的红色立方体开始。

变化延伸：脱离盒盖搭建立方体；切分立方体。

（二）触觉教育

1. 粗细触觉板（图6-19）

教具构成：一个木制盒子，内有木板若干对，每对木板的砂纸粗细程度都不一样。

直接目的：让幼儿体会物体表面的粗糙与光滑；培养幼儿触觉的敏感度。

间接目的：为幼儿学习书写做准备。

适合年龄：3.5岁以上。

图 6-19 粗细触觉板

操作方法：

• 粗细触觉板Ⅰ

取出一块一半光滑、一半粗糙的木板，教师用手指触摸光滑部分，并对幼儿说："这种感觉称作光滑。"再触摸粗糙部分，对幼儿说："这种感觉称作粗糙。"邀请幼儿分别触摸光滑部分和粗糙部分感受。

• 粗细触觉板Ⅱ

①取出间隔贴着5块粗糙程度一样的砂纸的木板。

②先用手指触摸第一张砂纸旁边的木板，用语言向幼儿确认"这种感觉称作光滑"，再触摸第一张砂纸，用语言向幼儿确认"这种感觉称作粗糙"，依次操作，直至触摸完剩下的砂纸和间隔木板部分。

• 粗细触觉板Ⅲ

①取出贴着5块粗糙程度递增的砂纸的木板。

②先用手指触摸第一张砂纸旁边的木板，用语言向幼儿确认"这种感觉称作光滑"，再触摸第一张砂纸，用语言向幼儿确认"这种感觉称作有点粗糙"，依次触摸剩下的砂纸，用语言向幼

儿确认“这种感觉称作越来越粗糙”。

• 粗细触觉板Ⅳ

①取出三对粗细触觉板，打乱顺序。

②邀请幼儿触摸其中一块木板，对幼儿说：“请你摸摸看，在剩下的木板中找出与这块木板粗细程度相同的木板”。

③用手指触摸剩下的木板，找到与第一块摸到的木板粗细相同的木板进行配对。

④以同样的方法完成剩余木板的配对。

⑤工作完成，回收木板。

兴趣点：触摸的感觉。

错误控制：在每对木板后面贴上相同的标志。

注意事项：触摸时不超出界限，在触摸第二、第三对木板时用写字手的食指和中指接触木板；触摸时不要太用力，以免伤到皮肤；“工作”前可以先让幼儿用温水洗手，保持手指敏感度。

变化延伸：操作布盒，感知布的质地不同，粗糙的程度也不同；将生活中的实物进行粗糙与光滑的分类；蒙眼游戏。

2. 布盒（图6-20）

教具构成：2个布盒。

第一盒：内有多对天然材质、对比性强的布料（如棉、羊毛、亚麻、丝等，每一对都有不同的颜色和样式）

第二盒：内有多对对比感受更细小的布料

直接目的：提升幼儿对材质的触觉感知。

间接目的：让幼儿更熟悉生活环境，便于完成日常生活教育中的“工作”。

适合年龄：3.5～4岁。

操作方法（布料对比感受）：

①检查幼儿的手是否干净，提醒幼儿用温水洗手。

②取出第一个布盒，向幼儿展示布盒中的布料。

③取出其中一块布料，拇指在上，其余四指在下，来回移动大拇指和其余四指，触摸感受布

图6-20 布盒

料。将布料放在桌子左上侧，取出与该块布料反差比较大的第二块布料，示范如何触摸感受布料，然后将其叠放在前一块布料上。

④用同样的方法触摸感受布盒中所有的布料。

兴趣点：触摸的感受。

错误控制：幼儿的视觉和触觉辨别。

注意事项：触摸前可以先让幼儿用温水洗手，保持双手敏感度。

变化延伸：蒙眼触摸布料，给布料分类；对比感受更细小的布料。

3．温觉板（图6–21）

教具构成：两个绒布板；两个木板；两个不锈钢板；两个大理石板。

直接目的：让幼儿感觉物体表面的冷与暖，了解温度间的差异；让幼儿知晓物体可传导不同温度的性质。

间接目的：在日常生活中让幼儿适当应用物体冷暖的性质。

适合年龄：3.5岁以上。

操作方法：

①教师向幼儿介绍4种温觉板材料，进行分类，取出绒布板和不锈钢板放在工作毯上。

②操作前双手交叠握紧，保持手部敏感度，将左右手掌分别放在绒布板和不锈钢板上感受温度差异，对幼儿说："绒布板摸起来是温的，不锈钢板摸起来是凉的。"

③然后拿出木板与大理石板，再用左右手掌分别放在上面，进行冷暖分辨，感知木板是温的，大理石板是凉的。

④将摸起来是温的木板和绒布板放在一起，将摸起来是凉的不锈钢板和大理石板放在一起，分别放上"温的""凉的"字卡进行区别。

兴趣点：教具触感的有趣性。

错误控制：触觉辨别不同质地的温觉板。

注意事项：每个人对温度的感觉不同，教具的冷与暖是由幼儿来定的；叮嘱幼儿不要在生活中用过于冰冷和炙热的物体进行温觉辨别。

变化延伸：蒙眼进行触摸分辨。

图6–21 温觉板

4. 重量板（图6–22）

教具构成：一个有3个隔断的木制盒子，每个隔断中有7块重量不同的木板。

直接目的：让幼儿体会物体的轻与重。

间接目的：培养幼儿的判断力。

适合年龄：3.5～4岁。

操作方法（重量板分类）：

①教师对幼儿说："我们现在操作的是重量板，让我们用手掂一掂，感受木板的轻和重。"

②让幼儿按照"轻的，重的"顺序摆放标签。

③从第一个和第三个隔断中分别取出一块木板，放在双手上，掂一掂，将较轻的一块木板放在"轻的"标签下方，将较重的一块木板放在"重的"标签下方。将剩余木块分发给幼儿，邀请幼儿比较和分辨木板重量，分出轻的和重的木板。

④工作完成，回收木板。

兴趣点：比较物品的乐趣。

错误控制：视觉辨别和触觉辨别，从睁开眼睛到可以闭上眼睛辨别。

注意事项：要向幼儿强调正确地拿木板的方式——肘部不要放在桌上；在比较木板时，鼓励幼儿闭上眼睛或戴上眼罩。

变化延伸：比较其他物品的重量。

图6–22 重量板

（三）听觉、嗅觉、味觉教育

1. 听觉筒（图6–23）

教具构成：12个装有不同材料（珠子、沙子、米等）的听觉筒（6个红色、6个绿色）。

直接目的：通过让幼儿辨别声音的大小、高低来发展幼儿的听觉，使其听觉更灵敏。

间接目的：培养幼儿对音色、音量的敏感度。

适合年龄：3.5岁。

操作方法：

- 听觉筒配对

①拿出3个红色听觉筒作为控制组，再拿出3个绿色听觉筒作为对照组，摇动其中一个红色听觉筒，并听一下声音，再摇动其中一个绿色听觉筒，听一下声音。若声音一致则把这两个听觉筒放在一起；若声音不一致，则再摇动第二个绿色听觉筒，听一下声音，声音一致则放在一起，不一致则摇动第三个绿色听觉筒，直到红、绿听觉筒声音是一致的。继续用同样的方法配对完所有的听觉筒。

②配对完毕后，拿起红、绿听觉筒翻看其底部文字，检验是否配对正确。

• 听觉筒排序

①拿出所有红色听觉筒放在工作毯上，挑选出两个红色听觉筒，拿起第一个听觉筒放在第二个前方，听一下第一个听觉筒，再听一下第二个听觉筒，比较哪个更响，将更响的听觉筒放在工作毯左侧。

②再拿一个听觉筒，跟刚才剩余的听觉筒进行比较，找到两者之中比较响的，并将其放在第一个听觉筒的后面。继续用同样的方法将剩下的听觉筒排序完。

③排序完毕后，邀请幼儿检查排序是否正确，从第一个听觉筒开始听，确保上一个比下一个更响。

兴趣点：声音的不同和摇动听觉筒的乐趣。

错误控制：装有相同内容物的听觉筒底部粘有相同的标签来进行错误控制。

注意事项：盖紧听觉筒筒盖，防止筒中物体在摇动过程中洒出来。

变化延伸：两人竞赛；听筒的记忆游戏。

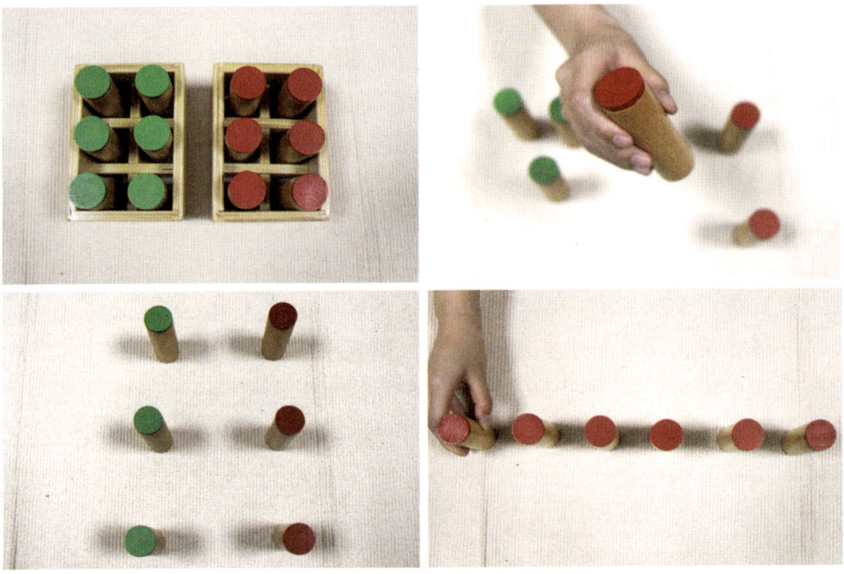

图6-23 听觉筒

2. 嗅觉瓶（图6–24）

教具构成：3组气味不一样的嗅觉瓶；3个标签。

直接目的：发展幼儿的嗅觉，使其嗅觉更灵敏；让幼儿学习辨别基本的气味。

间接目的：让幼儿意识到嗅觉和味觉之间的紧密联系。

适合年龄：3.5岁。

操作方法（嗅觉瓶配对）：

①按照“咖啡豆→茶叶→橘子皮”的顺序摆放标签。

②取出其中一个嗅觉瓶，打开瓶盖，将嗅觉瓶放在鼻子下方，用手前后扇动，使气味飘出，感受气味并将嗅觉瓶放在相应标签的下方。

③用同样的方法闻剩下的瓶子里的气味并进行配对。

④查看瓶子底部标签，检查配对是否正确。

⑤工作完成，回收嗅觉瓶。

兴趣点：闻的方法和闻到的各种气味。

错误控制：发出相同气味的两个嗅觉瓶底部粘有相同的标签来进行错误控制。
注意事项：避免准备带有刺激性气味的嗅觉瓶。
变化延伸：两人竞赛；感知日常生活中实物的不同气味。

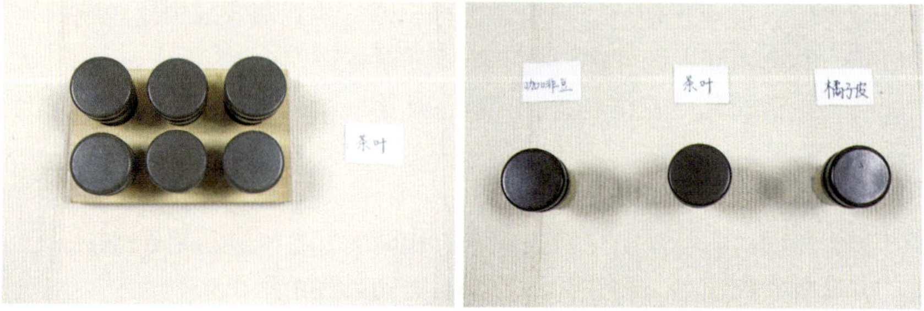

图6-24 嗅觉瓶

3. 味觉瓶（图6-25）

教具构成：8个味觉瓶；8个汤匙；2个杯子；4个标签；纸巾；1个托盘。
直接目的：发展幼儿的味觉，使其味觉更灵敏。
间接目的：让幼儿学会辨别不同的味道。
适合年龄：3.5岁。
操作方法（味觉瓶配对）：
①按照“无味→甜味→咸味→酸味”的顺序摆放标签。
②用吸管吸取其中一个味觉瓶中的液体，滴入汤匙，品尝液体，然后将味觉瓶放在相应标签的下方，每尝完一种味道，用杯子中的清水漱口，用纸巾将嘴擦干。
③反复操作，直至将所有味觉瓶中的味道配对完成。
④在幼儿配对完后提醒他清洗自己的汤匙和杯子。
⑤用纸巾擦干托盘，回收教具。
兴趣点：品尝各种味道的过程。

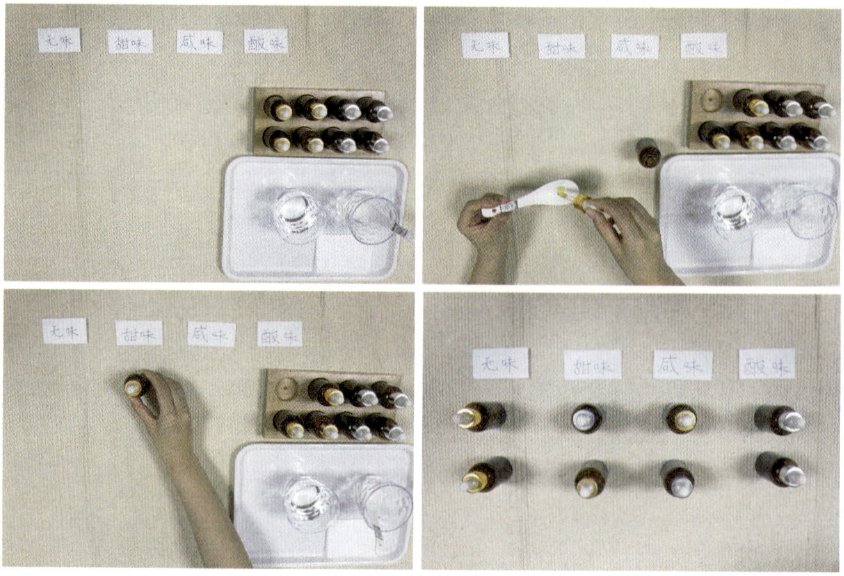

图6-25 味觉瓶

错误控制：味觉辨别；生活中品尝不同食物味道的经验。

注意事项：品尝时注意食品、饮料和餐具的卫生；品尝前后用清水漱口；操作全部完成后对餐具进行清洗和消毒。

变化延伸：在生活中找出具有同样味道的食物。

（四）岭南文化融入蒙台梭利感官教育

1. 捏陶泥

教具构成：湿陶泥若干、白纸若干、围裙、毛巾、托盘、碗和茶杯的图片、轮盘、操作台。

直接目的：增加幼儿对物体软硬、粗细、干湿等性质的触觉感受；锻炼幼儿的手部精细动作；发展幼儿的手眼协调能力；制作和感受岭南陶泥作品。

间接目的：增强幼儿对岭南陶瓷文化的了解和兴趣；锻炼幼儿的OCCI。

适合年龄：3.5～4.5岁。

操作方法：

• 捏造球体和圆柱体

①教师系上围裙，将装着教具的托盘放置在操作台上。

②教师向幼儿介绍工作主题，对幼儿说："我们现在要用陶泥捏造球体。"并简单介绍陶泥和陶塑。

③用右手以五指抓的方式取适量湿陶泥，放在左手掌心。

④右手掌心合拢，轻轻地揉捏出一个陶泥球体。

⑤将陶泥球体放在白纸上晾干。

⑥先用五指抓的方式取适量陶泥，放在左手掌心，再用右手掌心将其对搓成圆柱泥条。

⑦用右手食指和拇指轻轻地按住圆柱泥条的两端，将两端按压成光滑的圆形平面。

⑧来回按压圆柱泥条的两端，若圆柱泥条中部因两端挤压而隆起，则继续用右手掌心将其对搓均匀，重复按压和对搓动作，直到将圆柱泥条捏造成圆柱体造型。

⑨将陶泥圆柱体也放在白纸上晾干。

⑩整理好剩余的材料，放在托盘上，然后洗手，用毛巾把手擦干。

⑪将托盘和材料收回，然后取下围裙，放回原处。

兴趣点：揉捏陶泥和塑造几何体的乐趣。

错误控制：视觉和触觉辨别；捏好后的形状与图片的对比。

注意事项：注意手指力度和转移陶泥几何体的过程，防止陶泥造型变形。

变化延伸：捏造正方体、长方体、椭圆体等简单几何体。

• 捏造陶泥碗（图6–26）

①教师系上围裙，将装着教具的托盘放置在操作台上。

②展示陶泥碗的图片，并向幼儿介绍工作主题，对幼儿说："我们现在要用陶泥捏碗。"

③用五指抓的方式取适量陶泥，团成球状，注意陶泥要保持一定的湿度。

④一只手平托陶球，另一只手用大拇指按入陶球的中心，其余四指向下并拢与大拇指相对。

⑤用大拇指深按陶球中心并留出适当厚度的碗底，口部逐渐向外扩充。幅度不宜太大，速度也不可太快，否则口部极易开裂。

⑥把坯体放在轮盘上，双手一边逐渐捏薄碗壁，一边旋转坯体。双手用力不宜过大，以免碗壁薄厚不均。

⑦仔细调整碗的形状，使其圆润。

⑧把碗翻转放在轮盘上，用一泥条圈成环状放在碗底外圈。用手指将泥条里外的下边缘向下

图 6-26　捏造陶泥碗

压，使其与碗体黏合。

⑨调整碗的造型，整理不平整的地方，直到自己感觉满意为止。

⑩将陶泥碗放在白纸上晾干。

⑪完成收拾和整理工作。

兴趣点：揉捏陶泥和塑造碗的乐趣；创作泥塑作品的乐趣。

错误控制：视觉和触觉的对比；捏好后的形状与图片的对比。

注意事项：注意捏制陶泥碗的力度，以免塑形不成功；注意轮盘转动速度。

变化延伸：捏造茶杯、盘子等简单餐具；捏造水果、家具等其他造型。

2．香云纱配对

教具构成：一组龟裂纹香云纱；一组珍珠纹香云纱；一组缎面香云纱（三组香云纱颜色相同）。

直接目的：让幼儿分辨不同粗细的香云纱；增强幼儿的触觉配对能力。

间接目的：发展幼儿的触觉精细辨别能力；让幼儿认识岭南特色文化产物，热爱家乡文化。

适合年龄：4岁。

操作方法：

• 三阶段教学法认识香云纱种类

①取出三块不同质感的香云纱，按从左到右的顺序摆放在工作毯上，向幼儿介绍“工作”，对幼儿说：“今天我们要来认识香云纱的种类。”

②命名。拿起第一块香云纱，手指边触摸边感受布料，对幼儿说：“这是龟裂纹香云纱，有裂纹的”，然后邀请幼儿重复跟读“龟裂纹香云纱”并触摸。再对幼儿说：“这是珍珠纹香云纱，有颗粒感的”“这是缎面香云纱，是光滑的”，并按照同样的方式介绍剩下两种香云纱。

③识别。教师对幼儿说：“请你把龟裂纹香云纱拿给我”“请问珍珠纹香云纱是哪一块？”“请你指一指缎面香云纱”。

④发声。教师对幼儿说：“请问第一块/第二块/第三块香云纱是什么？”“是龟裂纹香云纱/珍珠纹香云纱/缎面香云纱”。

• 香云纱粗细（种类）配对

①将一块龟裂纹香云纱、一块珍珠纹香云纱、一块缎面香云纱按从上到下的顺序摆在工作毯上，将剩下的香云纱放在一旁。

②用手指指向第一块香云纱，对幼儿说：“这是龟裂纹香云纱”，在散放的香云纱中找到相同的龟裂纹香云纱进行配对。按照同样的方法将剩下的两种香云纱进行配对。

兴趣点：香云纱的外观和触感。

错误控制：视觉和触觉辨别，每组香云纱要保持颜色、花纹一致。

注意事项：保持布块的洁净，注意回收布块。

变化延伸：记忆游戏，蒙面触摸香云纱并说出其名称；认识多种不同质感的香云纱，感受其质感和美感。

知识小测

1. 蒙台梭利感官教育包括（　　　　）、（　　　　）、听觉教育、嗅觉教育和味觉教育。
2. 感官教育教具具有（　　　　）、（　　　　）、工作的趣味性、教育的自主性等特征。
3. 感官教育采用的G.P.S操作方法指的是（　　　　）、（　　　　）、（　　　　）。
4. 蒙台梭利的三阶段教学法是指（　　　　）、（　　　　）、（　　　　）。

思考与练习

1. 课后进行感官教育教具操作练习。
2. 自制一份具有岭南文化特色的感官教育教具。

第七章 蒙台梭利数学教育

学习目标

1. 了解蒙台梭利数学教育的目的、内容和特征。
2. 熟悉学前儿童数学教育的内容。
3. 认识和熟练操作数学教育基本教具。
4. 探索制作数学教育的延伸教具。
5. 能循序渐进地引导幼儿进行数学教育教具操作。

孩子在自己的思维中自然而然地进入数学世界。我们的任务是引导他们，让他们去探索，去发现其中的美丽和规律。在教授数学时，我们应该抓住孩子们敏锐的好奇心，让他们愿意主动去解决问题，而不仅仅是被动地接受知识。

——玛利亚·蒙台梭利

第一节 蒙台梭利数学教育概述

一、数学教育的目的

蒙台梭利认为，要想让孩子活用数的概念，就需要为孩子创造一个从认识数到运用数的良好的数学环境。蒙台梭利数学教育的方法是把抽象的数概念物化为具体的、系统的教具，让幼儿在自己动手操作的过程中理解数、掌握数，激发幼儿学习数学的浓厚兴趣。

（一）直接目的

通过蒙台梭利数学教育教具的操作活动，幼儿能够较为轻松地将难以理解的数学知识具体化、形象化，结合幼儿的生活经验，让幼儿熟悉数量，认识逻辑性的数量概念，并初步地形成数学概念，进行系统的学习，累积数学经验，掌握简单的数学运算，让幼儿理解式学习，这是蒙台梭利数学教育最大的魅力。

（二）间接目的

培养幼儿有条理地思考，使幼儿养成数学的头脑，能解决生活中的实际问题，帮助幼儿形成完善人格所需要的抽象力、想象力、理解力和判断力。通过数学教育教具的操作学习与演练，提高幼儿的逻辑思维能力，培养幼儿的秩序感，增强幼儿独立工作的能力，使幼儿将来成为一位有智慧的人。

二、数学教育的内容

蒙台梭利数学教育教具呈现给幼儿的是最形象、最基本的数、量与形。在具体操作时，先让幼儿在亲自动手的过程中，建立起对实物的大小、多少的概念，再自然地联想出具体与抽象之间的关系，然后进行综合运算。

蒙台梭利学前儿童数学教育的具体内容如表7-1所示。

表7-1 数学教育的内容

教育内容	1~10的认识	连续数的认识	十进制	四则运算	其他数学工作
活动名称	数棒	塞根板Ⅰ	一、十、百、千数量的认识	银行游戏——加法、乘法、减法、除法	分数小人
	砂纸数字板	塞根板Ⅱ	一、十、百、千数字的认识	邮票游戏——加法、乘法、减法、除法	平方链

续表

教育内容	1~10的认识	连续数的认识	十进制	四则运算	其他数学工作
活动名称	数棒与数字卡	一百板	一、十、百、千数量与数字的结合	加法蛇游戏	立方链
	纺锤棒箱	百珠链	十的转换	减法蛇游戏	……
	数字与筹码		九的危机（一的威力）	加法板	
	彩色串珠阶梯			乘法板	
	零的游戏			减法板	
				除法板	

三、数学教育的特征

蒙台梭利数学教育的特征如下。

（1）以感官教育为基础。蒙台梭利认为："感觉是精神的入口，一切的认识先由感觉获得，对外界精神的认识基础就是感觉。收集各种事实加以区别比较，是形成精神的第一步。"感官教育能让幼儿在感知中进行观察，在观察中进行比较，在比较中进行分类、排序、配对。这些内容都是幼儿形成数学概念的基础。

（2）从数量的计数开始。

（3）重视数量、数字和数词三者间的关系。

（4）采用三阶段教学法。

（5）使用阿拉伯数学并统一字体。

（6）重视0的概念和十进制系数的演算。

（7）合成、分解的操作基础是十。

（8）以不同的颜色代表不同的位。

（9）要先掌握基本的数学概念，再向统合方面进行。

（10）有固定流程、自成一体、由简到难完整的数学课程体系。

（11）错误订正（利用订正板和验算）。

四、学前儿童数学教育

学前儿童的数学教育主要体现在感官领域和日常生活领域，常见教育方法如下。

（1）配对：从众多的物品中找出相同的两个，成对地放在一起。

（2）分类：以一种或多种属性将相似的东西集合成群，将相异的东西分门别类。

（3）排序：依据某种属性的等级予以排列。

（4）多和少：比较两组物品谁多谁少。

（5）一对一对应：在操作及游戏过程中，感受对应的关系。

（6）空间、方位：锻炼幼儿的空间方位概念。

第二节　蒙台梭利数学教育教具基本操作

一、1～10的认识

1. 数棒（图7–1）

教具构成：由长度为10～100cm的等差的10根红蓝相间的木棒组成。

教育目的：让幼儿认识1～10的数量与概念；为幼儿学习奇、偶数做准备。

适合年龄：2～4岁。

操作方法：

• 排列数棒

①从教具柜中逐一取数棒，散放在工作毯上。

②将数棒以左端红色对齐，从长到短排列成阶梯形。

③用右手食指、中指按左→上→右→下的顺序从左下角开始触摸数棒的四周边缘，再用最短的数棒由上到下依次比较、感知长度，检查它们是否一样长。

④将教具从长到短收回到教具柜中。

• 认识数棒的名称

①从教具柜中逐一取代表1、2、3的数棒，散放在工作毯上。

②用三阶段教学法帮助幼儿认识数棒1～3的名称。

命名。取代表1的数棒于身前，用手握住数棒，对幼儿说："这是1"，重复两次，并请幼儿触摸数棒和跟读。用同样的方法对数棒2、3进行命名。

辨别。向幼儿提问："2的数棒在哪里？""请把3的数棒拿给老师。""哪一个是1的数棒？""请你指一指3的数棒"等等，反复提问。

发声。教师指着其中的一根数棒问幼儿："这是几？"反复提问。

③用同样的方法认识数棒4～10。

④用最短的数棒进行比较。

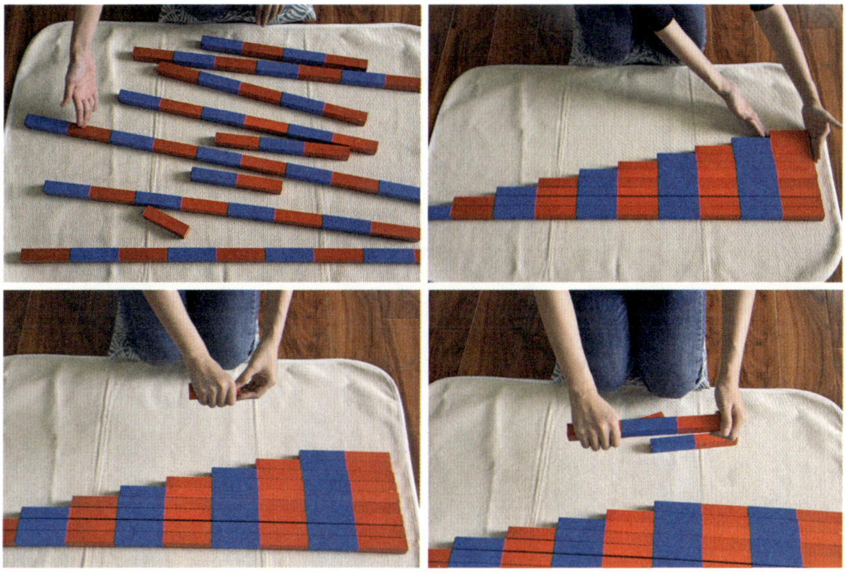

图7–1　数棒

兴趣点：触摸的动作；教具的颜色变化；数数的过程。

错误控制：视觉辨别；用最短的数棒进行比较；左端对齐，左边为红色。

注意事项：数棒的拿法——双手握住两端，逐一取、放；数棒的摆放要与工作毯边平行，与工作毯左侧对齐；取数棒要从短到长，收数棒要从长到短。

变化延伸：蒙眼感觉数棒的长度，并猜出数棒的数量；听指令游戏——教师发出指令，幼儿拿出相应的数棒；数棒迷宫的搭建；数棒、长棒、粉红塔、棕色梯、带插座的圆柱体及彩色圆柱体的混合搭建；纸张作业的涂色练习；用数棒做数的分解、组合的游戏；记忆游戏——哪一根不见了？

2. 砂纸数字板（图7-2）

教具构成：10块长方形木板，木板上分别贴有砂纸做成的0～9的数字。

教育目的：让幼儿认识0～10数字和数名；让幼儿学习数字的书写笔顺。

适合年龄：3岁以上。

操作方法：

• 1～9的认识（以1、2、3为例）

①取出1、2、3的砂纸数字板反面放置在工作毯上。

②用三阶段教学法帮助幼儿认识数字1、2、3。

命名：取1的数字板翻过来，左手扶住数字板，右手食指、中指按照数字的书写顺序描写数字，告诉幼儿“这是1”，反复两次，请幼儿描写并跟读。用同样的方法完成对2、3的命名。

辨别：向幼儿提问“2在哪里？”“请把3拿给老师。”“哪一个是1？”等。

发声：指着其中的一块数字板向幼儿提问“这是几？”反复提问。

③引导幼儿根据数字板取相对应的数量，放在数字板的旁边。

④依照此方法，完成对数字4～6、7～9的认识。

• “0”和“10”的认识

①将0、1、2的砂纸数字板反面放置在工作毯上。

②用三阶段教学法认识数字0。

命名：先复习已学过的数字1、2，引导幼儿触摸数字板并说出对应的数字名称；然后向幼儿展示0的数字板，左手扶住，右手食指、中指按书写顺序进行描写，并告诉幼儿“这是0”，反复两次，请幼儿触摸并跟读。

辨别：向幼儿提问“0在哪里？”“请把1拿给老师。”“哪一个是2？”“请你指一指0。”等等，反复提问。

发声：指着其中的一块数字板向幼儿提问“这是几？”

③引导幼儿根据数字板取相对应的数量，放在数字板的旁边。

④用1和0拼成10，将8、9、10摆放在一起，按照上述操作完成对10的认识。

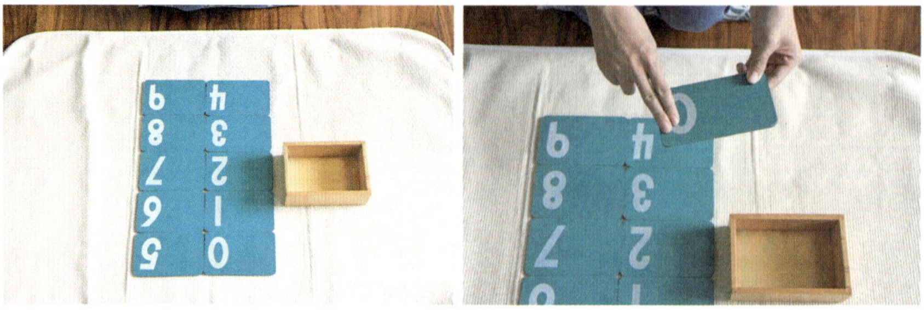

图7-2 砂纸数字板

兴趣点：用手触摸数字的过程；认识数字和说出数名时的满足感。

错误控制：视觉辨别；教师或幼儿。

注意事项：砂纸数字板上的数字要和环境中的其他数字的字体相同；避免出现书写顺序的错误；纵向摆放数字8、9、10时要个位对齐；可在每块数字板的数字下面画一条横线，便于幼儿区别数字的正反方向。

变化延伸：记忆游戏——将数字板按0～9的顺序排列在工作毯上，请幼儿闭上眼睛，随意拿走一个或几个数字，让幼儿观察哪一个或哪几个数字不见了；蒙眼触摸数字，并说出数名；制作砂纸数字小书；空心数字的涂色；沙盘上描写数字；蒙纸摹写砂纸数字。

3. 数棒与数卡（图7–3）

教具构成：数棒1～10；数字卡1～10；装数字卡的木盒。

教育目的：让幼儿了解1～10数字、数量、数名之间的对应关系；增强幼儿对数字的记忆。

适合年龄：3.5岁以上。

操作方法：

• 数棒有序，数卡有序

①逐一从教具柜中取数棒，散放在工作毯上，引导幼儿将数棒从长到短（10到1）按顺序排列在工作毯上。

②取数字卡，并引导幼儿将数字卡从1～10按照由上到下的顺序排列在工作毯的右侧。

③取数棒1，进行攥握点数。

④取数字卡1，进行指读，并摆放在数棒1的旁边，然后对幼儿说：“这是1，这也是1。”

⑤用同样的方法对2～10进行同样的操作。

• 数棒有序，数卡无序

①逐一取数棒，散放在工作毯上，引导幼儿将数棒按顺序排列在工作毯上。

②取数字卡1～10，打乱顺序后将其放在工作毯的右侧。

③引导幼儿将数棒与数字卡进行配对。

• 数棒无序，数卡有序

①逐一取数棒，散放在工作毯上。

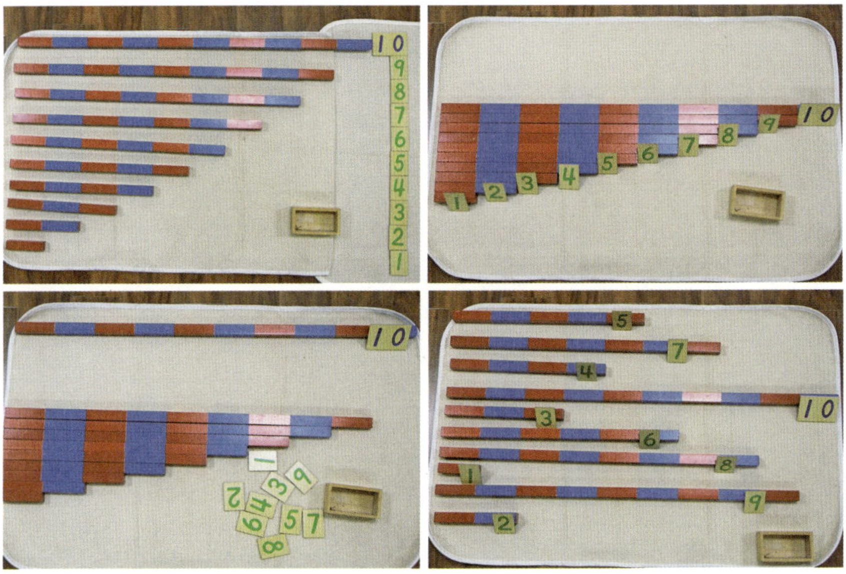

图7–3　数棒与数卡

②取数字卡1～10，从上到下排列在工作毯的最左侧。

③引导幼儿将数字卡与数棒进行配对。

• 数棒、数卡均无序

①逐一取数棒，散放在工作毯上。

②取数字卡，将数字卡打乱顺序后按照从上到下的顺序排列在工作毯的最左侧。

③引导幼儿将数字卡与数棒进行配对。

兴趣点：数量与数字的对应过程；数棒点数的过程。

错误控制：视觉辨别；教师或幼儿。

注意事项：取、放、数数棒的方法。

变化延伸：与长棒结合完成数量与数字的对应练习。

4. 纺锤棒箱（图7–4）

教具构成：两个样式相同的纺锤棒箱，每个木箱各分成5个格子，第一盒印有数字0～4，第二盒印有数字5～9；一个装有45根纺锤棒的木盒；一个小盘，里面放上9根皮筋。

教育目的：让幼儿了解1～9数量、数字与数名的对应关系；让幼儿了解0的概念，感知0是空集合；让幼儿了解集合和不连续量的概念。

适用年龄：3.5岁以上。

操作方法：

• 1～9的集合的认识

①向幼儿介绍纺锤棒与纺锤棒箱。

②先将两个木箱按照0～9的顺序并排放在一起，再将装有纺锤棒的木盒放在木箱的左侧。

③从1开始，用手指触摸1，并对幼儿说："这是1。"

④右手从盒中取1根纺锤棒，放在左手手心里，边取边数"1"。

⑤双手用力握住1根纺锤棒，并对幼儿说："这是1"，然后放入木箱印有数字1的格子中。

⑥用同样方法完成对数字2～9的认识。每一根纺锤棒都要点数，且点数时张开手，数完后要握住纺锤棒，体现集合的概念；也可将数完的纺锤棒系上皮筋表示集合。

⑦回收纺锤棒——先指读数字，再数格子中的纺锤棒，然后放回装纺锤棒的木盒中。

图7-4 纺锤棒箱

• “0”的认识

①复习已学过的1～9。

②向幼儿介绍数字0，对幼儿说：“我们一起来学习一个新的数字，它是0。”再用右手食指在空中书写数字0，然后让幼儿观察空纺锤棒箱，并对幼儿说：“我们看到纺锤棒箱里边已经没有纺锤棒了，所以0代表什么都没有。”让幼儿体会0的概念。

③按照同样的顺序收回教具。

兴趣点：手握纺锤棒的感觉；纺锤棒的形状。

错误控制：教师或同伴；回收纺锤棒时数数的过程；放入后纺锤棒多余或不够。

注意事项：每天要检查纺锤棒是否为45根；日常生活教育中设计系蝴蝶结和套橡皮筋的工作。

变化延伸：筷子与杯子练习——先在10个杯子的外壁分别粘上0～9的数字，再准备45根筷子，让幼儿根据杯子上的数字放入相应数量的筷子。

5. 数字与筹码（图7-5）

教具构成：55个红色筹码；1～10的数字卡（或1～10的木制数字）；“奇数”“偶数”的文字卡片各1张。

教育目的：加强幼儿对1～10数字、数量、数名的认识；让幼儿认识奇数、偶数；让幼儿认识相邻数。

适合年龄：3.5岁以上。

操作方法：

• 1～10的数量与数字的对应

①出示错误控制卡，将数字卡从盒中取出，散放在工作毯上。

②将数字卡1～10按照从左到右的顺序排列在工作毯上方。

③指读数字1。

④右手从盒中取1的红色筹码，放至左手中，边取边读，再用右手将左手中的筹码一一放置在数字卡下方。

⑤用同样方法完成对2～10的数量与数字的对应操作，同时强调排列筹码的顺序为由左到右、由上到下。

图7-5 数字与筹码

• 三阶段教学法认识奇数、偶数

①命名。教师指着1的筹码，对幼儿说："1的下面没有好朋友，所以它是奇数。"然后用右手食指、中指分别指着2的筹码，对幼儿说："2的下面有好朋友，它们成双成对，所以2是偶数。"用同样的方法让幼儿认识3～10。最后进行总结，筹码中没有好朋友的是1、3、5、7、9，它们有一个共同的名字——奇数；2、4、6、8、10都有好朋友，它们成双成对，它们也有一个共同的名字——偶数。

②辨别。向幼儿提问"奇数有哪些?""偶数有哪些?"反复提问。

③发声。指着其中的一组数字问幼儿："1、3、5、7、9共同的名字叫什么?"指着另一组数字问幼儿："2、4、6、8、10共同的名字叫什么?"

• 数字卡、筹码与"奇数""偶数"字卡相对应

①向幼儿出示奇数和偶数的字卡，用三阶段教学法让幼儿认识字卡的名称。

②请幼儿分别将奇数的数字卡及相应筹码排列在奇数字卡的下面，偶数的数字卡及相应的筹码排列在偶数字卡的下面。

兴趣点：筹码本身；筹码数数的过程。

错误控制：教师或幼儿；错误控制卡；一一对应后筹码多余或不够。

注意事项：每次操作前要检查红色筹码是否为55个。

变化延伸：将筹码用围棋子代替，奇数用黑色的棋子，偶数用白色的棋子；引导幼儿观察奇数、偶数的不同；纸张作业练习，可做成有错误控制的卡片，让幼儿自己涂色。

6. 彩色串珠阶梯（图7–6）

教具构成：1～10的彩色串珠一组（其中1为红色，2为绿色，3为粉色，4为黄色，5为浅蓝色，6为紫色，7为白色，8为棕色，9为深蓝色，10为金黄色）；装彩色串珠的托盘一个；数珠子用的数珠板；长方形的垫布；1cm×1cm 数字卡。

教育目的：加强幼儿对1～10数字、数量、数名的认识；为幼儿学习塞根板做准备。

适合年龄：4岁。

操作方法：

• 数量展示

①将垫布铺在桌子上。

②将彩色串珠从1～10按照由上到下的顺序进行排列，要左边对齐，呈阶梯形。

③取"1"的彩色串珠，左手捏住彩色珠的铁环，右手拿数珠板进行"分隔数"。

④用同样的方法数2～10（注意数数之前，要将数珠板放在第一个珠子之前停顿一下，做一个预备，再开始数）。

• 名称练习——三阶段教学法认识彩色串珠

①命名。取彩色串珠，用数珠板进行"分隔数"，并对幼儿说："这是1，请你来数一数。"

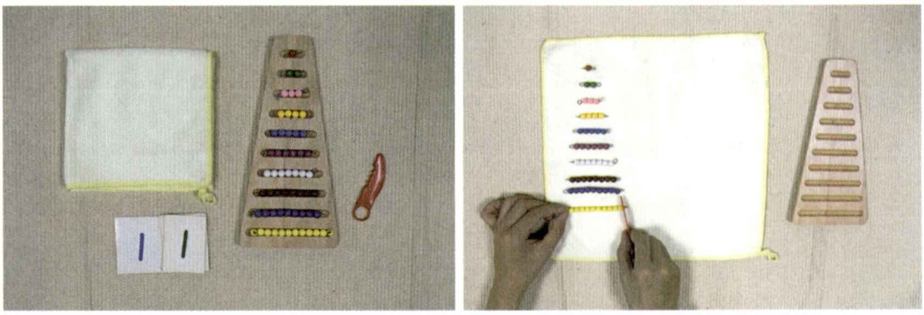

图7–6 彩色串珠阶梯

重复两次；用同样的方法认识2、3的彩色串珠。

②辨别。向幼儿提问“1在哪里?”“哪一个是2?”“请把3指给老师”等等，反复提问。

③发声。指着其中的一个珠子向幼儿提问“这是几?”“那是几?”

兴趣点：彩色串珠的外形和颜色；用数珠板数珠子的过程。

错误控制：教师或同伴；彩色串珠的颜色；数珠子的过程。

注意事项：要保管好串珠。

变化延伸：彩色串珠的涂色练习；彩色串珠与彩色铅笔按颜色进行配对。

7. 零的游戏（图7–7）

教具构成：两个篮子，一个篮子内放置45颗木珠，另一个小篮子中放有0～9的可折叠的数字卡，其中6和9的下面要画一条横线区分开。

教育目的：巩固练习1～9数字、数量与数名的结合；加强幼儿对“零”的概念的理解，掌握“零”的实际含义。

适合年龄：3.5岁以上。

操作方法：

①邀请10个幼儿围坐在工作毯四周，取教具放在工作毯中央。

②请每个幼儿轮流取一张数字卡，认真记住自己卡片上的数字，注意不要让其他幼儿看到。

③让幼儿从篮子中取出相等数量的木珠，放在自己的身前。

④让每个幼儿轮流摊出自己手中的木珠，并让其他幼儿猜该幼儿所拿的数字卡上的数字是多少，根据木珠的数量猜数字卡上的数字。

⑤轮到某个幼儿时，该幼儿就出示数字卡，以检查其他幼儿猜得是否正确。

⑥轮到拿“0”数字卡的幼儿时，教师要提问“这位小朋友为什么没有木珠呢?”引导该幼儿说出他拿的数字卡上的数字是“0”，所以他没有木珠。

兴趣点：木珠本身；猜数字和数量的过程。

错误控制：教师或同伴；点数的过程。

注意事项：第一次活动，教师可以先把“0”拿在自己的手里；年龄较小的幼儿可以先做0～5的游戏。

变化延伸：可以换成红包游戏，红包里面装上数字卡作为钱，并将木珠换成糖果。

图 7–7 零的游戏

二、连续数的认识

1. 塞根板 I（图7–8）

教具构成：代表1～9的彩色串珠一组；代表10的金色串珠9根；塞根板 I 一套；印有1～9的长方形数字板。

教育目的：让幼儿学习数字11～19的形成，以及和数量、数名的结合；加强幼儿对连续数的认识。

适合年龄：4岁以上。

操作方法：

• 11～19的数量与数名

①将代表1～9的彩色串珠按顺序排列成三角形摆放在工作毯的左下方。

②对幼儿说："这是代表10的金色串珠，这是代表1～9的彩色串珠。""我们要将它们组合起来。""一个10和一个1组合起来是11，这是11。"通过此操作让幼儿认识数字11，并用同样的方法让幼儿认识12～19。

③运用三阶段教学法帮助幼儿了解11～19的数量。

• 11～19的数字和数名

①取出塞根板，摆放在工作毯上，再将数字板1～9有序排列在塞根板右侧。

②将塞根板上的10与数字板1～9做组合的工作。教师可以对幼儿说："这是一个10，这是一个1，10和1组合起来是11，这是11。"边说边做组合，同时要用手比画数字。

③运用三阶段教学法教幼儿认识11～19的数字。

• 11～19的数量、数字与数名的结合

①将塞根板有序排列好，数字板排列在塞根板的右侧。

②将金色串珠10与塞根板上的10做对应，并放在塞根板的左侧。

③用数量与数字做对应及组合。教师可以对幼儿说："一个10和一个1组合起来是11（数量），一个10和一个1组合起来是11（数字），这是11，这也是11，它们是一样的。"边指边读，同时做组合。

④将数字全部组合后，认读数字和数量。

⑤运用三阶段教学法教幼儿认识11～19的数量、数字和数名。

兴趣点：教具本身；摆放数字的过程。

错误控制：教师或同伴；视觉辨别。

注意事项：完成工作之后，收教具的时候，要将1～9的数字板放在最下面，接着是有4个

图7-8 塞根板Ⅰ

"10"的填空板，最上面是5个"10"的填空板。

变化延伸：数量与数字做任意组合，用数量找相应的数字或者用数字找相应的数量。

2．塞根板Ⅱ（图7–9）

教具构成：代表1～9的彩色串珠一组；代表10的金色串珠45根；塞根板Ⅱ一套；印有1～9的长方形数字板。

教育目的：学习11～99数字的形成，以及数字和数量、数名的结合；加强幼儿对连续数的认识。

适合年龄：4岁以上。

操作方法：

• 11~99的数量与数名（分阶段进行，第一次做11~30）

①将代表1~9的彩色串珠按顺序排列成三角形摆放在工作毯的左下方。

②取出一个代表10的金色串珠，对幼儿说："这是一个10"，再取出一个代表1的彩色串珠进行组合，对幼儿说："一个10和一个1合起来是11，这是11"，用同样的方法替换完成12～19。

③对幼儿说："19再多一个1是20"，出示两个代表10的金色串珠（体会19和20的连续性）。

④对幼儿说："20和1合起来是21"，以此方法替换组合，完成22～29（使用三阶段教学法）。

⑤对幼儿说："29再多一个是30"，出示3个代表10的金色串珠（体会29和30的连续性）。

（分阶段用同样的方法完成其他数量的认识，直到99）

• 1～99的数字和数名（分阶段进行，先进行11～30的数字和数名的认识）

①将塞根板60～90的木板反扣到20～50的上面挡住，将活动数字板排列在木板的右侧。

②组合数字。对幼儿说："一个10和一个1合起来是11""一个10和一个2合起来是12"……

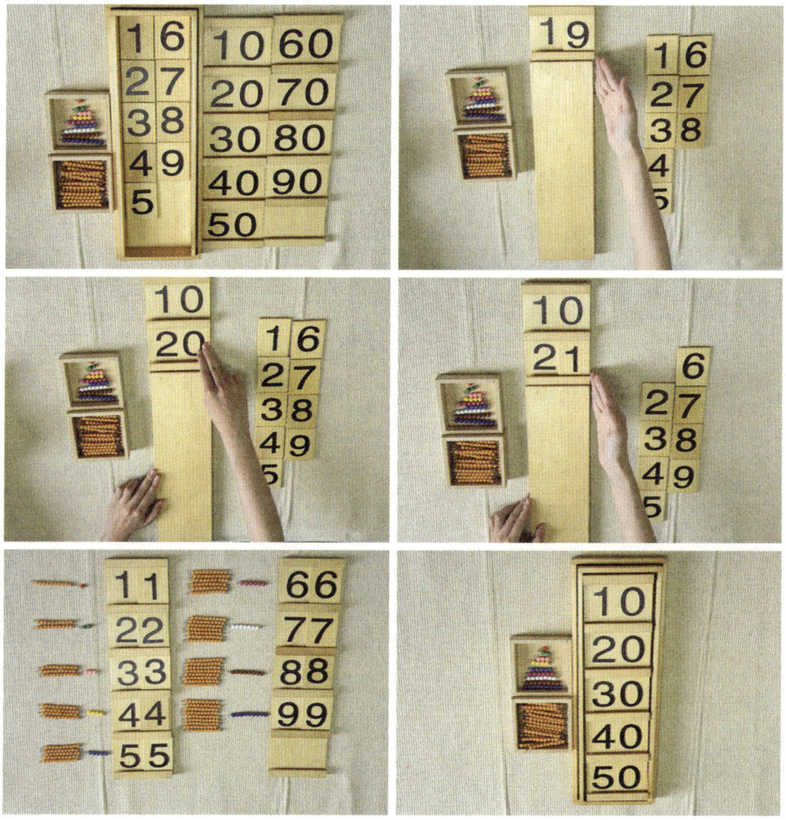

图7–9 塞根板Ⅱ

“一个10和一个9合起来是19”。每一个数字都要边说边描画数字，交替进行，当进行到19时，对幼儿说“19再多一个1是20”，然后打开20的板子。

③用同样的方法完成21～30的数字的认识（使用三阶段教学法）。

（分阶段用同样的方法完成其他数字的认识，直到99）

• 1～99的数量、数字、数名的结合

①将两块长方形的木板上下（或左右）放在一起，将活动数字板从1～9按顺序排列在木板的右侧。

②将代表1~9的彩色串珠按顺序摆放在工作毯的左下方。

③组合数量与塞根板数字，将代表10的金色串珠和代表1的彩色串珠排列在长方形木板10的左侧，对幼儿说：“这是数量11”，将数字板1插进10的格子里，认读数字11并描写11。

④将11的数量、数字与数名相结合，对幼儿说：“这是11，这也是11，它们是一样的”，边指着数量、数字，边说数名。用同样的方法完成其他数量、数字、数名的结合，直到99（使用三阶段教学法）。

⑤收教具，先收珠子，再收塞根板Ⅱ。

兴趣点：教具本身；摆放数字卡的过程。

错误控制：教师或同伴；视觉辨别。

注意事项：完成工作之后，收教具的时候要将数字板放在最下面，接着是60～90的填空板，最上面是10～50的填空板；塞根板的盖子可以去除，这样可以让幼儿清楚地看到里面的教具；教师演示到21～29就可以了，后面的数字形成，幼儿可以自己去探索和发现。

变化延伸：说出或写出一个自己喜欢的数字，然后在塞根板Ⅱ上拼出来；在沙盘或纸上反复练习数字的书写；取串珠组合数量，在塞根板Ⅱ上拼出数字。

3. 一百板（图7-10）

教具构成：错误控制板一块，板上印有1～100的数字；操作板一块，板上有100个空格；5个小盒子，1～100的小数字板分5组装在5个小盒子内，小盒上贴着标签1～20、21～40、41～60、61～80、81～100。

教育目的：让幼儿学习1～100的数学及数名；感受数的连续性；十进制的认知。

适合年龄：4岁以上。

操作方法：

①错误控制板在左，操作板在右，放在工作毯上。

②在控制板上做数字配对。将1～10、11～20的数字板从小盒中取出，无序摆放在控制板的上方；指读控制板上的每个数字，每指读一个数字，找相同的数字板放在对应的控制板上，直到完成1～20的数字配对，再连续指读数字1～20。21～100的数字板可分几次操作完成。

③在操作板上排序。将控制板扣放在工作毯上方。将1～20的数字板取出，无序摆放在操作

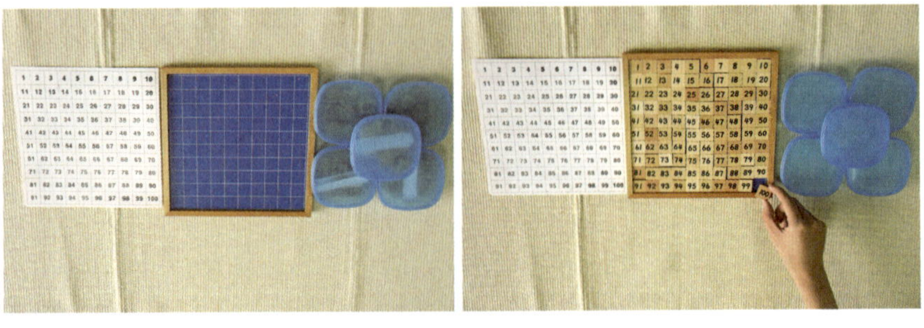

图7-10 一百板

板上方；从1开始，按顺序将1～20的数字板排列在操作板上；排列后指读数字1～20。完成后打开控制板进行检验。21～100的数字板可分几次操作完成。

④收教具。先收最下面一行91～100的数字板，在收倒数第二行的数字板时，将倒数第二行的数字板挪到下面，与上面的数字板分离，以免混乱，再将数字板装入对应的小盒中。

兴趣点：教具本身；摆放数字板的过程。

错误控制：错误控制板；教师或同伴；视觉辨别。

注意事项：年龄较小的幼儿可以先操作1～50的数字板，或者更少数字的数字板；注意数字板的保存。

变化延伸：

①将错误控制板去掉后再摆放数字板。

②数字板都摆好后，将其中的几块数字板翻过去，让幼儿猜翻过去的数字是多少。

③数学填空游戏。准备若干纸张，纸张上印有1～100的数字，但是有些格子是空着的；引导幼儿用铅笔将空着的格子添加上相对应的数字；在纸张上写上幼儿姓名和日期，可以让幼儿把纸张带回家。

④划数字游戏。准备若干纸张，纸张上印有1～100的数字；教师每说一个数字，幼儿就将教师所说的数字快速地划掉，例如，教师说45，幼儿就用铅笔将45划掉。

⑤制作数字卷轴（100数字卷）。

4. 百珠链（图7-11）

教具构成：一串百珠链（由10根10颗金色串珠链接而成）；代表100的平方片1个；数字指标——个位印有绿色数字1～9的指标，十位印有蓝色数字10～90的指标，百位印有红色数字100的指标，分别放在3个小盒内；托盘；数珠板。

教育目的：学习1到100的连续数；练习跳数。

适合年龄：4.5岁以上。

操作方法：

①将百珠链从托盘中取出，放在工作毯上慢慢拉开，并向幼儿介绍："我这里有一条长长的链子，我们来数一数它有多少颗珠子。"

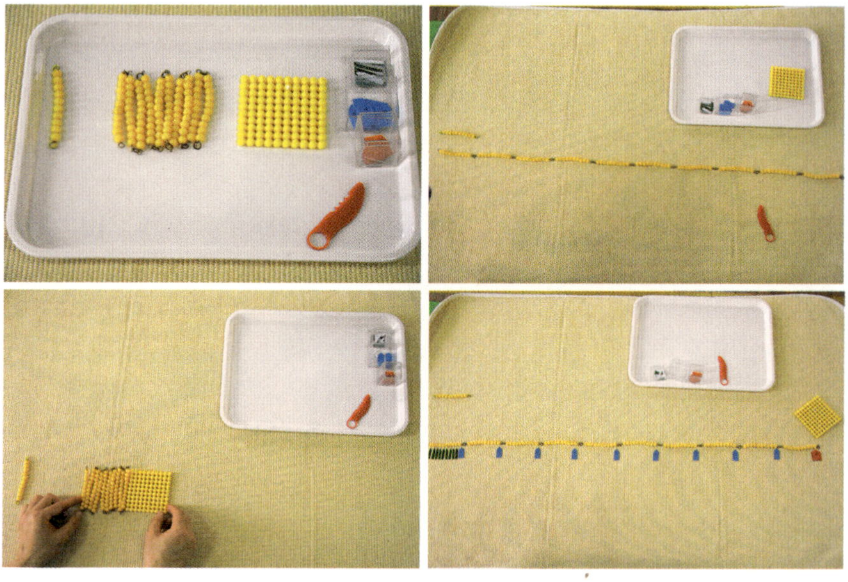

图7-11 百珠链

②取出数字指标，放在工作毯上。

③用数珠板开始数数，从左往右数，数到1的时候，将1的数字指标放在1的珠子下面。

④用同样的方法完成对2～10的操作。

⑤当数到10的时候对幼儿说："这是10。2个10就是20，3个10就是30，4个10是40，5个10是50，6个10是60，7个10是70，8个10是80，9个10是90，10个10是100。"通过此操作练习跳数20、30、40……100，并将指标放在相对应的珠子下面。

⑥将代表100的平方片放在百珠链的旁边。

⑦进行总结。教师对幼儿说："这条长长的链子是由100颗珠子构成的。"并带领幼儿从1开始认读。

⑧检查操作是否正确，将百珠链折成正方形，把代表100的平方片放在上面进行比较，并把指标对应放好，如果百珠链跟代表100的平方片是一样的，则代表操作正确。

兴趣点：教具的颜色和形状；跳数的过程。

错误控制：教师或同伴；将百珠链折成正方形，把代表100的平方片放在上面进行比较。

注意事项：数字指标的"尖"要对准相应的珠子；由于数字指标比较小，要保存好。

变化延伸：按照奇数、偶数间隔计数。

三、四则运算

1. 加法蛇游戏

教具构成：彩色串珠若干；金色串珠若干；黑白串珠若干；数珠板；垫布。

教育目的：让幼儿练习10以内数的合成；为幼儿学习加法做准备；为幼儿学习进位做准备。

适合年龄：5岁以上。

操作方法：

• "造10"的游戏

①将垫布打开放在桌面上，向幼儿介绍工作的材料。

②将彩色串珠按照1、9→2、8→3、7→4、6→5、5的顺序连成一条线。

③数一数，连成一条线的彩色串珠一共有多少颗，用数珠板做"分隔数"，数到10的时候要换一串代表10的金色串珠，并把替换下来的代表数字1～9的彩色串珠竖着按顺序摆放在桌子的左上方。

④全部数完并替换完成后，数一数代表10的金色串珠一共有多少，并排列好，边数边说。

⑤进行验算。拿出一串代表10的金色串珠放在左侧，再取出代表1和9的彩色串珠并列摆放在右侧，让幼儿观察左右两侧是否相等。

⑥进行总结，向幼儿重复结果"1和9合起来等于10，2和8合起来等于10，3和7合起来等于10，4和6合起来等于10，5和5合起来等于10"。

• 加法蛇游戏——任意数加法（图7-12）

①将垫布打开，铺在桌面上。

②向幼儿介绍材料，同时介绍蛇形的计算题卡。

③介绍黑白串珠的作用（替代），并将其按顺序排列成三角形。

④用彩色串珠摆一条彩色的蛇。

⑤介绍游戏规则——当彩色串珠数到10的时候，就要用一串代表10的金色串珠来替代；如果不够10，则用黑白串珠来代替。

⑥用数珠板开始数数，数到10的时候，就拿来一串代表10的金色串珠进行替换；如果不够

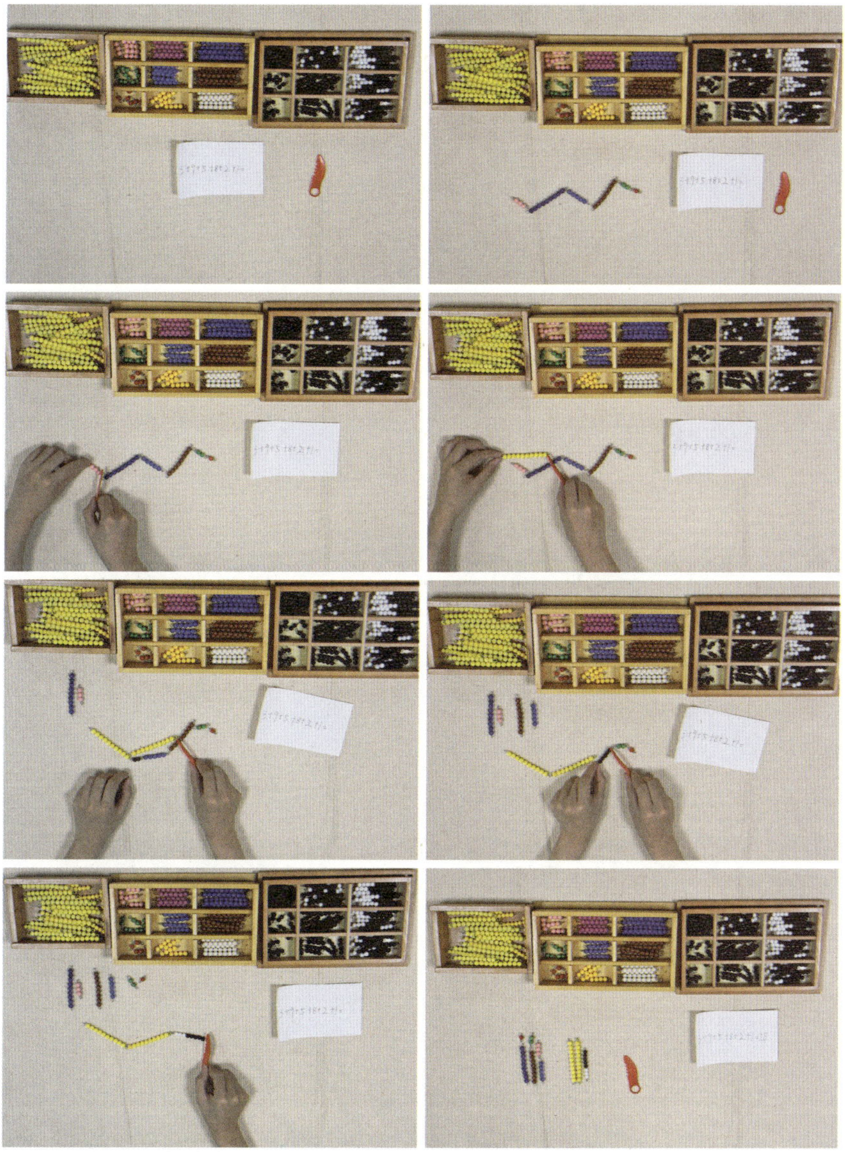

图 7-12　加法蛇游戏——任意数加法

10，就用黑白串珠替代。取一串代表10的金色串珠，放在将要换下的彩色串珠的下面。如果第一个是代表9的彩色串珠，第二个是代表8的彩色串珠，那么数到10的时候，代表8的彩色串珠还剩7颗，前面的10颗彩色串珠用代表10的金色串珠代替，剩下的7颗彩色串珠用代表7的黑白串珠来代替（因为9+8=17），再从黑白串珠开始数，每数到10就换。换下来的彩色串珠留下来验算，将黑白串珠收回到串珠盒里。如果最后的结果是整十，那么所有的珠子就是金色串珠；如果最后的结果不是整十，例如是56，那么50是用金色串珠替代的，6是用黑白串珠替代的。

⑦数一数计算到最后的珠子数量（含金色串珠和黑白串珠）一共有多少。

⑧验算。所有的彩色串珠数量与最后的得数数量（金色串珠和黑白串珠）一致。

兴趣点：串珠组成的蛇；造蛇的过程。

错误控制：教师或同伴；清点和验算，金色串珠、黑白串珠和彩色串珠对应量的比较；题目卡背面的答案。

注意事项：替换下来的彩色串珠不要收回盒子中，留下来验算；要强调“和”的概念；金色串珠的摆放位置。

变化延伸：其他蛇形游戏型式卡；与纸张工作的结合。

2. 减法蛇游戏（图7-13）

教具构成：彩色串珠若干；灰色串珠若干；黑白串珠若干；金色串珠若干；数珠板；垫布。

教育目的：让幼儿学习等量交换；为幼儿学习减法做准备。

适合年龄：5.5岁以上。

操作方法：

①将垫布打开，铺在桌面上。

②介绍蛇形的题目卡以及灰色串珠的作用（替代减去的数字）。将黑白串珠和灰色串珠按顺序排列在工作毯上。

③用彩色串珠和灰色串珠摆一条彩色的蛇。

④介绍游戏规则。当彩色串珠数到10的时候，就要用一串代表10的金色串珠来替代；如果不

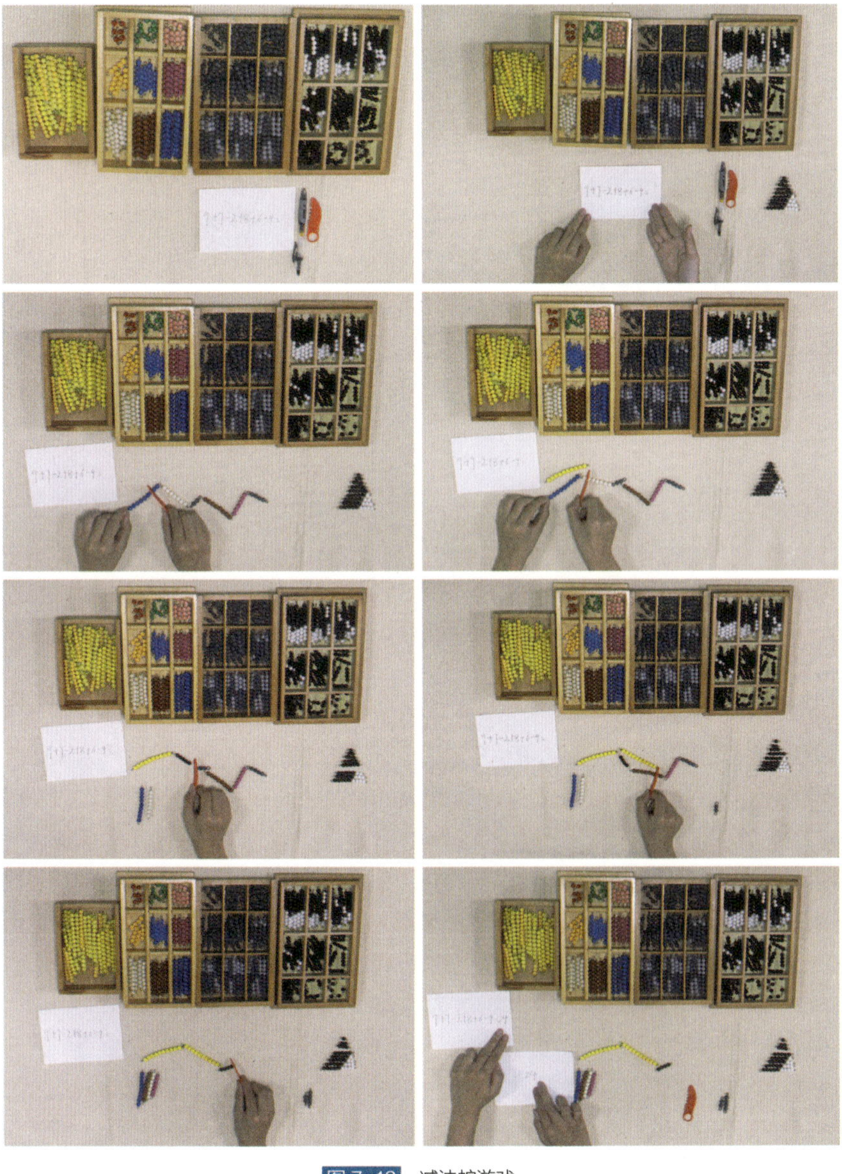

图7-13 减法蛇游戏

够10，就用黑白串珠代替；当数到灰色串珠时，要把灰色串珠折回去向前数。

⑤用数珠板开始数数。数到10的时候，就停下，并说“换”。取一串代表10的金色串珠，放在将要换下的彩色串珠的下面。如果第一个是代表9的彩色串珠，第二个是代表8的彩色串珠，那么数到10的时候，代表8的彩色串珠还剩7个，前面的10颗彩色串珠用代表10的金色串珠代替，剩下的7颗彩色串珠用代表7的黑白串珠来代替（因为9+8=17）。再从黑白串珠开始数，逢10就换。换下来的彩色串珠留下来验算，将黑白串珠收回到串珠盒里。

⑥碰到灰色串珠，就将灰色串珠折回去，与前一串珠子右侧对齐。用数珠板向前数，再数前面剩下几颗串珠，取相应数量的黑白串珠代替。将减掉的串珠取下，灰色串珠和彩色串珠留下验算，金色串珠和黑白串珠只是起临时替代的作用，所以要收回盒子里。如果最后的结果是10，那么所有的珠子就是金色串珠；如果最后的结果不是整十，例如是56，那么50是用金色串珠替代的，6是用黑白串珠替代的。

⑦数一数计算完毕后的珠子数量（含金色串珠与黑白串珠）是多少。

⑧进行验算。将用来替换的金色串珠、黑白串珠和灰色串珠逐一纵向摆放。将彩色串珠与金色串珠、黑白串珠、灰色串珠进行比较。如果金色串珠加上黑白串珠和灰色串珠的数量等于所有彩色串珠的数量，则说明计算正确。

兴趣点：彩色串珠组成的蛇；造蛇的过程。

错误控制：教师或同伴；清点和验算，金色串珠、灰色串珠、黑白串珠和彩色串珠对应量的比较；题目卡背面的答案。

注意事项：彩色串珠是被减数，灰色串珠是减数，金色串珠（可能还有黑白串珠）是差。

变化延伸：其他蛇形游戏型式卡；与纸张工作的结合。

3. 加法板

教具构成：加法板；印有数字1～9的红色、蓝色定规尺，其中红色定规尺上面有刻度，蓝色定规尺上面没有刻度；加法订正板；加法题目卡若干；铅笔若干。

教育目的：加强幼儿的加法练习；为幼儿的心算做准备。

适合年龄：5.5岁。

操作方法：

- 加法板——10的加法练习

①先将蓝色定规尺排列在加法板的左侧，再将红色定规尺排列在加法板的右侧（或加法板上面）。

②将印有数字1的蓝色定规尺放在加法板上1的格子里。

③将印有数字9的红色定规尺放在加法板2～10的格子里。

④教师告诉幼儿：“1+9=10。”

⑤将“1+9=10”挪到第二行的格子里，用同样的方法完成“2+8=10”“3+7=10”“4+6=10”……“9+1=10”的操作。

- 加法板——题目卡的工作（图7–14）

①取一张题目卡，例如“6+5=?”。

②将印有数字6的蓝色定规尺放在加法板1～6的格子里。

③将印有数字5的红色定规尺放在印有数字6的蓝色定规尺的后面。

④指着加法板上的11对幼儿说：“6+5=11。”

⑤将得数11写在题目卡上。

⑥收教具时，蓝色定规尺按照从长到短的顺序收，红色定规尺按照从短到长的顺序收。

兴趣点：教具本身的颜色和形状；运算的过程。

图7-14 加法板——题目卡的工作

错误控制：教师和幼儿；加法板中间的红线；加法板上的数字。

注意事项：要事先准备好题目卡；注意红色、蓝色定规尺的摆放位置。

变化延伸：神秘袋的游戏——将题目写在纸条上，让幼儿轮流抽纸条，例如抽到“6+5=?”时，将印有数字6的蓝色定规尺放在加法板1～6的格子里，将印有数字5的红色定规尺放在7～14的格子里，对幼儿说：“6+5=11。”并将结果写在纸条上。

4. 乘法板（图7–15）

教具构成：乘法板；一个小盒子，盒内装有100颗红色乘法珠；1～10的数字板；红色定规圆片；乘法题目卡；笔。

教育目的：让幼儿学习用乘法板做乘法运算；为幼儿的心算做准备。

适合年龄：5.5岁以上。

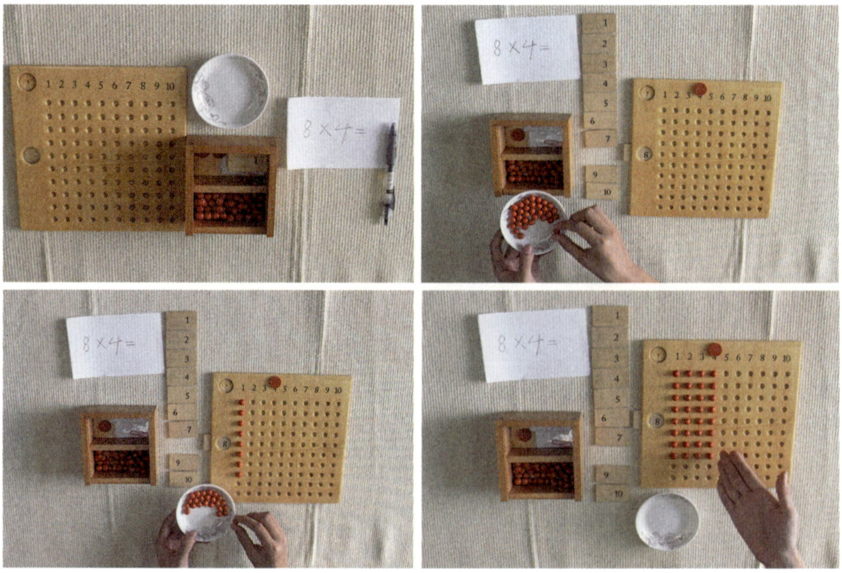

图7-15 乘法板

操作方法：

①将乘法板放在工作毯上。

②将数字板从1～10，按照从上到下的顺序排列在乘法板的左边。

③读题目卡，向幼儿解释其含义，如8×4就是4个8连续相加。

④将数字板8插进乘法板旁边的小孔内。

⑤将红色定规圆片放在乘法板4的上方。

⑥将红色乘法珠按照从上到下的顺序摆在乘法板上，每一纵行摆8板珠子，一直摆到第四纵行，每摆一次都要对幼儿说：“第一个8/第二个8/第三个8/第四个8”。

⑦从上到下数一数一共有多少颗珠子，珠子的总数就是“8×4”的答案。

⑧将所有的乘法珠数一数，然后放回盒子中。

兴趣点：教具的颜色和形状；摆珠子的过程。

错误控制：清点和验算；乘法板上的数字，数字板，红色定规圆片；乘法表，题目卡背面的答案。

注意事项：要将乘法珠保存好。

变化延伸：乘法题卡集；日常生活中简单的乘法运算。

5. 减法板（图7–16）

教具构成：减法板；印有数字1～9的红色、蓝色定规尺，其中红色定规尺上面有刻度，蓝色定规尺上面没有刻度；17根原木色定规尺，其长度由长到短；题目卡；铅笔；减法订正板。

教育目的：加强幼儿的减法练习；为幼儿的心算做准备。

适合年龄：5.5岁以上。

操作方法（示范）：

①先将红色定规尺排列在加法板的左侧，再将蓝色定规尺排列在加法板的右侧，然后将原木色定规尺按照从长到短的顺序排列在减法板的上面。

②读题目卡，例如“14–8=?”。

③操作教具。左手指着减法板14的位置；右手点数，让幼儿观察14以后有几个数字（有4个数字）；按照从短到长的顺序取第四根原木色定规尺，遮住15～18的数字；取印有数字8的蓝色定

图7–16 减法板

规尺放在7～14的格子里；取印有数字6的红色定规尺放在1～6的格子里，6就是“14–8”的得数。

④将得数写在题目卡上。

兴趣点：教具本身的颜色和形状；运算的过程。

错误控制：教师和幼儿；减法板上的数字，定规尺；减法订正板。

注意事项：要事先给幼儿准备好题目卡；注意红色、蓝色定规尺及原木色定规尺的摆放位置。

变化延伸：减法题卡集的练习；日常生活中的减法游戏。

6．除法板（图7–17）

教具构成：81颗绿色除法珠；除法板；9个绿色筹码；小碟子；题目卡；笔。

教育目的：让幼儿学习用除法板做除法运算；为幼儿的心算做准备。

适合年龄：5.5岁以上。

操作方法（示范）：

①读题目卡，向幼儿介绍其含义，例如“9÷3=?”就是把9平均分成3份。

②数9颗绿色除法珠放在小碟子中。

③数3个筹码并将其对应摆放在除法板数字“1、2、3”的下方。

④分配绿色除法珠，依次给每个筹码分一个绿色除法珠，直至将所有绿色除法珠分完。

⑤数一数每个筹码的下面有几颗珠子，其结果就是“9÷3”的得数。

⑥将得数写在题目卡上。

⑦将珠子及筹码逐一数数并放回到小碟子中。

兴趣点：教具本身的颜色与形状；分配除法珠的过程。

错误控制：教师或同伴；除法板上的数字，绿色筹码；除法表，题目卡背面的答案。

注意事项：要将除法珠保存好。

变化延伸：除法题卡集的练习；日常生活中的除法运算。

图7–17 除法板

知识小测

1. 蒙台梭利数学教育的内容包括（　　　　　　　）、（　　　　　　　）、（　　　　　　　）、（　　　　　　　）和其他数学工作。
2. 蒙台梭利数学教育重视（　　　　　　　）、（　　　　　　　）和数名三者的关系。
3. 蒙台梭利数学教育采用（　　　　　　　）教学法。
4. 蒙台梭利数学教育采用（　　　　　　　）数字并统一字体。

思考与练习

1. 要进行数学教育教具教学，要先做哪些准备工作？
2. 设计一项数学教育准备工作。
3. 自制一份蒙台梭利数学教育延伸教具。
4. 根据幼儿发展情况科学投放数学教育教具，布置数学教育区域环境。
5. 课后进行数学教育教具操作练习。

第八章 蒙台梭利语言教育

学习目标

1. 了解语言发展的规律和蒙台梭利语言教育的目的、内容。
2. 认识并熟练操作语言教育教具。
3. 探索制作本土化的语言教育教具，创设本土化的语言教育活动。
4. 学习科学投放语言教育教具，布置语言教育区域环境。
5. 能循序渐进地引导幼儿进行语言及语言教育教具学习。

儿童的语言是自然发展而来的，而不是教出来的。所有儿童都要经历这样一个过程，即在开始时只能说一些简单的音节，等过一个时期就能说音节较为复杂的词了，到最后就能掌握整个的句子和语法了。

——玛利亚·蒙台梭利

语言发展是幼儿认知发展的重要组成部分，是衡量幼儿综合发展水平的重要指标。幼儿时期是语言发展的关键期，也是一生中语言发展最迅速的时期，因此，幼儿时期的语言教育对其一生的语言发展都有重要影响。

第一节 蒙台梭利语言教育概述

一、语言敏感期理论

随着感觉能力的不断发展，幼儿的语言敏感期呈阶段性出现。蒙台梭利指出，婴儿从开始注视大人说话的嘴型、发出咿呀学语的声音时，就开始了他的语言敏感期，0～6岁是幼儿语言发展的敏感期。抓住了敏感期对幼儿进行语言教育，就事半功倍，反之则不然。

在0～6岁语言敏感期，幼儿先对人的声音产生兴趣，然后对词，最后才对具有复杂结构的句子产生兴趣。蒙台梭利说："儿童有一种用舌和手探索周围环境的要求和欲望。他们通过味觉、触觉感知周围物体特征，并对它们有所反应。同样，通过感觉、动作及神经结构使语言得到发展。"因此，舌和手同智力的关系比身体的其他部分都更为密切，可称为人的智力的"工具"。

蒙台梭利根据幼儿语言敏感期的各个不同阶段，设计了科学的语言教育课程。经过研究发现，2～7岁是幼儿的口语学习期，其中2～3岁为最佳时期。

听说敏感期：0～3岁，幼儿对听说（口语方面）比较感兴趣，喜欢听妈妈讲故事。

书写敏感期：3.5～5岁，幼儿一般比较喜欢涂色、画画、写字等。

阅读敏感期：4.5～5.5岁，幼儿喜欢阅读故事书。

蒙台梭利设计的课程是为了满足幼儿语言敏感期的需要，而非主观设想，较突出的是书面语言的教学体系。除了心理基础，蒙台梭利语言教育也有着复杂的生理基础，除了大脑机能，还有幼儿主要通过感官与动作学习的生理机能。

幼儿阶段进行的语言学习，主要通过感官器官和动作，包括手、口、眼、肢体等，以及它们的结合，为此蒙台梭利设计了大量物化的语言教育教具，供幼儿进行操作学习，尤其是手和肢体动作与语言教育的结合，不仅让幼儿记忆深刻，而且感觉有趣。因此，语言教育中就要多设计运用感觉器官和动作来进行语言学习的课程，这样，学习语言就变得更加快乐了，让幼儿能够在"做中学"！

二、语言教育的目的

语言对幼儿的心理健康发展、社会性发展、智力发展都有着重要的作用。蒙台梭利语言教育的目的在于：培养孩子成为具有深厚文化素养的人，能够推动人类文明的人，能够承担未来世界责任的人。

语言教育在幼儿阶段是随时进行的，并非只是集中授课，语言教育的目的主要体现在以下几个方面。

（一）提高幼儿沟通交流的社会交往能力

由于经济的发展，人们的交往日益频繁，语言运用能力的重要性明显增强。它要求社会成员能在众人面前用清晰、简洁的语言表达自己的观点和见解；能够适应语言传递现代化技术的要求。这种能力必须从小培养，通过正确、有效的语言教育使幼儿尽快地从用表情、动作与周围人交往的过程进入到用口语与周围人交往，学会用语言表达自己的思想感情，喜欢与人交际，并具有一定的交际能力，以促进社会性发展。

（二）把握幼儿语言发展敏感期，促进人一生的发展

幼儿心理的研究成果和教育实践已经证明，幼儿时期是人一生中掌握语言最迅速的时期，也是最关键的时期。在这一时期，随着幼儿的听觉器官和发音器官的逐渐完善，幼儿已经具备正确发出全部语音的条件。如果幼儿在此时期没有掌握正确的发音，以后进行补偿教育就很困难，"狼孩"的事例也能充分说明，幼儿语言的发展如果错过了时机，是难以弥补的。

因此，幼儿时期的语言教育在家庭和幼儿园中，都处于举足轻重的地位，它对人一生的发展有着重要的影响。

（三）促进幼儿认知能力的发展

语言在人的认知过程中起着重要作用。在掌握语言之前，幼儿要认识一个物体的特征，必须对该物体的各个部分和各个特征逐一进行详细的感知。如，用手摸、抓起来看、放进嘴里咬来感知等。只有当幼儿掌握了语言，认知才发生了质的变化，他们对环境的认知更加迅速，对自我和他人的认知更加清晰和理性。

通过蒙台梭利语言教育的三阶段命名练习，让幼儿对事物的名称、形态、属性进行全方位的感知，并内化成为心理发展的一部分，幼儿日后对复杂知识体系的掌握就有了基础，智力也因此得到提高。

三、语言教育的内容

在蒙台梭利教室中，语言不仅被视为五大基本课程领域之一，它还渗透到其他各个领域中；语言教育既自成一域，又是每一课程领域不可或缺的一部分。事实上，语言一直是幼儿每日生活经验的一部分，在蒙台梭利有准备的环境中，它是目的明确和计划周全的领域。

语言教育包含了广泛的内容并涉及了整个教学环境，它包括听、说、写、读四个方面。语言教育的口语阶段，幼儿是靠吸收性心智得到了良好的发展，在蒙台梭利幼儿园中除了进行口语教学，同时也侧重于书面语言的教学。书面语言是语言学习中相对高级的阶段，而且必须在教师的引导下，配合敏感期完成，因为幼儿在3～6岁期间是书写敏感期和阅读敏感期，所以蒙台梭利特别重视满足幼儿的需要，设计了系统而科学的课程。

幼儿的语言能力是在运用过程中发展起来的，主要表现为幼儿如何运用适当的语言形式表达自己的交往倾向，如何运用适当的策略开展与他人的交谈，如何根据不同情境的需要运用适当的方法表达自己的想法。因此，幼儿语音、语义、语法的教育也是蒙台梭利语言教育的重要内容。

（1）语音的重要：每种语言都有其发音的特殊音素，经由对这些音素的辨识能力，让幼儿听得懂日常生活中听到的语言。

（2）物必有名（语义的认知）：每种物品都有约定成俗的名称，那是既定的称谓。从物品名称到形容词，甚至动词；无论什么颜色、形状、数字、时间、情绪，甚至动作——都有其约定俗成的声音与文字符号，让生存在同一环境中的人共同使用，幼儿必须学会使用这些声音和符号，才能使自己成为文化的一部分。

（3）语法的秩序：语句的结构也有其一定的秩序，“我爱你”和“你爱我”，同样的字音，不同的排列顺序，会表达出不同的概念。语法的共同概念也是语言沟通的重要因素。

（4）其他语言要素：如语言的流畅性、词汇的多样表达等，则必须靠平日的多听、多说，加以内化建构而成。

蒙台梭利还注意向幼儿介绍正确的科学、文化与数学词汇，如地理名称、诗词和故事。首先是教幼儿学习字母的发音，然后将声音连成单词。在幼儿能用铅笔之前，就让他们将能挪动的单个字母排列成故事，这样就可以使幼儿很快学到语法和句子了。

第二节　蒙台梭利语言教育教具基本操作

一、听的练习

1．听指令做动作

教具构成：小组、中组、大组的词条若干。

教育目的：在活动中幼儿能够按照教师的指令及时地用动作进行表达，从而培养幼儿的听觉辨别能力及听觉专注力。

适合年龄：3～5岁。

操作方法：

①邀请幼儿坐在蒙氏线上，教师发出一个动作的指令，如“摸鼻子”“拍拍手”“跺跺脚”，并给幼儿示范如何完成动作指令。

②对幼儿进行分组，将幼儿分为小组、中组、大组，准备完成对应词条的动作。

③分别组织小组、中组、大组的幼儿完成对应词条的动作指令。小组的幼儿动作指令相对简单，如“拍拍手”“跺跺脚”等；中组的幼儿动作指令相对较长，如“给那朵花浇水”“把你的水杯拿过来”等；大组的幼儿指令是两个或以上的动作组合而成，如“把文具盒整理好，放回书包”“先用左手摸右耳朵，再用右手摸左耳朵”等。

④幼儿自行分组进行“工作”。

⑤改变发出指令的声音大小以及速度，重复动作指令，提高幼儿听指令的注意力。

⑥工作完成，回收教具。

兴趣点：依据指令做动作。

错误控制：教师或同伴；声音的辨别和指令动作不能完成或错误。

变化延伸：用数字代替指令，教师边发出数字指令，幼儿边做动作。

2．安静游戏

教具构成：有秒针转动时发出“滴答”声的计时器。

教育目的：培养幼儿的听觉专注力；让幼儿认识和感受时间。

适合年龄：3～6岁。

操作方法：

①请幼儿双手叉腰，闭上双眼，做几次深呼吸，让身体状态渐渐放松。

②教师出示计时器，向幼儿说明游戏规则："一会儿，我请大家都闭上眼睛，每个人都不要发出声音。当你们听到计时器的铃响时才能睁开眼睛。"

③请幼儿闭上眼睛，整个环境安静下来后，教师给定时器设定时间（以2～3分钟为宜）。

④铃响之后，待幼儿睁开双眼后，教师提问："刚才你们闭上眼睛后，都听到什么声音啦?"请幼儿用完整的语句说出刚才听到的声音。教师可示范一下，如"我闭上眼睛的时候，听到了计时器的秒针'滴答滴答'的转动声"。

兴趣点：在安静的环境中专注听一种声音。

错误控制：教师或同伴；不能安静下来。

变化延伸：将计时器更换成其他乐器进行此类活动（如听八音盒的声音）。

3．听节奏快慢走（图8-1）

教具构成：棒棒糖鼓。

教育目的：让幼儿分辨节奏快与慢，从而培养幼儿听的专注力。

适合年龄：4岁以上。

操作方法：

①教师请幼儿围圈站好。

②教师出示棒棒糖鼓，对幼儿说："今天我带来了棒棒糖鼓，我要敲两种节奏。"

③教师敲击快、慢两种节奏。

④教师向幼儿提要求："当我敲鼓的节奏快时我们一起快步走，节奏慢时我们就放慢脚步，鼓声停就停下脚步。"

⑤教师在幼儿围成的圈中敲节奏，请幼儿按鼓的节奏走。

⑥游戏可反复进行。

图8-1 听节奏快慢走

兴趣点：跟着棒棒糖鼓的节奏变化脚步的节奏。

错误控制：教师或同伴；棒棒糖鼓的节奏。

变化延伸：听音乐节奏的快慢。

4．指令接龙

教具构成：教师准备的动作指令。

教育目的：培养幼儿的听觉能力；加强幼儿的听觉专注力与听觉记忆力，训练幼儿快速反应的能力。

适合年龄：4～6岁。

操作方法：

①请幼儿围圈站好，先向幼儿说明，要根据教师的指令来变换动作，然后向幼儿发出连续指令"拍拍手呀，拍拍手，拍了手呀扭扭腰。扭扭腰呀，扭扭腰，扭了腰呀跺跺脚。跺跺脚呀……"。

②幼儿熟悉游戏要求后，开始进行指令接龙的游戏，教师明确游戏规则："后一位小朋友发出的第一句动作指令及所做的动作，必须与前一位小朋友发出的最后一个动作指令相同。"

③开始游戏，即一位幼儿发出动作指令，其后的幼儿在完成指令动作后，再说出新的动作指令由下一位幼儿完成，每个人都要边说指令边做动作。如：

第一位幼儿的指令是“跺跺脚呀，跺跺脚，跺了脚呀，拍拍手。”

第二位幼儿就要接“拍拍手呀，拍拍手，拍了手呀，按按鼻。”

第三位幼儿“按按鼻呀，按按鼻，按了鼻呀，捏捏耳。”

以此类推，每个人都要边说指令边做动作。

兴趣点：根据指令做动作。

错误控制：教师或同伴；没有听清楚动作指令，操作错误。

变化延伸：让幼儿围成圈坐在蒙氏线上，你说一句，我说一句，句子与句子连接起来，最后连成一个故事。

5. 寻声游戏（图8-2）

教具构成：沙锤。

教育目的：锻炼幼儿用听觉辨别声音方位的能力。

适合年龄：4岁以上。

操作方法：

①请幼儿围圈坐好。

②教师出示沙锤，向幼儿说明游戏规则：“请闭上眼睛，听老师敲沙锤，你们需要指出声音的方向。”

③幼儿闭眼安静下来，教师敲击沙锤。

④幼儿指出声音的方位。

⑤请幼儿轮流尝试敲击沙锤和指出声音的方位。

图 8-2 寻声游戏

兴趣点：沙锤声音的位置判断。

错误控制：教师或同伴；沙锤声音的位置判断错误。

变化延伸：寻找拍手的位置。

6. 辨别声音（图8-3）

教具构成：玻璃碗、瓷碗、塑料碗、不锈钢碗、木碗各一个；敲击容器用的小木棍。

教育目的：锻炼幼儿对不同声音的辨别能力；培养幼儿对生活中物品声音的兴趣。

适合年龄：3～4岁。

操作方法：

①请幼儿记忆每种碗被敲击时所发出的不同的声音。

②请幼儿闭上眼睛，教师依次敲击准备好的小碗，让幼儿辨别声音是源于什么样材质的碗。

③让幼儿总结不同材质的碗发出的声音有什么不同，以及不同的原因是什么。

④请幼儿自己敲击这些碗，继续辨别声音。教师要提醒他们敲击易碎品时不要太用力，用餐时不要敲击餐具。

兴趣点：敲击不同物品发出来的声音。

图 8-3 辨别声音

错误控制：教师或同伴；辨别物品被敲击时发出的声音有误。

变化延伸：更换不同材质的物品进行敲击。

7. 听力解析性练习——跟着节奏拍手（图8-4）

教具构成：奥尔夫乐器的沙锤；响铃。

教育目的：锻炼幼儿的听觉解析能力。

适合年龄：3~4岁。

操作方法：

①教师明确游戏规则："请大家跟着老师拍打乐器的节奏拍手，节奏快时手拍得快些，反之，则慢拍且有停顿。"教师做一下示范。

②继续用乐器拍打节奏，教师与幼儿一同打节拍。

③拍打乐器的同时，让幼儿跟着一起拍手，以把握节拍的准确性。

兴趣点：有节奏感的音乐。

错误控制：不能准确打出音乐的节奏。

变化延伸：教师可以选择变换节奏与幼儿进行"工作"。

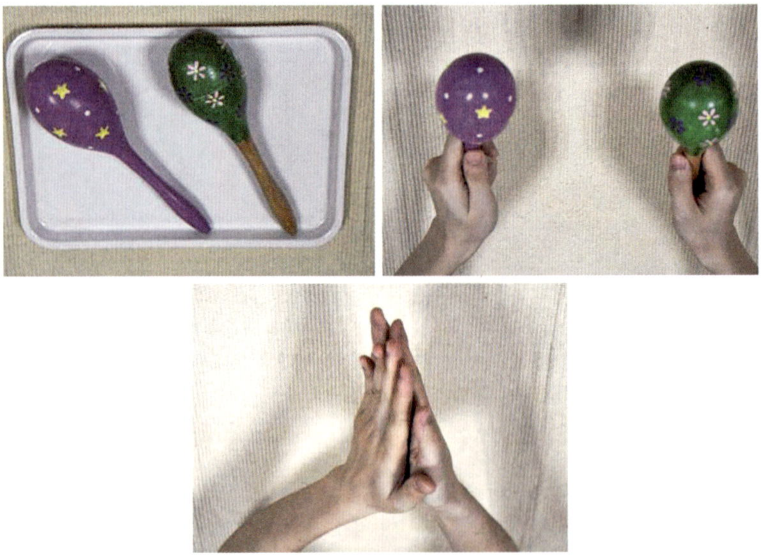

图8-4 听力解析性练习——跟着节奏拍手

8. 单音与物体的配对

教具构成：在教室中找出5~10个物品，其名称发音最好差异大些，并且幼儿已经知道这些物品的名称。

教育目的：锻炼幼儿的听觉解析能力；学习物品标准名称的发音。

适合年龄：4~6岁。

操作方法：

①请幼儿围坐在蒙氏线上，把物品放在中央。教师明确游戏规则："我说出一个物品名称中的一个音，你们帮老师指出来这个物品。比如，我发出录音机的'lu'音，谁先举手谁就指出录音机给大家看。"

②教师请幼儿保持安静，发出"ci"的音，请知道的幼儿指认相应的物体——磁带。

③请指认正确的幼儿说出完整的发音"ci dai"。

④互换角色，让幼儿自己玩这个游戏，教师在一旁观察和指导。

兴趣点：录音机的读音和现实物品的匹配。

错误控制：教师或同伴；不能准确读出现实物品的读音。

变化延伸：更换物品进行操作。

9. 了解声音（图8-5）

教具构成：喜、怒、哀、惧四种表情的图片；多媒体课件。

教育目的：加强幼儿对声音意义的理解。

适合年龄：5岁以上。

操作方法：

①教师出示表情符号“喜、怒、哀、惧”，并对幼儿说：“这是我们开心时的表情，当我们开心时我们的声音会变高，语调欢快；这是哀伤的表情，当不开心时我们的声音会变得低沉，语调缓慢沉重……”

②教师播放音频，请幼儿仔细聆听。

③听完音频后请幼儿说出自己的感受，并出示对应的表情符号。

④教师进行总结：“我们说话时如果用轻快、轻松、愉悦的声音表达，会让对方感受到快乐；如果我们用低沉、缓慢的语调说话，对方的心情也会变得不好；如果对方说话的声音很急促、音调高，我们也要意识到对方生气了；当我们观察到对方的表情是紧张、眼睛睁大，听到说话的声音颤抖、紧张、结结巴巴，要意识到对方是在恐惧。”

兴趣点：表情符号。

错误控制：教师或同伴；表情符号。

变化延伸：在不同的音乐中感受各种情绪并用语言进行表达 。

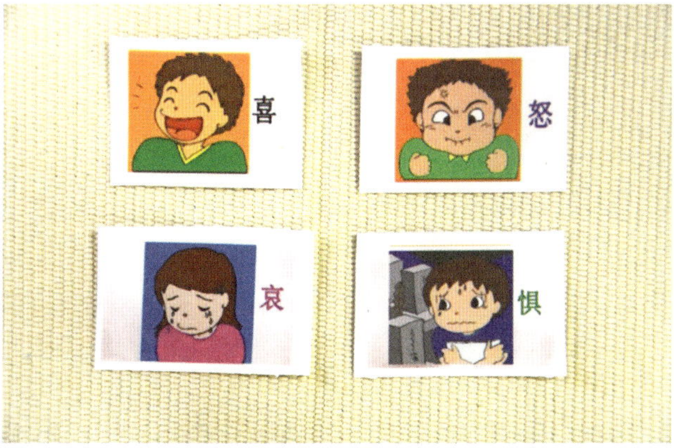

图8-5 了解声音

二、说的练习

1. 名称的标准发音（图8-6）

教具构成：一组物品或图片。

教育目的：练习标准发音，为口语表达奠定基础。

适合年龄：2岁以上。

操作方法：

①邀请幼儿参与“工作”，从教具柜上选择一组物品或图片，并拿到桌子上，置于桌子中央。

图 8-6 名称的标准发音

②示范正确的发音。拿出第一个物品或第一张图片，说出物品名称的标准发音。

③请幼儿重复说出物品的名称，教师反复示范物品的正确发音，如果幼儿说得不够准确，请幼儿注意观察教师的口部，教师明确发音时的嘴型，并缓慢示范。

④将上一组物品或图片放置在桌子的左上角，然后拿出下一组物品或图片，说出物品的名称并请幼儿重复练习。以此方法向幼儿介绍所有物品的名称。

⑤让幼儿指认物品。如，请找出哪一个是拖鞋，请把垃圾铲的图片放在手上等。以此方法让幼儿反复感知物品相连接的名称。

⑥让幼儿说出物品的名称。再次拿出第一张图片或第一个物品，进行复习。教师说："你能说出这个物品（垃圾桶）的名称吗?"给幼儿留出回答的时间。

⑦继续复习每一张图片或每一个物品，允许幼儿重复说出其名称，注意正确的发音。

⑧请幼儿单独练习已学习的物品名称。

⑨将教具归位。

兴趣点：对熟悉物品的名称能够正确发音。

错误控制：教师或同伴；错误的发音。

变化延伸：可播放标准发音的碟片，其中有故事情节，到某个物品时会重复播放其发音，让幼儿观赏和模仿。

2. 语音盒（图8–7）

教具构成：语音盒——配合幼儿练习发音的教具，分为声母盒与韵母盒两类，可自制。一般为长方形盒体，外贴字母，内装与该字母发音相关的实物图片。盒外所贴字母要大而清晰。本活动以汉语拼音的声母"b"为例，则准备"b"的语音盒，其中各物品名称发音的第一个字母都应是"b"，如"本子""包子""菠萝"等。同时配备"b"的砂纸声母板以加深幼儿对这个字母的

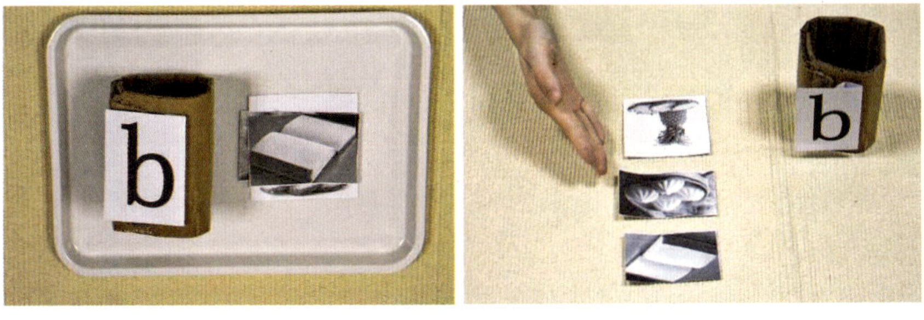

图 8-7 语音盒

印象。每次出示的图片以3个为宜。

教育目的：让幼儿练习声母和韵母的标准发音，及实际应用。

适合年龄：3～4岁。

操作方法：

①取“b”的砂纸声母板与“b”的语音盒并排放在桌上。

②教师指着“b”的砂纸声母板并示范其发音。再指着语音盒上的“b”，跟着发“b”音（注意：教师发音时口形要夸张些，让幼儿看清楚）。请幼儿从左至右有序排列，体现秩序感。

③从语音盒中一一取出图片，并按照由上至下的顺序将图片放置在桌面上。

④利用三阶段教学法进行语音教学。

命名。取出“本子”“包子”“菠萝”等的图片，逐个示范正确的发音。

辨别。请幼儿回答提问：“请你指一指本子在哪里?”“请把包子拿给我”……

发声。指着某一物品的图片向幼儿提问：“这是什么?”请幼儿说出更多的物品名称。

⑤正确发音。如果幼儿说得还不够标准，教师要反复示范其正确发音。

⑥若幼儿感兴趣，再取发音含“b”的其他物品进行示范。

兴趣点：实物图片的正确发音。

错误控制：教师或同伴；发错音。

变化延伸：记忆游戏。请幼儿闭上眼睛，教师将某一图片藏起来，请幼儿在睁开眼睛后说出哪个图片不见了。

3．发音游戏

教具构成：幼儿生活中熟悉的物品。

教育目的：通过游戏和环境练习，加强幼儿的发音能力。

适合年龄：3.5岁以上（学习过声母盒和韵母盒的幼儿）。

操作方法：

• 利用单音编故事

①请幼儿坐在蒙氏线上，教师说明游戏规则：“游戏从我开始，我讲一个故事，但是故事里有许多地方没有词，但老师会提示发音，你们根据发音说出合适的词，使故事变得完整。”

②教师开始讲述故事：“我打算到商店去买 m”，请幼儿说出声母为 m 的词（如馒头），故事继续进行。“在去商店的路上，我看见了一个小 g ”，请幼儿说出以 g 开头的词（如狗）。故事继续进行……

③请幼儿试着这样编故事，教师在一旁指导。

• 指物发音

①教师说：“今天我带大家观察咱们的室内和室外环境，请你们排好队，跟着我，我指出一件物品，你们就告诉我它是以什么音开头的。”

②教师带领幼儿慢慢地从教室一头开始走，边走边指着看到的物品，让幼儿说出该物品首字母的发音，如指着粉红塔对幼儿说：“谁能告诉我这是什么？它的首字母发音是什么?”

③继续进行活动。也可以在室外进行该活动，教师指的物品一定是幼儿知道名称的。

兴趣点：对生活中熟悉的物品的名称能够正确发音。

错误控制：教师或同伴；发音错误。

变化延伸：幼儿大多会带有地方口音，纠正发音的工作最好以游戏的方式和正确的示范进行，让幼儿不要嘲笑彼此的发音，要互相学习。

4．认识押韵（图8–8）

教具构成：几组发音押韵的物体模型或图片，如马、妈、衣、笔、火、果等。

图8-8 认识押韵

教育目的：让幼儿进一步进行语音学习，并丰富词汇。

适合年龄：3.5岁以上（有一定词汇练习和发音练习基础的幼儿）。

操作方法：

①教师告诉幼儿："现在我们要来学习什么是押韵。"

②将发音押韵的物体模型或图片放置在桌子或工作毯的左上角。

③让幼儿一一取出物体模型或图片，边取边命名。

④教师说："请小朋友们把发音类似的物体模型或图片放在一起，进行归类。"

⑤幼儿归类之后，请他们再次发音，确认归类是否正确。

⑥教师进行解释："'马'和'妈'的发音很像，'衣'和'笔'的发音很像，'火'和'果'的发音很像，我们把这些相似的发音称作押韵。"

⑦如果有的幼儿不能感知"押韵"，则教师发韵母音时语气要重一些。

⑧请幼儿把韵母音加重进行发音练习。

⑨将教具归位到教具架上。

兴趣点：押韵字的发音。

错误控制：教师或同伴；错误发音。

变化延伸：请幼儿指出环境中有相似发音的物品。

5. 形容词的比较级与最高级（图8-9）

教具构成：感官教育教具，如长棒。

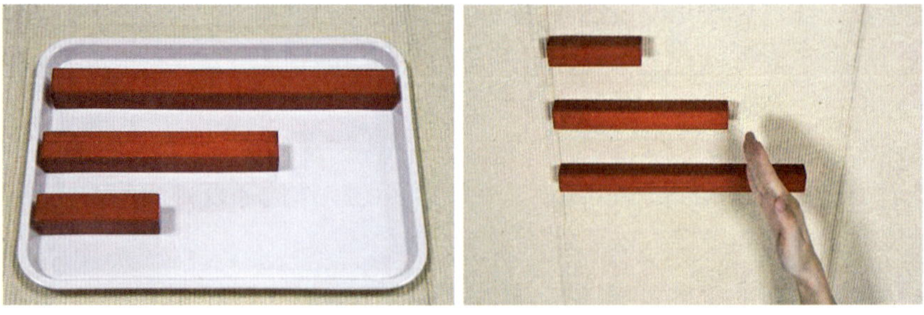

图8-9 形容词的比较级与最高级

教育目的：让幼儿进一步学习形容词，丰富词汇；为幼儿的分类学习做准备。

适合年龄：4岁以上（有过感官教育教具学习的幼儿）。

操作方法：

• 比较级

①教师选取两根木棒，一端对齐，进行比较，指着这两根木棒中稍长一些的那根说：“这根比较长。”

②指着另一根短一些的木棒说：“这根比较短。”

③向幼儿进行解释：“‘长’、‘短’是两者相比较而有的概念，两者相比，长些的应该加上‘比较’一词，称为‘比较长’，反之短一些的，应该称为‘比较短’。”

④运用三阶段教学法让幼儿反复练习比较级。

• 最高级

①教师拿出三根木棒，一端对齐，进行比较。

②先试着让幼儿描述木棒的长短概念。

③教师指着三根木棒中最短的一根说：“这根是最短的”；指着稍长一点的木棒说：“这根比较长”；指着最长的木棒说：“这根是最长的”。

④教师进行解释：“前面我们学习了比较级，是两者相比。现在我们学习的是三根木棒相比，当三者相比时，就可以用‘最’字，比如刚才我们认识的‘最长的’、‘最短的’。”

⑤运用三阶段教学法让幼儿反复练习最高级。

兴趣点：物品性质的比较。

错误控制：教师或同伴；比较错误。

变化延伸：选择其他感官教育教具进行练习，如带插座圆柱体、色板等。

6. 了解反义词（图8–10）

教具构成：意思相反的图片卡3组以上（当为幼儿准备图片时，将图片按词性分类：形容词的放在一起；方位词的放在一起；动词的放在一起）。

教育目的：让幼儿了解反义词，知道相反概念的表达；加强幼儿的口语表达能力。

适合年龄：4岁以上。

操作方法：

①教师说：“今天我要介绍反义词。”

②从教具架上取出准备好的代表反义词的图片，放在工作毯的左上角。

③取出一张图片，请幼儿描述图片内容，如“这位小朋友在笑”。

图 8–10 了解反义词

④取出另一张图片，请幼儿描述，如“这位小朋友在哭”。

⑤教师引导幼儿：“他们两个相比，一个在哭，一个在笑，他们的表情是相反的，所以‘笑’和‘哭’是反义词。”

⑥其他图片也按照此方式引导式地进行，并且尽量让幼儿自己进行。

兴趣点：意思相反词语的辨别。

错误控制：教师或同伴；配对错误。

变化延伸：从环境中找意思相反的词语。

7. 表达顺序练习（图8-11）

教具构成：4张表示擦桌子顺序的图片，一张图片展示一个动作。

教育目的：锻炼幼儿的秩序感，培养幼儿的逻辑表达顺序；加强幼儿的口语表达能力；为幼儿的书面语言学习做准备。

适合年龄：3岁以上。

操作方法：

①教师说：“今天咱们一起来排列图片。”

②请幼儿回忆擦桌子的顺序，并表达出来。

③然后带领幼儿到工作桌旁，示范擦桌子的顺序。

④将图片一张一张地取出并放在桌上排成一排。

⑤选出擦桌子的第一步图片，放到桌子的左下方。让幼儿观察图片并询问幼儿看到了什么，边询问边引导。

⑥然后让幼儿试着按照自己练习过的擦桌子顺序排列其余图片。

⑦排列完后，请幼儿指着图片讲解整个擦桌子的过程。

⑧如果幼儿排列有误，教师重新排列，并告诉幼儿哪几张图片的顺序排列错误。

⑨示范收回教具的方法，将教具归位到教具架。

兴趣点：词语顺序的正确表达。

错误控制：教师或同伴；不能掌握词语之间的顺序。

变化延伸：设计其他活动的顺序图片，比如体操、一天的活动等。图片的数量根据幼儿的接受能力而定。教师可对同一个动作进行细化以增加工作难度。

图 8-11 表达顺序练习

8. 排图造句（图8-12）

教具构成：烟花、鞭炮、年夜饭、拜年的图片各一张。

图 8-12 排图造句

教育目的：加强幼儿的造句能力和表达逻辑顺序能力；增强幼儿的想象力和理解力。

适合年龄：4～5岁。

操作方法：

①出示每张图片，请幼儿说出图片上的内容。

②排图编句子。请幼儿选出3张图片，按自己的想法进行排列，然后用一句完整的话讲出图片所表现的内容，如“我们先给叔叔拜年，再一起吃丰盛的年夜饭，然后在小广场放烟花”等。

③再把所有图片打乱顺序重新组合，让幼儿看图编句子。

兴趣点：看着图片创造性地完成故事。

错误控制：教师或同伴；不能把图片按照意思相对有逻辑地呈现。

变化延伸：将幼儿编的句子制成句卡后进行阅读活动。

9. 分享玩具

教具构成：幼儿从家带来的自己喜爱的各种玩具。

教育目的：让幼儿理解为了让别人听明白，必须用语言清楚、完整地表达自己所说的话。

适合年龄：3～5岁。

操作方法：

①根据实际情况设立“玩具分享日”（如每周一日），请幼儿在这一天将自己喜爱的玩具带来园所并与其他幼儿分享。

②将幼儿的玩具集中在一起，也可将玩具有序地摆放在架子上进行展示。

③让幼儿用完整的语言讲述自己带来的玩具是什么，及如何玩，并做演示。

④也可结合主题活动让幼儿带相关玩具。例如，开展关于交通工具的主题活动时，可请幼儿把自己的各种关于交通工具的玩具或画册带来介绍给大家（可请幼儿讲解不同交通工具的名称、构造、功用、游戏方法等）。

⑤每个人都介绍过自己的玩具之后，就可以开始“玩具分享”活动了。

兴趣点：相互分享玩具。

错误控制：教师或同伴；不能友好地和其他幼儿分享玩具。

变化延伸：请幼儿在活动之后，再将自己当日所分享的玩具向其他幼儿介绍、展示，也可讲述当日在分享玩具的过程中遇到的困难及解决方法。

10. 绕口令

教具构成：绕口令《嘴与腿》——嘴说腿，腿说嘴，嘴说腿爱跑腿，腿说嘴爱卖嘴。光动嘴不动腿，光动腿不动嘴，不如不长腿和嘴。

教育目的：加强幼儿对标准发音的练习；加强幼儿的口语表达综合能力；培养幼儿的专注力、理解力、记忆力。

适合年龄：4岁以上。

操作方法：

①教师慢速念绕口令。

②教师告诉幼儿："刚才，我们听到的是一首'绕口令'。绕口令是儿歌的一种，但它比一般的儿歌要念得快一些，而且绕口令里会有好几个字的发音很像，如果不注意就容易念错。学习绕口令，可以帮助我们把一些近似的音发准。"

③了解绕口令的内容后，教幼儿学绕口令《嘴与腿》。

④慢速说完绕口令后，再加快速度教幼儿。

⑤随着速度的加快，促使幼儿熟练掌握每个字的音，尤其是相近的音。

⑥如果幼儿发音不准，教师再次进行示范或让幼儿自行练习。

兴趣点：音节相近的发音组成的绕口令。

错误控制：教师或同伴；不能准确发音。

变化延伸：更改绕口令的内容，或者要求幼儿加快节奏进行练习。

图 8-13 口头描述动物

11. 口头描述动物（图8-13）

教具构成：本活动以"小狗"为例，可收集与小狗相关的书籍、图片、画报、模型等资料供幼儿参考。

教育目的：提高幼儿的口语表达综合能力；培养幼儿的观察力、记忆力、专注力、思考力。

适合年龄：4岁以上。

操作方法：

①引出谈论主题，如"很多小朋友家里都有小狗，小朋友们也都认识小狗，今天我们来了解更多关于狗的知识。"

②拿出小狗的照片，请幼儿用语言描述这只小狗的特征。

③教师提问："狗最灵敏的部位是哪儿？"让幼儿回答。

④教师再次提问："狗身上的毛有什么作用呢？"让幼儿回答。

⑤请有小狗的幼儿讲讲他家小狗的故事。

⑥此活动可以结合科学文化教育动物部分进行。

兴趣点：对熟悉的动物进行描述。

错误控制：教师或同伴；对动物的特征不能用准确的词汇进行描述。

变化延伸：请幼儿围绕"狗"进行书写和阅读练习。

12. 看图讲故事

教具构成：一张情景比较丰富的图画作品（含时间、地点、人物、情节等）。

教育目的：培养幼儿的观察能力、专注力以及逻辑思考的能力；培养幼儿的语言表达能力，能够运用连贯、准确的语句描述图片中的情节。

适合年龄：3～6岁。

操作方法：

①教师向幼儿出示情景图片，请幼儿仔细观察。

②教师提出问题："小朋友们在图片上看到了什么？"和幼儿一起分享图片，并引导幼儿说出

图片中的元素。然后对幼儿说："在图片上面我们看到了一张床、一个写字台、一个时钟，上面还有一扇窗户，窗户外面在下雨，窗户边还放着一把雨伞……"。

③教师继续向幼儿提问："你看到图片上是什么时间？""图片上面有谁呢？""这会儿是在什么地方？"通过教师的问题进行引导，请幼儿根据教师的引导进行讲述。

④幼儿在讲述时能够根据图片以及教师的提示，讲述出完整的故事。

兴趣点：丰富的图画。

错误控制：教师或同伴；视觉辨别。

变化延伸：出示各种不同的情景图片让幼儿看图讲故事。

13. 一分钟故事分享

教育目的：培养幼儿用完整、连贯的语句讲故事，锻炼幼儿的口语表达能力；培养幼儿表现自我的能力，增强幼儿的自信心。

适合年龄：4～6岁。

操作方法：

①在一日的生活安排中，为幼儿制订一个特殊的时间让幼儿与同伴一起分享故事。

②在每天固定的分享时间里，邀请1～2位幼儿给其他幼儿讲故事。

③教师向幼儿提出讲故事的要求——讲故事之前要说出故事的名称，要注意表情和肢体语言的运用；故事讲完后，应向其他幼儿鞠躬致谢。

④轮流讲故事，每个人讲完故事之后，其他人都要掌声鼓励。

⑤在幼儿讲故事时，教师要提示幼儿使用连贯的语言，并且用完整的语言表达故事的内容及意义。

兴趣点：故事的内容；讲故事的过程。

错误控制：教师或同伴；语言不流畅；讲述过程中逻辑关系混乱。

变化延伸：鼓励幼儿讲述自己生活中发生的事情，以及自己的所见所闻；一个幼儿讲述之后，可以请其他幼儿接着前一个幼儿的讲述继续发挥想象，将每个幼儿的一分钟讲述创编为一个接龙故事。

三、写的练习

1. 图片与图片的配对

教具构成：6张图片，分成两组，尺寸相同；两组较好辨别的图片，尺寸不同，一组大，一组小。

教育目的：加强幼儿的视觉差异辨别能力，为阅读和书写做准备。

适合年龄：3岁以上。

操作方法：

• 相同尺寸的图片配对

①邀请幼儿进行图片配对的工作。

②把两组图片散放在工作毯上，让幼儿进行配对。

③将配对好的图片呈纵列摆放好。

• 大图片与小图片的配对（图8-14）

①邀请幼儿进行大图片与小图片的配对工作。

②拿出所有的图片，并散放在工作毯上。

③教师告诉幼儿，把内容相同的图片放在一起。

④将图片呈纵列配对摆放好。大图片放在左侧，小图片放在右侧。

图 8-14 大图片与小图片的配对

⑤将教具归位。

兴趣点：图片的差异判断。

错误控制：教师或同伴；没有准确配对，两个图片存在差异。

变化延伸：彩色图片与黑白图片的配对。一组图片为彩色的，另一组图片为黑白的，内容一样，只是颜色不同，让幼儿进行配对。

2. 找不同（图8-15）

教具构成：两张内容一样的图片，只是有细微的不同，最开始呈现给幼儿的图片，不同处最好在3～6处，随着他们能力的增强而增加难度。

教育目的：加强幼儿的视觉差异辨别能力，为阅读和书写做准备。

适合年龄：3岁以上。

操作方法：

①教师拿出两张图片，告诉幼儿："我们要在这两张图片上找出不同的地方。"

②教师告诉幼儿两张图片上不同的地方一共有5处，请幼儿仔细比对，找到一个不同，标注一下。

③教师观察幼儿在图片上找不同时是否按照一定的顺序，如果没有，可提示"我们可以先从这里找起，从上往下找。"

④如果幼儿有兴趣，换一组图片让他们练习。

兴趣点：比对内容一样的图片，找出差异。

错误控制：教师或同伴；不能把图片所有的不同之处都找到。

变化延伸：选取的图片中有各种各样的符号，让幼儿找出相同的符号。

3. 动物与花纹配对（图8-16）

教具构成：动物图片一套；对应动物花纹卡片一套。

图 8-15 找不同

教育目的：培养幼儿的视觉辨别能力以及专注力，为阅读和书写做准备。
适合年龄：3岁以上。
操作方法：
①教师将教具从教具柜中取出并放在工作毯上。
②依次取出动物图片并说出动物的名称。
③请幼儿观察动物身上的花纹。
④让幼儿将动物花纹卡片与动物图片进行配对。
⑤完成全部配对后将教具收回。
兴趣点：动物和对应花纹的配对。
错误控制：教师或同伴；配对错误。
变化延伸：可以变换多种物品进行配对。

图 8-16 动物与花纹配对

4. 故事拼图（图8-17）

教具构成：拼图图片；装拼图图片的盒子。
教育目的：加强幼儿的视觉辨别能力，为读写做准备。
适合年龄：3岁以上。
操作方法：
①邀请幼儿一起进行拼图的工作。

图 8-17 故事拼图

②示范用三指捏的方式把拼图依次从嵌板上拿出，按顺序放在桌上。

③再按顺序把拼图从桌上放回嵌板上，拼好。

④让幼儿按此顺序操作。

⑤等幼儿熟练后，把拼图拿出来，打乱顺序，让幼儿试着拼出整张图。

兴趣点：拼图的过程。

错误控制：教师或同伴；不能完成拼图；拼图拼错了。

变化延伸：抛开拼图嵌板，单独进行拼图的拼合活动。

5. 因果关系图片配对（图8–18）

教具构成：3组呈因果关系的图片，如冬天的雪花图片和棉衣图片为一组。

教育目的：加强幼儿的视觉辨别能力，为阅读和书写做准备。

适合年龄：3岁以上。

操作方法：

①邀请幼儿在桌面上完成此项工作。

②向幼儿介绍工作："现在我们来进行图片的配对工作。"

③将3组图片散放在桌面上。

④拿出一张冬天的雪花图片，放在桌面的左上角，问幼儿："请你们找出一张与冬天的雪花相关的图片。"

⑤找到棉衣的图片并放在冬天的雪花图片右边。

⑥将其他图片进行配对。

⑦让幼儿说出图片之间的关系。

兴趣点：将相似的图片进行配对。

错误控制：教师或同伴；配对错误。

变化延伸：制作分散图片的控错图，把分散图片与控错图进行配对。

图 8–18 因果关系图片配对

6. 物体间的关系（图8–19）

教具构成：可以配对的物品图片，如杯子和杯托、鞋子和袜子、牙膏和牙刷等，打乱顺序置于托盘中。

教育目的：加强幼儿的视觉解析能力，为阅读和书写做准备。
适合年龄：3岁以上。
操作方法：
①教师说："今天老师要介绍一些物品之间的关系。"
②把教具按正确的姿势拿到工作毯上。
③把托盘里的物品一一拿出，放在工作毯上，排成一列。
④教师拿第一个物品放在幼儿的面前，给物体命名"这是杯子"。
⑤教师向幼儿提问："什么和它相搭配呢？"
⑥教师边找边说："杯子和刷子相配吗？不。杯子和袜子相配吗？不。杯子和杯托相配吗？是。"
⑦把杯子与杯托并排放在工作毯的左边，并对幼儿说："杯子与杯托相搭配。"
⑧然后让幼儿以同样的方式搭配剩余的物品。
⑨"工作"完成后，教师向幼儿说明一些物品之间特定的搭配关系。
兴趣点：生活中常见物品的搭配和使用。
错误控制：教师或同伴；搭配错误。
变化延伸：更换其他常见物品进行搭配练习。

图 8-19 物体间的关系

7. 嵌板描画（图8-20）

教具构成：两组几何图形嵌板，分别由3个曲线型图形和3个直线型图形组成，它们被放在基座上；一个托盘；白纸；纸夹；若干支笔。

教育目的：让幼儿学习怎样正确握笔、书写时正确的坐姿及书写时的动作要领，为书写做准备；培养幼儿的OCCI。

适合年龄：3.5岁以上。
操作方法：
• 绘制圆形嵌板轮廓
①将嵌板及其底座，拿到桌子上，告诉幼儿："今天我们一起来描画嵌板"。
②带领幼儿从教具柜中拿托盘，并把绘图要用到的工具——纸、笔、纸夹等放到托盘里。
③把托盘拿到桌子上，放在嵌板及底座的右边。

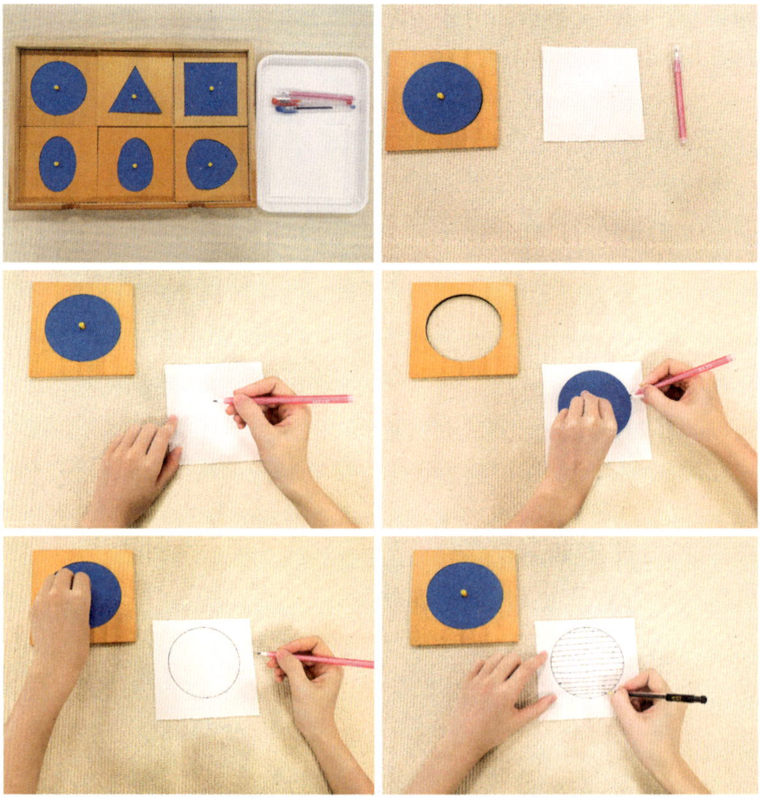

图 8-20 嵌板描画

④根据幼儿的兴趣选择一个圆形嵌板和一支笔，取一张白纸。

⑤拿起笔，给幼儿示范正确的握笔姿势。

⑥教师用左手按着圆形嵌板的按钮，用右手握笔按逆时针方向描画一圈。

⑦将圆形嵌板归位到它相应的底座上。

⑧选择另一支笔，沿着刚才在纸上描画的圆形内部进行线条描画填充或重复描画。

⑨让幼儿选择其他的嵌板，继续描画和练习。

⑩让幼儿将描绘完的图形纸张放回自己的作业箱中。

⑪将教具归位，并全部放回教具柜中。

• Z字形填充圆形轮廓

操作方式与绘制圆形嵌板轮廓相同，操作内容是在圆形轮廓内从上端开始，画横向 Z 字形或纵向 Z 字形的线，按一定顺序进行，如可以从上面到下面，从左面到右面。

• 直线形填充圆形轮廓

以画直线的方式，从圆形内部的上面开始，从左到右画线，直到填满。幼儿熟练后，可以加密画线，以覆盖所有空白的地方。

• 熟练运笔

通过变化运笔的力度大小，可以将整个阴影涂抹成逐渐加深或者逐渐减淡的颜色。

• 熟练运用嵌板框

将嵌板框旋转90°后描绘，或者旋转更大的角度，进行变化练习，然后进行填充。

• 熟练运用嵌板

运用其他形状的嵌板进行练习，或者组合运用不同形状的嵌板进行练习。

兴趣点：用嵌板模仿写字带来的特殊触感。

错误控制：不能按照顺序进行操作；绘制的轮廓不规则。

变化延伸：制作嵌板小册子。

8．书写形式

教具构成：已制作好的书写形式卡，如汉字的方格、英文的四条线式、其他创意的书写形式卡等；夹板；描摹纸；彩色铅笔和笔座。

教育目的：让幼儿熟悉书写格式，锻炼小肌肉的控制能力，培养幼儿的注意力、秩序性、协调性和独立性；为幼儿的书写和阅读做准备。

适合年龄：4岁以上。

操作方法：

①选择第一种书写形式卡，放在夹板上，夹住。

②将一张描摹纸放到夹板上，附在书写形式卡上。

③用右手握住铅笔，进行描摹。

④完成后，将这张描摹纸放到幼儿的书写作业箱中。

⑤如果幼儿感兴趣，可以进行其他书写形式卡的描摹。

⑥将教具归位。

兴趣点：运笔书写。

错误控制：不能按照正确的书写形式进行描摹，描摹的书写形式与书写形式卡不一样。

变化延伸：更换书写内容。

9．书写盘（图8-21）

教具构成：托盘；内装沙子（或小米）的瓶子；砂纸笔画板；垫纸。

教育目的：加强幼儿的书写能力；培养幼儿的专注力及动作协调能力。

适合年龄：3岁以上。

操作方法：

①取托盘、砂纸笔画板、沙子。在桌子上铺好垫纸，将托盘放在垫纸上面。

②将沙子倒进托盘，晃动托盘使沙子铺平整。

③将砂纸笔画板放在书写盘的左上侧。

④用左手扶住砂纸笔画板，用右手食指描写笔画，并说出笔画名称。

⑤用右手食指在书写盘中正确书写笔画并读出笔画名称。

⑥书写完，用双手晃动一下书写盘，让书写盘中的沙子复原平整，便于下次继续书写。

⑦将教具归位。

兴趣点：在活动过程中体会到独立、自由写作的乐趣。

错误控制：书写错误；内容物洒出。

图8-21　书写盘

变化延伸：利用书写盘描写一切与文字、图画相关的内容。

10. 认识汉字结构

教具构成：代表6种汉字结构的标签；一套字卡，每种结构的字卡5～10张。

教育目的：让幼儿学习汉字的结构，掌握书写规律；培养幼儿的专注力、独立性、秩序感与协调性。

适合年龄：4岁以上。

操作方法：

• 认识汉字结构符号

①邀请幼儿一起认识汉字结构。

②将装有字卡和汉字结构标签的托盘端到桌子上。

③取出第一张字卡，并对幼儿说："我们来看这个字是怎么组成的？"教师引导幼儿说出字的结构名称，如"这个字是上下结构的"。

④将这张字卡放在桌子的左上方，然后取出代表这个字的结构标签，向幼儿解释："上下结构，我们用这个符号来表示"，然后将标签放在第一张字卡的左边。

⑤教师取出第二张字卡放在第一张字卡的下方，让幼儿观察这两个字的结构有什么不同，教师给出字的结构的名称。

⑥取出标签对幼儿说："上中下结构，我们用这个符号来表示。"让幼儿观察标签符号，将标签放在第二张字卡的左边。

⑦用同样的方式，将所有的字卡与标签进行配对。

⑧运用三阶段教学法帮助幼儿记忆汉字的结构。

⑨请幼儿操作。

⑩将教具归位。

• 汉字结构分类（表8-1）

①邀请幼儿一起做汉字结构分类的工作，将教具放到工作毯上。

②复习汉字结构的标签符号，并将其按照从上到下的顺序摆放在工作毯的左边。

③取出第一张字卡，读出汉字，观察字的结构后，放到上面的第一个符号的右边进行比较，如"杯"字是左右结构，如果符号是左右结构，则放下不动，如果不是，将字卡放到第二个符号右边，进行比较。

④让幼儿以同样的方式将所有字卡按结构进行分类。

⑤完成工作后与幼儿一起观察讨论。

⑥将教具归位。

兴趣点：汉字结构的认识。

错误控制：教师或同伴；没有正确表达出汉字的结构。

变化延伸：制作结构盒，盒子上面粘上结构符号，请幼儿把识得的汉字按结构分类放入盒中。

表8-1 汉字结构分类

汉字结构	汉字			
上下结构	只	草	香	早
左右结构	你	抱	杯	澡
上中下结构	高	爱	亮	鼻

续表

汉字结构	汉字			
左中右结构	树	做	啦	游
全包围结构	国	回	园	圆
半包围结构	庆	句	病	可

11. 拼字练习（图8-22）

教具构成：一套写有完整文字的整体字卡（所选的字都由两部分组成）；将完整的字分成两部分的组合卡。

教育目的：加强幼儿对汉字结构的认识。

适合年龄：4岁以上。

操作方法：

①邀请幼儿一起进行字的拼合游戏。

②从教具柜中拿出教具，并放在桌子上。

③将整体字卡一一取出来，边取边读，从上到下呈纵列摆放到桌子的左边。

④把组合卡都拿出并散放在桌上，请幼儿拼出所有的整体字。

⑤将教具归位。

兴趣点：字卡的拼合。

错误控制：教师或同伴；拼错字，错误拼合。

变化延伸：教师发出字的音，让幼儿根据发音拼字。

图8-22 拼字练习

12. 认识偏旁部首（图8-23）

教具构成：5～10个可放置偏旁部首的盒子；可以归到偏旁部首盒里的字卡若干。

教育目的：让幼儿学习汉字的结构，掌握书写规律；培养幼儿认识汉字的兴趣；培养幼儿的OCCI。

适合年龄：4岁以上。

操作方法：

①邀请幼儿玩找偏旁的游戏。

②将教具放在工作毯的右上角。

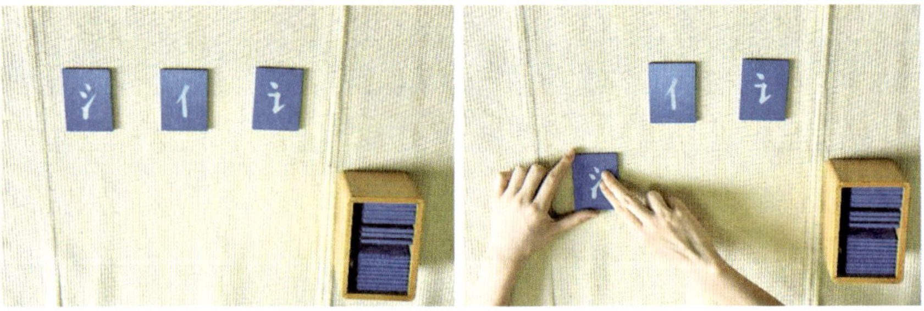

图 8-23 认识偏旁部首

③拿出偏旁部首盒，呈横向摆放在工作毯上。

④拿出字卡，让幼儿一个一个归类放在偏旁部首盒里。

⑤将教具归位。

兴趣点：认识偏旁部首；字卡偏旁归类。

错误控制：教师或同伴；错误判断，字卡偏旁归类错误。

变化延伸：把偏旁部首描成各种颜色；进行偏旁部首组字活动。

13. 汉字的演变（图8–24）

教具构成：汉字的象形字、甲骨文、小篆、正楷字板和对应的独立字卡。

教育目的：让幼儿了解象形字的演变过程，激发幼儿对汉字的兴趣；加强幼儿对汉字的理解，为阅读做准备。

适合年龄：3岁以上。

操作方法：

①以猜谜的形式引出某个汉字，如“日”字，可用谜语“一位老公公，天亮就上工，只要一

图 8-24 汉字的演变

天不上工，不是下雨就刮风。”引出。

②出示画有太阳的图片，告诉幼儿“太阳也可以称为‘日’”。

③出示现代汉语中“日”字的字卡，向幼儿提问：“你知道‘日’字是怎么来的吗?”待幼儿回答后讲解‘日’字的造字故事，让幼儿加深对该字的理解。

④出示象形字演变卡。

⑤将象形字演变卡放在桌面上方，取出象形字分步卡散放在桌子右下角。

⑥将分步卡按演变过程与演变卡进行一一配对。

⑦按顺序整理卡片，将教具归位。

兴趣点：由具体到抽象认识汉字。

错误控制：教师或同伴；分步卡与演变卡配对错误。

变化延伸：中国文字按照造字法，除了象形文字外，还有指事字、会意字、形声字等，可以按照讲故事的方式和汉字演变的方式来进行教学。

四、阅读的练习

1. 词汇标签与环境配对

教具构成：室内外环境中物品对应的标签若干，标签背面有双面胶，可以直接粘贴在物品上。

教育目的：增加幼儿的词汇量；通过标签与环境中的物品进行配对，让幼儿更加熟悉和喜爱生活的环境。

适合年龄：3~4岁。

操作方法：

①教师告诉幼儿：“我们每个人都有名字，环境中的物品也都有各自的名字。比如那个叫桌子”。

②请幼儿说出教师所指的其他物品的名称。

③出示标签，用三阶段教学法让幼儿认识物品的名称。

④让幼儿拿着词汇标签与环境中的物品进行配对，教师纠正错误的配对。

⑤分阶段进行其余的词汇标签与室内外环境中物品的配对。

兴趣点：对熟悉的环境中的物品进行词汇匹配。

错误控制：教师或同伴；不能准确说出环境中物品的名称。

变化延伸：添加形容词进行描述。

2. 砂纸汉语拼音板（图8-25）

教具构成：砂纸汉语拼音板一套。

教育目的：让幼儿认识拼音并练习正确的发音；通过视觉和触觉的结合，让幼儿学习拼音字母的笔顺及名称。

适合年龄：3.5岁以上。

操作方法：

• 三阶段教学法介绍砂纸汉语拼音板

①命名。从盒子中取出当天要学习的砂纸字母板，一边用右手手指描画字母，一边介绍字母的名称。

②辨别。教师对幼儿说：“请你指一指‘a’在哪里？请你把‘o’拿给我。”

③发声。向幼儿提问：“这是什么?”

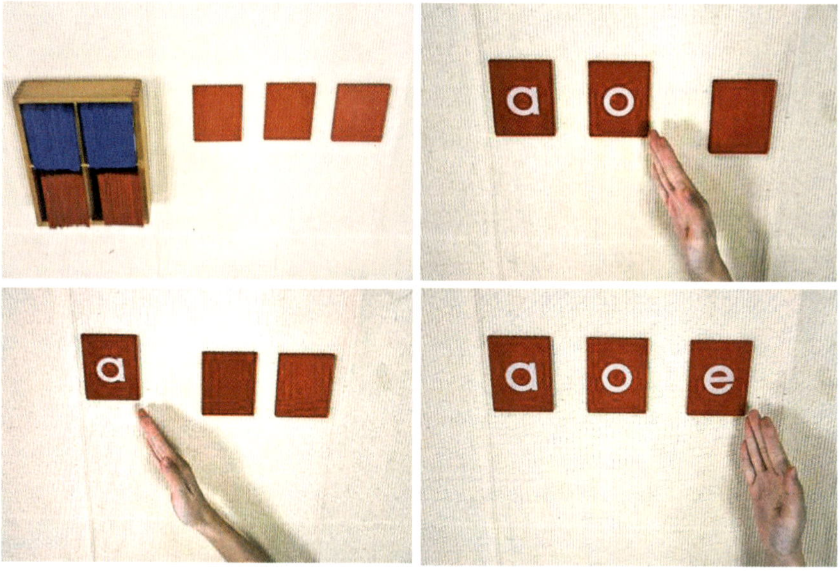

图 8-25　砂纸汉语拼音板

• 制作砂纸字母小书

①取出砂纸字母板，边触摸字母边进行认读。

②把白纸铺在砂纸字母板上，用蜡笔进行拓印。

③取下白纸，在拓印好的痕迹上抹上胶水。

④在字母上撒沙子，数十下。

⑤卷起白纸并把多余的沙子倒回瓶中，在作品背面写上幼儿自己的名字和当天的日期。

⑥工作完成后将教具收回，并将桌面上的垃圾收拾干净。

兴趣点：砂纸板的触感。

错误控制：教师或同伴；书写笔顺错误。

变化延伸：教师设计更多的纸张作业供幼儿练习。

3．名词三步卡（图8-26）

教具构成：苹果、梨、香蕉的名词三步卡。

教育目的：让幼儿学习和理解新词汇；为幼儿自主阅读做准备。

图 8-26　名词三步卡

适合年龄：3～4岁。

操作方法：

①教师告诉幼儿："自然界万事万物都有名字，我们现在来学习它们的名字是什么。"

②依次拿出3张控制卡，呈纵列摆放好。

③把3张图片卡分发给3个幼儿，让他们拿图片卡与控制卡进行配对。

④教师再拿3张字卡分发给幼儿，让他们进行配对。

⑤配对完成后，教师收起控制卡，用三阶段教学法进行教学，先指着图片卡进行发音，然后指着字卡发音。

⑥先拿走图片卡，让幼儿看字卡发音。再打乱字卡顺序，让幼儿进行发音。

⑦请幼儿用3个词描述水果的特征。

兴趣点：正确称呼熟悉的事物并正确发音。

错误控制：教师或同伴；幼儿日常生活经验；错误发音。

变化延伸：用3个词编故事。

4. 相关和相反词汇（表8–2）

教具构成：具有相反意义的三步卡，分成两组，比如"快的""美的""胖的"为一组，"慢的""丑的""瘦的"为一组。

教育目的：通过反义词练习扩大幼儿的形容词词汇量；通过相关词的认识增加幼儿对词的相关性认识；扩大幼儿的词汇量，为幼儿自主阅读做准备。

适合年龄：3～4岁。

操作方法：

①教师告诉幼儿："我们在感官教育教具中学习到一些形容词，今天我们继续学习形容词，并且它们的词义是相反的。我们一起来给相反的词配对。"

②先把第一组控制卡呈纵列摆放好，再把第二组控制卡分发给幼儿，让他们将具有相反意义的图片进行配对，但两组之间空间隔得大些。

③把两组的图片卡、字卡分发给幼儿，让他们进行配对。

④收起控制卡，指着图片卡发音，然后指着字卡发音，发音时注意进行反义词的对比发音。

⑤把两组图片和字卡放在一起，指着具有相反意义的图片进行讲解："这是'快的'，这是'慢的'，快和慢是相反的，它们是一对反义词。"

⑥剩余的图片让幼儿试着按照教师讲解的方式解释"美的"和"丑的"，"胖的"和"瘦的"。

⑦收起图片卡，进行词汇与实物的字卡的认读，并让幼儿试着互相比比，谁胖谁瘦，进行应用练习。

兴趣点：对意思相反的词的理解。

错误控制：教师或同伴；幼儿日常生活经验；匹配错误。

变化延伸：将意思相关的卡片进行配对。比如动物食性关系的配对，包括猫和鱼的配对，狗和骨头的配对，羊和草的配对；又如理发师、护士、厨师与他们从事的职业所需的用具的配对等。

表8–2 相关和相反词汇

组别	词汇	
第一组	快的	慢的
第二组	美的	丑的
第三组	胖的	瘦的

5. 理解动词

教具构成：在书中找一个故事或编写一个故事，故事中应出现很多的动词指令，每个动词都比较适合幼儿表现和理解；故事中的动词做成的动词指令卡。

教育目的：让幼儿通过肢体表演来学习和理解动词；扩大幼儿的词汇量。

适合年龄：4～5岁（动词的学习一般要在4.5岁之后）。

操作方法：

①教师说："今天我给大家讲一个故事，大家需要表演这个故事。"

②教师开始讲故事，讲到一个带有动词指令的句子时，就问："哪位小朋友来表演一下？"

③继续讲故事，并让幼儿表演，期间若哪位幼儿的动作表演与句子内容不符时，教师不要指出错误，可以说："谁还愿意来表演这个动作？"

④表演完之后，教师说："刚才你们都是按故事中讲到的动作进行表演的，这些动作都有相应的词汇，我们来看一下。"

⑤拿出动词指令卡，用三阶段教学法让幼儿认读动词。

⑥然后讲明每个词的来源或意思，比如"吃"表示用口来咬东西，所以它的左边是个口字。这样依次介绍。

兴趣点：学习与日常生活相关的动作的动词。

错误控制：教师或同伴；幼儿日常生活经验；动词使用错误导致表达的意思出现偏差。

变化延伸：制作动词指令盒，把所有的动词指令卡都放进去。

6. 理解量词（图8–27）

教具构成：物品模型若干；相对应的带有量词的词卡若干。

教育目的：让幼儿认识和理解量词；为幼儿的阅读做准备。

适合年龄：3.5岁以上（操作过数学教育教具的幼儿）。

操作方法：

①把物品模型拿到工作毯上。

②请幼儿说出物品模型的名称。

③教师对幼儿说："是的，你们说得对，但是现在我们要把它们的名称分别加上一个词。"

④指着"女孩"的模型说："一个女孩"，指着汽车的模型说："一辆汽车"等。

⑤拿出带有量词的词卡，分发给幼儿，让幼儿试着配对。

⑥运用三阶段教学法进行量词学习。

⑦请幼儿运用其中一个量词与其他名词进行组合。

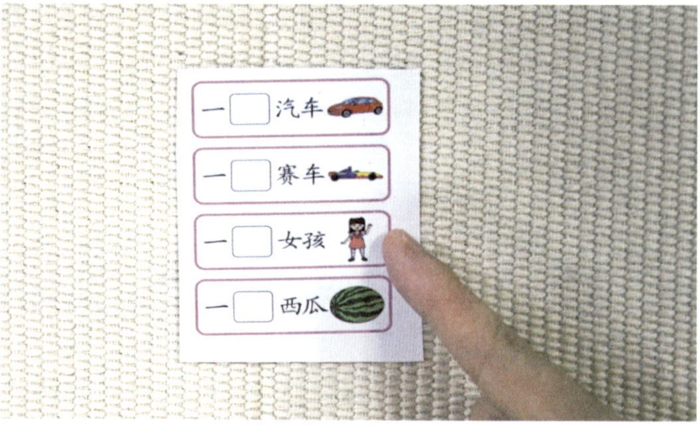

图8–27 理解量词

⑧将教具归位。
兴趣点：与生活实际相结合的量词的运用。
错误控制：教师或同伴；幼儿日常生活经验；错误使用量词。
变化延伸：用其他量词与名词进行配对。

7. 句子三步卡

教具构成：句子三步卡若干。
教育目的：让幼儿理解句意，进入初步阅读阶段。
适合年龄：4岁以上。
操作方法：
①教师告诉幼儿："今天我们要进行句子三步卡的活动。"
②把教具拿到工作毯上。
③先把控制卡呈纵列摆放好。
④拿出图片卡，分发给幼儿，让他们进行配对。
⑤拿出句卡，分发给幼儿，让他们进行配对。
⑥请幼儿试着阅读句卡上的句子，再阅读控制卡上的句子，观察它们是否一致。
⑦进行三阶段教学。
⑧收起控制卡，打乱图片卡和句卡的顺序，让幼儿进行图片卡和句卡的配对。
⑨收起图片卡，让幼儿读句卡。
⑩让幼儿试着读完句卡，按句子内容，找出相应的图片。
兴趣点：句卡的配对。
错误控制：教师或同伴；幼儿日常生活经验；配对错误。
变化延伸：更换句卡的内容。

8. 拼音结构与练习（图8-28）

教具构成：字母盒。
教育目的：让幼儿认识字母、声调；幼儿能够将汉语拼音正确组合；让幼儿掌握拼音拼读规则。
适合年龄：4岁以上。
操作方法：
①认读字母和声调。在教师的示范下，幼儿朗读字母并认识字母和声调。

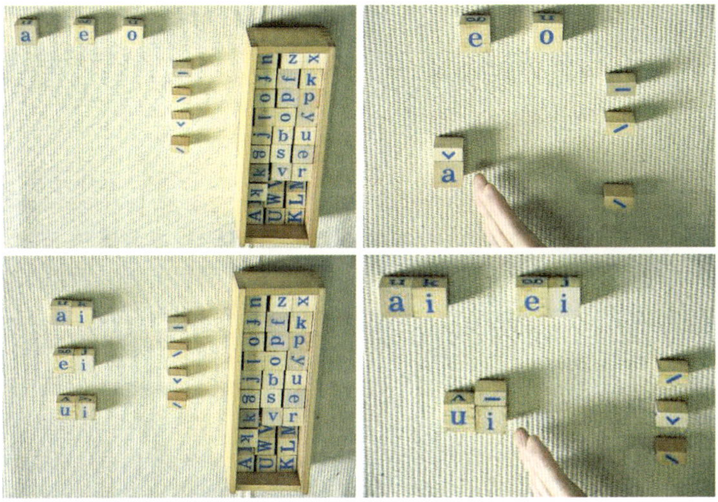

图8-28 拼音结构与练习

图 8-28 拼音结构与练习（续）

②用木块组合出单韵母a、o、e、i、u、ü；复韵母ai、ei、ui、ao、ou、iu、ie、üe、er；前鼻韵母an、en、in、un、ün；后鼻韵母ang、eng、ing、ong；整体认读音节zhi、chi、shi、ri、zi、ci、si、yi、wu、yu、ye、yue、yuan、yin、yun、ying。

③在教师的帮助下，幼儿组合拼音，反复练习。

④在教师的帮助下，幼儿学习朗读拼音。两拼音拼读原则——前音（指声母）轻短后音（指韵母）重，两音相连猛一碰。三拼音拼读原则——声短介快韵母响，三音连读很顺当。然后拼读。

兴趣点：拼读音节。

错误控制：教师或同伴；拼音组合错误，拼音拼读错误。

注意事项：声母不带调，韵母带调，整体认读音节不能拼读。

变化延伸：根据词语组合拼音。

9. 看图造句

教具构成：3～4张图片；对应图片的词卡。

教育目的：通过看图造句，增加幼儿对句子的理解能力，进入自主阅读阶段。

适合年龄：4岁以上。

操作方法：

①教师告诉幼儿：“今天我们来看图片造句子。”

②拿出图片，横向依次摆好，中间留有空隙。

③把所有词卡拿出来，散放在工作毯上。

④教师对幼儿说：“请你们找出合适的词卡拼合起来，组成一句话，放在适合的图片下面。”

⑤摆好词卡后，请幼儿阅读句子。

兴趣点：借助词卡对图片进行描述。

错误控制：教师或同伴；幼儿日常生活经验；不能进行完整的句子表述；没有按照词语的逻辑顺序描述图片。

变化延伸：句子接龙，形成故事。

10. 诗歌朗诵（图8–29）

教具构成：印有古诗的卡片；与古诗相关的资料或视频。

教育目的：让幼儿熟练认读并背诵诗歌，发音标准、声音响亮、感情饱满。

适合年龄：4岁以上。

操作方法：

①引导幼儿就座。

②根据所要学习的诗歌内容设计导入语，激发幼儿观看与诗歌相关的资料或视频的兴趣。

③播放与诗歌相关的视频。

④根据视频与幼儿讨论诗歌所描写的内容、诗歌的题材、作者等。

⑤出示诗歌的三步卡，先示范朗读，再让幼儿跟读。

⑥用三步卡进行三阶段教学，让幼儿认读诗歌。

⑦鼓励幼儿持话筒上台表演诗歌朗诵。

兴趣点：诗歌的内容。

错误控制：教师或同伴；诗歌朗诵错误。

变化延伸：教师引导幼儿创编诗歌，制作《我的诗歌小书》。

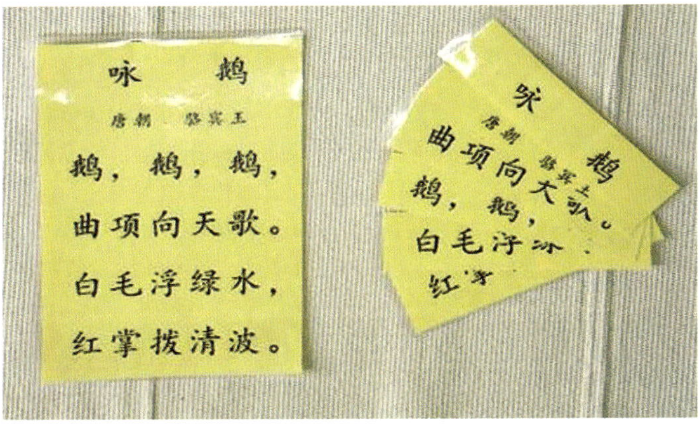

图 8–29 诗歌朗诵

11. 拼字游戏（图8–30）

教具构成：两个圆盘，一个圆盘上面划分成四个格，每个格子里写上可以组成同一个偏旁部首的字，如“板”“杯”“机”“材”等。另一个圆盘上面是偏旁部首，如三点水、足字旁、木字旁等，并附有偏旁相关的图片。

教育目的：扩大幼儿的词汇量，为阅读做准备。

适合年龄：3.5 ~ 5岁。

操作方法：

①教师告诉幼儿：“今天我们来进行拼字游戏。”

②拿出制作好的圆盘，向幼儿说明游戏规则：“转动大盘，把小盘与大盘对应组成的字念给大家听，要说明意思并对应组词，若组成的字不认识，可以问老师。”

图 8-30　拼字游戏

③让幼儿轮流转动圆盘，把陌生字写到白板上。
④对陌生字进行认读和理解。
兴趣点：词语的组合。
错误控制：教师或同伴；幼儿日常生活经验；不能认读和理解词语。
变化延伸：小盘换成图片、大盘是图片说明，进行图片与词语或句子的配对。

12. 同一偏旁字的认识（图8-31）

教具构成：偏旁部首认字卡。
教育目的：让幼儿认识同一偏旁的不同字；丰富幼儿的词汇量；为幼儿的书写、阅读做准备。
适合年龄：4岁以上。
操作方法：
①教师给幼儿介绍工作名称。

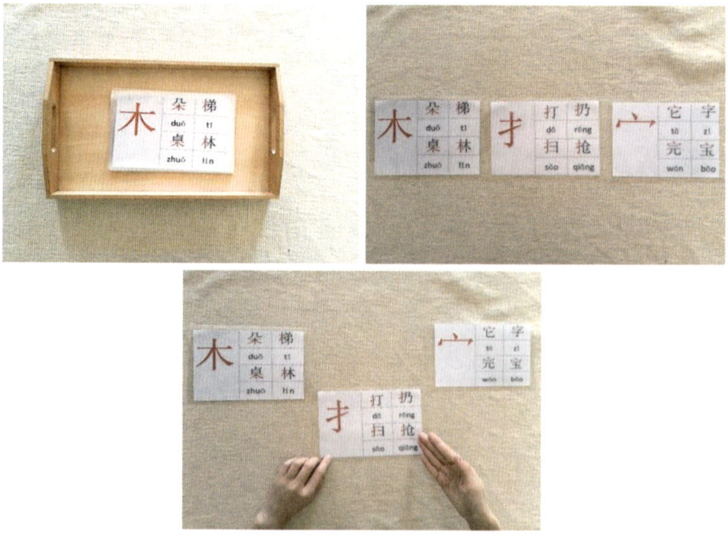

图 8-31　同一偏旁字的认识

②拿出一张字卡，向幼儿介绍左侧的部首，再用三阶段教学法教幼儿认识同一偏旁的字，可以引导幼儿组词理解，且教师可以口头举更多同偏旁不同字的其他例子。

③用同样的步骤进行其他字卡的学习，一次学习2～3张字卡，学习之后放在一起用三阶段教学法巩固练习。

④完成工作后把教具收回。

兴趣点：同一个偏旁不同字的组合。

错误控制：教师或同伴；字卡拼音。

变化延伸：更换字卡内容；认字的同时可以组词、造句，提升“工作”难度。

13. 相关韵母名词卡片（图8–32）

教具构成：几组韵母相同的名词卡片。

教育目的：让幼儿更进一步认识韵母的读音；丰富幼儿的词汇；培养幼儿的理解能力。

适合年龄：4岁以上。

操作方法：

①从托盘中取出词卡放在工作毯上，说出词卡名称“游泳”“猴子”“绿豆”等。

②请幼儿辨别：“请你指一指‘游泳’这个词在哪里？‘猴子’在哪里？”

③请幼儿发音，向幼儿提问：“这个怎么读？”“那是什么？”

④重复练习，完成工作后，收回教具。

兴趣点：词卡名称的准确发音。

错误控制：教师或同伴；幼儿日常生活经验；发音错误。

变化延伸：更换词卡内容。

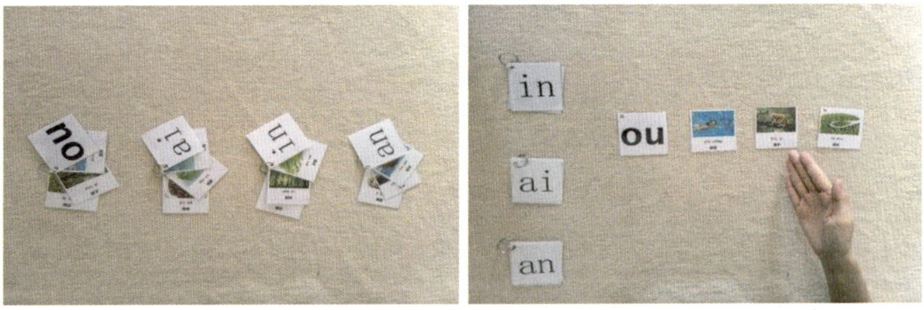

图8–32 相关韵母名词卡片

五、岭南文化融入蒙台梭利语言教育

1. 我爱岭南——剪纸绘本（图8–33）

教具构成：《粤剪粤童谣——我爱岭南》剪纸绘本；绘本童谣《月光光，照地堂》的三步卡；对应的童谣音频。

教育目的：加强幼儿的有逻辑顺序的语言表达能力；增强幼儿的理解能力和想象力；培养幼儿对岭南非遗文化——剪纸的兴趣和热爱。

适合年龄：4.5岁以上。

操作方法：

①播放粤语童谣对应的音频。

②出示绘本童谣《月光光，照地堂》，对照着剪纸绘本为幼儿讲解歌词。

图8-33 我爱岭南——剪纸绘本

③取出《月光光，照地堂》的三步卡，用三阶段教学法，让幼儿将剪纸画面、歌词、歌曲对应。

④请幼儿完整说出绘本《月光光，照地堂》上每一页画面的内容。

⑤教师对着剪纸绘本，用粤语唱出童谣。

⑥幼儿看着绘本学唱粤语童谣。

兴趣点：用剪纸的形式呈现童谣的绘本。

错误控制：教师或同伴；幼儿日常生活经验；不能准确说唱童谣；不能准确对应三步卡；走调。

变化延伸：让幼儿发挥想象，对绘本的故事进行创编；变化绘本童谣的内容。

2. 粤语读古诗

教具构成：书籍《粤韵唐诗》；自制古诗《春晓》三步卡；《春晓》粤语正音音频。

教育目的：幼儿会用粤语读简单的古诗；从用粤语读古诗中增强幼儿对粤语发音、声调的认识；刺激幼儿的粤语语言能力发展；增强幼儿对粤语方言的熟悉和喜爱。

适合年龄：4岁以上。

操作方法：

①引导幼儿就座，介绍活动名称“粤语读古诗《春晓》”。

②教师用普通话朗读《春晓》，简单讲解古诗的意思。

③教师介绍岭南地区的方言——粤语，让幼儿使用粤语朗读《春晓》。

④每句诗用普通话读一次，再用粤语读一次，让幼儿跟读。

⑤出示古诗《春晓》的三步卡，先用粤语示范朗读，再让幼儿用粤语跟读。

⑥用古诗《春晓》的三步卡，进行三阶段教学，让幼儿认读古诗。

⑦播放《粤韵唐诗》中《春晓》的正音音频让幼儿跟读。

⑧鼓励幼儿上台诵读。

兴趣点：用粤语朗读古诗。

错误控制：教师或同伴；幼儿日常生活经验；《春晓》粤语正音音频。

注意事项：教师需要读准粤语字音。

变化延伸：用粤语朗诵其他故事；朗读粤语儿歌。

知识小测

1. (　　　　　　　) 岁是幼儿语言发展的敏感期。抓住了敏感期进行教学，事半功倍，反之则不然。
2. 语言教育包含了广泛的内容并涉及了整个教学环境，它包括（　　　　　　　）、（　　　　　　）、（　　　　　　）、（　　　　　　）四个方面。
3. 幼儿（　　　　　　）、（　　　　　　）、（　　　　　　）的教育也是蒙台梭利语言教育的重要内容。

思考与练习

1. 在进行语言教学之前，如何向幼儿介绍语言教育教具？幼儿操作教具的过程中应该注意哪些事项？
2. 自制一份具有地方文化特色的语言教育教具。
3. 按要求制作我国古诗、民间故事等的三步卡。
4. 根据幼儿发展情况，科学投放语言教育教具，布置语言教育区域环境。
5. 课后进行语言教育教具练习。

第九章

蒙台梭利科学文化教育

学习目标

1. 了解科学文化的内涵。
2. 掌握蒙台梭利科学文化教育的内容和特点。
3. 掌握科学文化教育教具及其操作方法。
4. 将地方文化融入科学文化教育。
5. 学习科学投放科学文化教具，布置科学文化教育区域环境。
6. 学习循序渐进地对幼儿进行科学文化教育。

人类从社会生活中获取了欢乐，但是仍然还是属于自然，特别是在孩提时代，他们必须从自然中获取必要的力量。以促进其身心发展。

——玛利亚·蒙台梭利

第一节　蒙台梭利科学文化教育概述

一、科学文化的内涵

（一）科学文化的概念

科学文化泛指人类所创造的各种科学成果和财富的总和，是人类文化之一，具备非自然性、人为性、群体性、创造性、历史性、行为规范性等基本属性，同时又有着其自身的特殊属性，体现在它是以科学家为代表进行科学探索、实践、创造活动并辐射全社会的一种文化。科学在整合、积累群体长期成果的基础上，使人们吸收到同伴和同辈们的发现和思想，它同哲学、艺术、信仰、道德、习俗等人文因素交织在一起相互影响、相互作用、相辅相成，形成了具有文化内涵的高层次文化结构。

（二）科学文化的构成

1. 科学文化的精神文化

科学精神是科学文化的精神文化的集中体现，科学虽然生长自民族文化环境，但科学成果一旦被公认，就具有普遍性（与创造者的地位、声望、性别、种族、国籍等无关）、公有性（即国际性）、无偏见性（不受个人的价值观念左右）。它包括科学思想、科学观念以及科学的思维模式、情感模式、行为习惯、价值标准和工作方法等。

2. 科学文化的物质文化

科学文化是建立在物质基础之上的，科学文化的物质文化包括科学知识以及体现、表达科学思想、科学知识为目的的物质载体，或以科学探索为目的的仪器设备等。

3. 科学文化的规范文化

科学文化是具有一定规范的科学活动，科学文化的规范文化具有重要的价值并被社会认可，成为一个特定的领域，且在这个领域中存在着其自身特点的社会组织形式、价值标准和行为规范，因此保留和发展了相对独立的科学文化规范。

二、蒙台梭利科学文化教育的内容和特点

蒙台梭利认为儿童是环境的一部分，儿童是离不开文化的，是文化的一部分；儿童学习文化，不只是要他们更聪明，更重要的是使他们了解环境，进而尊重环境、尊重他人、尊重自己。蒙台梭利通过科学文化教育启发儿童的探索、体验精神，从而引发他们对人与世界的热爱，学会用科学的知识解释自然现象、用科学的方法思考问题，也就是掌握科学文化。

（一）科学文化教育的内容

蒙台梭利科学文化教育具有系统化的特点，基本内容包含以下几类。

1. 动植物学

蒙台梭利植物学的教育内容包括：对植物整体及植物根、茎、叶、花、果等各部分的认识，照顾、栽培植物进行观察，了解植物与人和动物的关系等。

蒙台梭利动物学的教育内容包括：昆虫类、鱼类、两栖动物、爬行动物、鸟类、哺乳动物六类动物的认识；实地去观察动物或饲养小动物进行观察。

基本操作包括：有生命和无生命的区分、观察动物和植物、树的嵌板、树的三步卡、叶子的嵌板、叶子的三步卡、叶形橱的介绍、根的三步卡、根的嵌板、花的嵌板、花的三步卡、鱼的嵌板、鱼的三步卡、树的小书、青蛙的嵌板、青蛙的三步卡、青蛙的成长、乌龟的嵌板、乌龟的三步卡、鸟的嵌板、鸟的三步卡、马的嵌板、马的三步卡、脊椎动物的分类等。

2. 历史学

蒙台梭利历史学的教育内容是以时间为线索，把众多事物演变成以时间为轴的故事或具有直观形象的教具。基本操作包括：认识沙漏与计时器、认识时钟、认识“年”、认识“月”、认识“星期”、认识日历、认识国旗与国歌、制作个人时间线、制作家庭时间线等。

3. 地理地质学

地理地质学是一门综合性学科，它涉及有关地球表面的一切，如地球的运动、陆地、海洋、气候、空气、生物圈、地形等。基本操作包括：认识地球三要素、地球仪、地形和水形、世界地图嵌板、中国地图嵌板、认识地图上的方位、亚洲地图嵌板、认识各国国旗等。

4. 天文学

蒙台梭利天文学主要以银河系、太阳系为认识对象。基本操作包括：八大行星嵌板、八大行星三步卡、认识八大行星符号、月相三步卡、八大行星嵌板与字卡配对、星座、太空的奥秘等。

5. 人体生理学

人体生理学是生物科学的分支，以生物机体的生命活动现象和机体各个组成部分的功能为研究对象。基本操作包括：人体嵌板、认识左手和右手、我从哪里来、认识人体器官、人的一生等。

6. 科学实验

科学实验主要包括水的特性、颜色的特性、空气的特性、电的特性、磁铁的特性等。

7. 其他科学文化教育内容

其他科学文化教育内容包括具有各国或地区文化特色的历史、地理、生物、节气、节日等方面的内容。

（二）科学文化教育的特点

1. 生活性

蒙台梭利认为，对孩子来说，生活就是一所学校，一草一木都可以成为研究、探索的对象。生活化的科学文化教育符合儿童的自身发展特点与内在兴趣需要，是生动、鲜活的教育。在蒙台梭利教室里，具备了动物、植物、历史、地理等贴近儿童日常生活的教具，如种花、种菜、照顾小动物等。科学文化教育的内容越是贴近生活，越能给予儿童真实的经验。

2. 趣味性

蒙台梭利认为应该让儿童进行有趣味的活动，因为这些活动会帮助儿童进行发展。环境中应该有很多能够引起儿童兴趣的东西，让他们从环境中汲取经验。学前儿童的思维处于直觉行动与具体形象期，趣味性与动手操作性强的活动更加适合他们认识事物。幼儿阶段无意注意主导着幼儿对事物的认识，富有趣味性的事物更加能够引起幼儿的注意，因此大自然中的一树一木、花鸟鱼虫、天文地理等因素都是蒙台梭利科学文化教育的内容。

3. 操作性

蒙台梭利认为让孩子处在一个能够自己动手做的环境里，我们就给了孩子达成自己设定目标的自由。学前儿童的身心特点决定了他们“做中学、玩中学”的学习方式，他们的兴趣不仅在于动手，还在于克服他们在动手过程中所遇到的困难。如果教师想帮助他们克服这个困难，那他们就会不再对这件事情感兴趣了。蒙台梭利科学文化教育教具中，有大量的嵌板和三步卡，都是需要儿童自己动手操作完成，有极强的操作性与儿童主体性。

4. 丰富性

蒙台梭利科学文化教育课程具有系统性、丰富性，几乎涵盖儿童期的所有学科的科学文化教育。其科学文化教育体系中含有多达51种具体教具及其操作，涉及动植物学、地理地质学、天文学、历史学、人体生理学等多方面知识。

第二节　蒙台梭利科学文化教育教具基本操作

一、动植物学

1. 有生命和无生命的区分

教具构成：两个托盘；两块石头；一盆植物；一个鱼缸（里面有两条鱼）；两张字卡（“有生命”和“无生命”）。

教育目的：让幼儿学会辨别有生命与无生命的特征。

适合年龄：3岁及以上。

操作方法：

①教师组织讨论：“在我们身边有哪些事物是有生命的呀？又有哪些事物是无生命的呢？”

②教师向幼儿讲解外出注意事项，并分发给每个幼儿一个塑料袋。

③教师指导幼儿去室外寻找物体，将自己找到的有生命的和无生命的物体放入塑料袋后回到教室。

④在工作毯的左边托盘上放上“有生命”的字卡，在右边托盘上放上“无生命”的字卡。

⑤教师说：“小朋友们，今天我们要来讨论一下有哪些物体是有生命的、哪些物体是无生命的。”教师将幼儿收集到的物体展示出来，请幼儿说出物体的名称并用自己的语言描述物体。

⑥教师选择一种物体（如乌龟），让幼儿思考它是有生命的还是无生命的，并说出理由。

⑦幼儿回答后，教师给予评价与总结（如，因为乌龟能自己爬行，所以它是有生命的），并将物体放在对应的托盘里。

⑧教师选择一种物体（如石头），让幼儿思考它是有生命的还是无生命的，并说出理由。

⑨幼儿回答后，教师给予评价与总结（如，因为石头自己不能动，所以是无生命的），并将物体放在对应的托盘里。

⑩教师用同样的方法让幼儿试着把工作毯上的物体进行归类，并说出理由。

⑪教师带领幼儿寻找教室里面有生命的和无生命的物体，并鼓励幼儿在日常生活中学会区分有生命的和无生命的物体。

⑫教师与幼儿共同整理教具并归位。
兴趣点：幼儿对外出活动的兴趣。
错误控制：教师指导；幼儿之间的相互讨论和启发。
变化延伸：将有生命的和无生命的物体图片进行分类。

2. 观察动物和植物

教具构成：教师和幼儿分别收集到的不同的动物和植物；两张字卡（“动物”和“植物”）。
教育目的：让幼儿了解动物和植物的特征，提升幼儿对动物和植物的鉴别能力。
适合年龄：3岁及以上。
操作方法：
①教师向幼儿介绍活动内容：“今天我们一起来学习动物和植物。”
②教师将幼儿带来的动物和植物展示在工作桌上，供上课观察和学习使用。
③教师引导幼儿说出动物和植物的名称，并用语言进行描述。
④教师说：“小朋友们，今天我们要将大家带来的动物和植物进行分类。”
⑤教师向幼儿讲解动物和植物的概念。
⑥教师选择一种植物，让幼儿思考它是动物还是植物，并说出理由。
⑦幼儿回答后，教师给予评价或指正，并将该植物放在工作桌的一边。
⑧教师选择一种动物，让幼儿思考它是动物还是植物，并说出理由。
⑨幼儿回答后，教师给予评价或指正，并将该动物放在工作桌的另一边。
⑩教师用同样的方法让幼儿试着把桌上的动物和植物进行归类，并说出理由。
⑪教师引导幼儿把“植物”和“动物”的标签放在相应的类别上。
⑫教师与幼儿共同整理教具并归位。
兴趣点：幼儿对动物和植物的兴趣。
错误控制：教师指导；幼儿之间的相互讨论和启发。
变化延伸：教师引导幼儿对日常生活中的动物和植物进行分类。

3. 树的工作

工作一：树的嵌板（图9-1）
教具构成：树的嵌板。
教育目的：使幼儿了解树的组成部分及名称，为学习树的三步卡做准备。
适合年龄：3岁及以上。
操作方法：
①教师向幼儿介绍活动内容：“今天我们一起来学习树的嵌板。”
②教师出示树的嵌板，引导幼儿学习树的各个组成部分。
③教师请幼儿将嵌板的各个组成部分取下来，散放在工作毯上。

图9-1 树的嵌板

④教师指导幼儿说出树的各部分名称。

⑤教师指导幼儿将拼图摆回嵌板内。

⑥工作结束后，教师指导幼儿将嵌板放回教具架。

兴趣点：幼儿对树的兴趣。

错误控制：嵌板教具本身具有自我修订功能，拼错嵌板，图就不完整。

变化延伸：引导幼儿在日常生活中说出树的各部分名称。

工作二：树的三步卡（图9–2）

教具构成：树的三步卡（控错卡、图片卡和名称卡）；托盘。

教育目的：使幼儿了解并掌握植物的各部分结构和名称，帮助幼儿形成抽象概念。

适合年龄：3岁及以上。

操作方法：

①教师向幼儿介绍活动内容："今天我们一起来学习树的三步卡。"

②教师将带有图文的控错卡放在工作毯上，沿着工作毯摆放成一列，边念名称边摆放卡片。

③教师将图片卡分发给幼儿。

④教师指导幼儿："请拿着'根'图片的小朋友把卡片送过来放在工作毯上。"以此类推，在工作毯上按顺序将图片卡对应摆放好。

⑤教师请拿名称卡的幼儿在工作毯上对照相应的图片放好。

⑥教师拿出控错卡对应放在图片卡和名称卡下面，帮助幼儿纠错。

⑦教师指导幼儿阅读名称卡，帮助幼儿形成抽象概念。

⑧教师与幼儿共同按顺序收回并整理卡片。

兴趣点：幼儿对树的兴趣。

错误控制：教具本身具有自我修订功能，三步卡的对应；教师利用控错卡对幼儿进行指导。

变化延伸：通过"找朋友"的游戏让幼儿进行图文配对。

图 9–2　树的三步卡

4. 叶子的工作

工作一：叶子的嵌板（图9–3）

教具构成：叶子的嵌板。

教育目的：让幼儿了解叶子的结构特征，帮助幼儿形成抽象概念。

图 9-3　叶子的嵌板

适合年龄：3岁及以上。

操作方法：

①教师向幼儿介绍活动内容："今天我们一起来学习叶子的嵌板。"

②教师先用左手以三指抓的方式依次从嵌板中拿出叶子的各个部分，再用右手触摸外轮廓，散放在工作毯上。

③教师将散放在工作毯上的叶子的组成部分拼出完整的叶子，用三阶段教学法介绍各部分名称，依次是叶身、叶脉、叶柄、叶托。

④幼儿将工作毯上拼好的叶子打散，并按从上到下的顺序一边触摸外轮廓一边放回嵌板中，拼成完整的叶子。

⑤教师与幼儿共同整理教具并归位。

兴趣点：幼儿对叶子的兴趣。

错误控制：教师指导；幼儿之间的相互讨论和启发。

变化延伸：对照叶子的嵌板在纸上画出叶子的各个部分。

工作二：叶子的三步卡（图9–4）

教具构成：叶子的三步卡；托盘。

教育目的：让幼儿了解叶子的结构和功能，培养幼儿对植物的兴趣。

适合年龄：3岁及以上。

操作方法：

①教师向幼儿介绍活动内容："今天我们一起来学习叶子的三步卡。"

②教师将带有图文的控错卡放在工作毯上，教幼儿认识叶子各部分的名称，然后收起控错卡。

③教师将图片卡分发给幼儿。

④教师指导幼儿："请拿着'叶柄'图片的小朋友把卡片送过来放在工作毯上。"以此类推，在工作毯上按顺序将图片卡对应摆放好。

⑤教师请拿名称卡的幼儿在工作毯上对照相应的图片放好。

⑥教师拿出控错卡对应放在图片卡和名称卡下面，帮助幼儿纠错。

⑦教师指导幼儿阅读名称卡，帮助幼儿形成抽象概念。

图 9-4　叶子的三步卡

⑧教师与幼儿共同整理教具并归位。

兴趣点：幼儿对叶子的兴趣。

错误控制：教具本身具有自我修订功能，三步卡的对应；教师利用控错卡对幼儿进行指导。

变化延伸：通过“找朋友”的游戏让幼儿进行图文配对。

5. 鱼的工作

工作一：鱼的嵌板（图9-5）

教具构成：鱼的嵌板。

教育目的：使幼儿了解鱼的结构和名称，为学习鱼的三步卡做准备。

适合年龄：2.5岁及以上。

操作方法：

①教师向幼儿介绍活动内容：“今天我们一起来学习鱼的嵌板。”

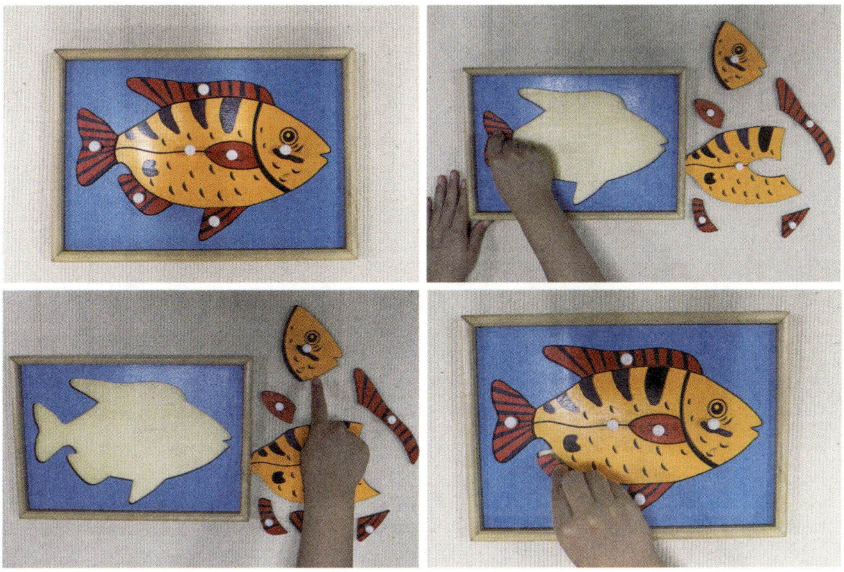

图 9-5　鱼的嵌板

②教师将鱼的嵌板放在工作毯上。
③教师请幼儿将嵌板取出，散放在工作毯上。
④教师指导幼儿将嵌板拼成一条完整的鱼。
⑤教师利用三阶段教学法指导幼儿学习鱼各部位的名称。
⑥教师重复进行以上操作，指导幼儿认识鱼各部位的名称。
⑦教师请幼儿将嵌板散放，并分别说出每一块嵌板是鱼的哪个部位。
⑧教师指导幼儿将嵌板放回，并放到教具架上。

兴趣点：幼儿对鱼的兴趣。

错误控制：嵌板教具自带的修订功能，拼错嵌板，图就不完整。

变化延伸：教师指导幼儿将鱼的形状与结构简易画出，并说出其名称。

工作二：鱼的三步卡（图9–6）

教具构成：鱼的三步卡（控错卡、图片卡和名称卡）；托盘。

教育目的：使幼儿了解并掌握鱼的结构和名称，丰富幼儿的认知经验。

适合年龄：2.5岁及以上（操作过鱼的嵌板的幼儿）。

操作方法：

①教师向幼儿介绍活动内容：“今天我们一起来学习鱼的三步卡。”
②教师将带有图文的控错卡放在工作毯上，沿着工作毯摆放成一列，边念名称边摆放卡片。
③教师将图片卡分发给幼儿。
④教师指导幼儿：“请拿着‘鱼头’图片的小朋友把卡片送过来放在工作毯上。”以此类推，在工作毯上按顺序将图片卡摆放好。
⑤教师请拿名称卡的幼儿在工作毯上对照相应的图片放好。
⑥教师拿出控错卡对应放在图片卡和名称卡下面，帮助幼儿纠错。
⑦教师指导幼儿阅读名称卡，帮助幼儿形成抽象概念。
⑧教师与幼儿共同按顺序收回并整理卡片。

兴趣点：幼儿对鱼的兴趣。

错误控制：教具本身具有自我修订功能，三步卡的对应；教师利用控错卡对幼儿进行指导。

变化延伸：通过“找朋友”的游戏让幼儿进行图文配对。

图9–6 鱼的三步卡

6. 青蛙的工作

工作一：青蛙的嵌板（图9–7）

教具构成：青蛙的嵌板。

教育目的：让幼儿了解青蛙的结构与特征，培养幼儿的观察能力。

适合年龄：2.5岁及以上（观察过青蛙的幼儿）。

操作方法：

①教师向幼儿介绍活动内容："小朋友们有没有见过青蛙呀？知不知道青蛙是由哪儿部分组成的呢？今天我们一起来学习青蛙的嵌板。"

②教师取出青蛙的嵌板放在工作毯上。

③教师请一位幼儿将嵌板取出，散放在工作毯上。

④教师引导幼儿将嵌板拼成一只完整的青蛙。

⑤教师利用嵌板对幼儿进行三阶段语言教学，指导幼儿认识青蛙各部位的名称。

⑥教师请幼儿将嵌板散放，分别说出每一块嵌板是青蛙的哪个部位。

⑦教师指导幼儿将嵌板放回，并放到教具架上。

兴趣点：幼儿对青蛙的兴趣。

错误控制：嵌板教具自带的修订功能，拼错嵌板，图就不完整。

变化延伸：教师指导幼儿制作青蛙各个部位的卡片，并与嵌板进行配对。

图 9–7 青蛙的嵌板

工作二：青蛙的三步卡（图9–8）

教具构成：青蛙的三步卡（包括控错卡、名称卡和图片卡）；托盘。

教育目的：让幼儿了解青蛙的结构与名称，帮助幼儿形成抽象概念。

适合年龄：2.5岁及以上（操作过青蛙嵌板的幼儿）。

操作方法：

①教师向幼儿介绍活动内容："之前我们已经认识青蛙的各个部位了，那么今天我们一起来学习青蛙的三步卡。"

②教师取青蛙的三步卡放在工作毯上。

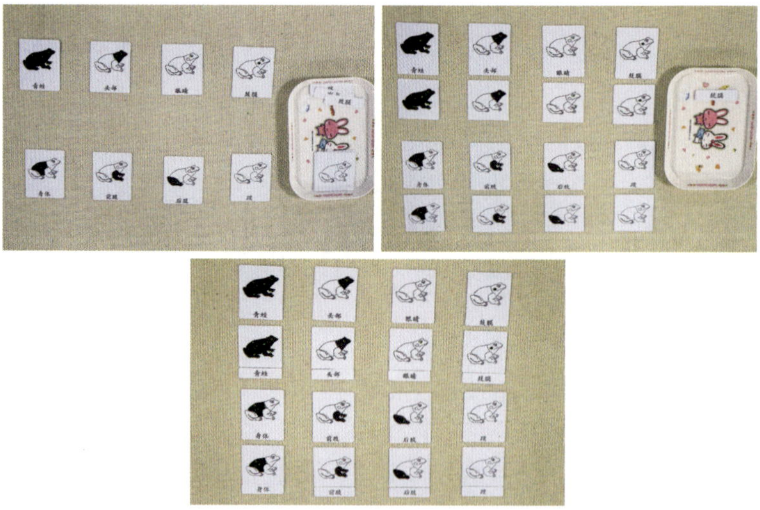

图 9-8 青蛙的三步卡

③对着三步卡中青蛙整体的图片，教师与幼儿共同复习青蛙各部位的名称。

④教师将图片卡和名称卡分发给幼儿，教师将控错卡留在手里。

⑤教师将印有图片和文字的控错卡从上往下按顺序依次放在工作毯的左边。

⑥教师请幼儿将图片卡与控错卡进行配对，并对幼儿说："请大家看工作毯上第一张卡片，哪位小朋友手中的图片卡和它是一样的?"教师在一旁协助指导。

⑦幼儿完成后，教师给予鼓励与指导，以此类推，教师指导幼儿将所有图片卡与控错卡进行配对。

⑧教师再请幼儿将名称卡与控错卡进行配对，教师在一旁协助指导。

⑨幼儿完成后，教师给予鼓励与指导，以此类推，教师指导幼儿将所有名称卡与控错卡进行配对。

⑩教师指导幼儿认识卡片中青蛙所有部位的名称。

⑪教师整理教具，将三步卡放回托盘里。

兴趣点：幼儿对青蛙的兴趣。

错误控制：教具本身具有自我修订功能，三步卡的对应；教师利用控错卡对幼儿进行指导。

变化延伸：教师请幼儿分别拿一张卡片，找到与自己卡片中有相同内容的卡片。

7. 鸟的工作

工作一：鸟的嵌板（图9–9）

教具构成：鸟的嵌板。

教育目的：让幼儿了解鸟的结构和特征，培养幼儿对动物的兴趣。

适合年龄：2.5岁及以上（观察过鸟的幼儿）。

操作方法：

①教师向幼儿介绍活动内容："今天我们一起来学习鸟的嵌板。"

②教师取鸟的嵌板放在工作毯上。

③教师请一位幼儿将嵌板取出，散放在工作毯上。

④教师引导幼儿将嵌板拼成一只完整的鸟。

⑤教师利用鸟的嵌板拼图进行三阶段语言教学。

⑥教师指导幼儿认识鸟各部位的名称。

图 9-9　鸟的嵌板

⑦教师请幼儿将嵌板散放，分别说出每一块嵌板是鸟的哪个部位。

⑧教师与幼儿共同整理教具并归位。

兴趣点：幼儿对鸟的兴趣。

错误控制：嵌板教具自带的修订功能，拼错嵌板，图就不完整。

变化延伸：教师带领幼儿到户外观察小鸟，并让幼儿描述其不同部位。

工作二：鸟的三步卡（图9-10）

教具构成：鸟的三步卡；托盘。

教育目的：让幼儿了解鸟类的结构与名称，帮助幼儿形成抽象概念。

适合年龄：2.5岁及以上（操作过鸟的嵌板的幼儿）。

操作方法：

①教师向幼儿介绍活动内容："今天我们一起来学习鸟的三步卡。"

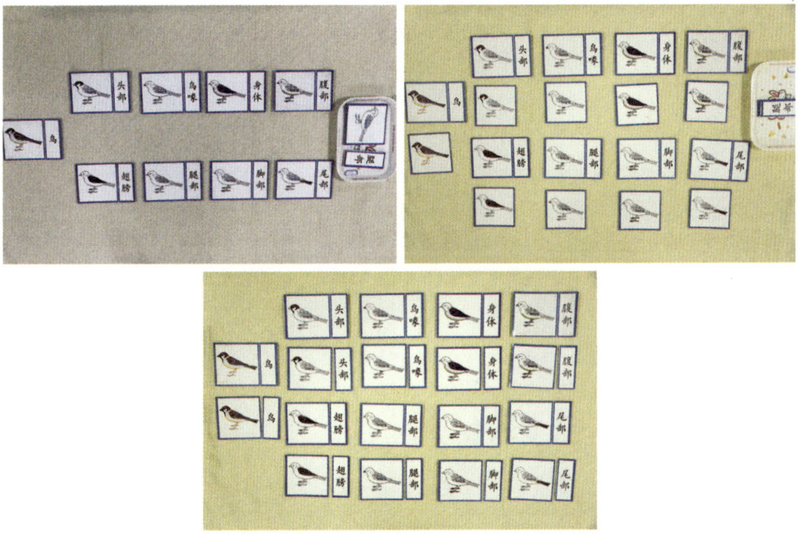

图 9-10　鸟的三步卡

②教师取鸟的三步卡放在工作毯上。

③对着三步卡中鸟整体的图片，教师与幼儿共同复习鸟各部位的名称。

④教师将图片卡和名称卡分发给幼儿，教师将控错卡留在手里。

⑤教师将印有图片和文字的控错卡从上往下按顺序依次放在工作毯的左边。

⑥教师请幼儿将图片卡与控错卡进行配对，教师在一旁协助指导。

⑦幼儿完成后，教师给予鼓励与指导，以此类推，教师指导幼儿将所有图片卡与控错卡进行配对。

⑧教师再请幼儿将名称卡与控错卡进行配对，教师在一旁协助指导。

⑨幼儿完成后，教师给予鼓励与指导，以此类推，教师指导幼儿将所有名称卡与控错卡进行配对。

⑩教师指导幼儿认识卡片中鸟所有部位的名称。

⑪教师整理教具，将三步卡放回托盘里。

兴趣点：幼儿对鸟的兴趣。

错误控制：教具本身具有自我修订功能，三步卡的对应；教师利用控错卡对幼儿进行指导。

变化延伸：教师请幼儿分别拿一张卡片，找到与自己卡片中有相同内容的卡片。

二、地理地质学

1. 认识陆地、空气、水（图9-11）

教具构成：一个装有土壤的瓶子；一个空的透明瓶子；一个装满水的瓶子；一个气球；字卡“陆地”“空气”“水”；白纸；托盘。

教育目的：让幼儿认识陆地、空气、水，培养幼儿对地球与环境的兴趣。

适合年龄：3岁及以上。

操作方法：

①教师把分别装有土壤、空气、水的三个瓶子放在幼儿面前。

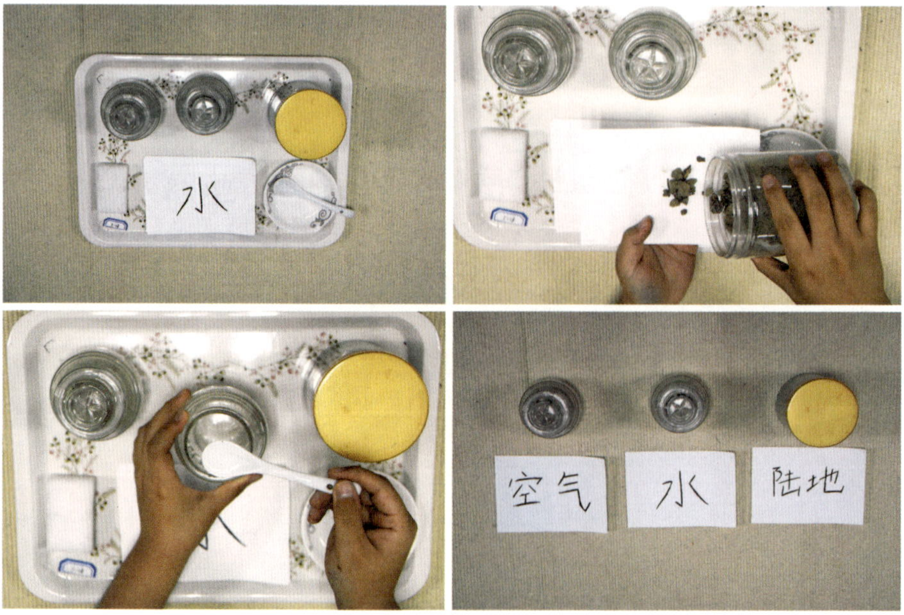

图9-11 认识陆地、空气、水

②教师指着装有土壤的瓶子提问："请你们看看这个瓶子里面有什么?"待幼儿回答后教师可适当将部分土壤倒在白纸上，以便幼儿进行观察。

③教师向幼儿介绍土壤与陆地。

④教师指着装有水的瓶子提问："请你们看看这个瓶子里面有什么?"

⑤教师接着提问："你们在哪里能够发现水呢?"教师请幼儿进行讨论并回答。

⑥教师向幼儿介绍水，并总结在生活中处处都能看见水。

⑦教师指着装有空气的瓶子提问："请你们看看这个瓶子里面有什么?"

⑧教师向幼儿介绍空气，并用气球向幼儿解释空气的存在。

⑨请幼儿观察三个瓶子，并用三阶段教学法引导幼儿说出名称。

⑩引导幼儿将字卡与三个瓶子配对放好（利用三阶段教学法介绍）。

⑪工作完毕后收回字卡和三个瓶子。

兴趣点：幼儿对日常生活环境的兴趣。

错误控制：教师；幼儿的日常生活经验。

变化延伸：讲述并讨论日常生活中遇到的陆地、水、空气。

2. 地球仪

教具构成：缩小的身体轮廓图；地球仪；标签"地球""洲""洋"；托盘。

教育目的：使幼儿认识地球仪并了解如何使用地球仪；让幼儿学习"洋"和"洲"的概念。

适合年龄：4.5岁及以上（学习过陆地、水、空气知识的幼儿）。

操作方法：

①教师取出地球仪，向幼儿介绍活动内容："今天我们一起来观察一下地球仪"。

②教师引导幼儿讨论"地球"的含义，并请幼儿说一说地球是什么样的。

③教师对幼儿的讨论进行总结，并提问幼儿："如何看到整个地球呢?"

④教师出示缩小的身体轮廓图，并告诉幼儿"画身体轮廓图时，我把它缩小了，这样我们就能把它画在纸上。"

⑤教师把地球仪放到幼儿面前，并对幼儿说："那我们把地球缩小了，制作成一个模型，这样我们就能看到整个地球了。"

⑥教师向幼儿介绍地球仪，鼓励幼儿观察地球仪，并问幼儿看到了什么。

⑦待幼儿回答看到了一片蓝色区域后，教师指导"地球仪的蓝色区域代表的是水，是海洋"。

⑧待幼儿回答看到了一片褐色区域后，教师指导"地球仪上的褐色区域代表的是陆地"。

⑨教师向幼儿介绍"洲"与"洋"的概念，同时让每个幼儿分别在地球仪上指出"洲"与"洋"。

⑩教师指导幼儿认识标签"地球""洲""洋"，并让幼儿进行配对练习。

⑪教师整理教具并归位。

兴趣点：幼儿对地球仪的兴趣。

错误控制：教师的指导。

变化延伸：数一数地球仪上共有几大洲与几大洋。

3. 彩色地球仪

教具构成：彩色地球仪；七大洲和四大洋的标签；标签盒。

教育目的：使幼儿学习七大洲和四大洋的名称和轮廓，为学习平面地图做准备。

适合年龄：4.5岁及以上（学习过地球仪知识的幼儿）。

操作方法：

①教师取出地球仪，带领幼儿复习以前学过的"洋"和"洲"概念。

②教师引导幼儿注意地球仪的颜色，同时行讲解："每一块大陆都有属于它的颜色，我们一

起来认识一下吧！”

③教师指着七大洲板块进行相应的讲解，并在对应位置贴上各大洲的标签。

④教师用三阶段教学法引导幼儿继续认识各大洲。

⑤教师指导幼儿认识海洋：“大面积的水域叫海洋，不同区域的海洋也有不一样的名称，我们也来认识一下吧！”

⑥教师指着四大洋板块进行相应的讲解，并在对应位置贴上各大洋的标签。

⑦教师用三阶段教学法引导幼儿继续认识四大洋。

⑧教师整理教具并归位。

兴趣点：幼儿对彩色地球仪的兴趣。

错误控制：教师的指导。

变化延伸：教师指导幼儿将彩色地球仪轮廓画下来，与彩色地球仪做配对练习。

4．世界地图拼图

教具构成：彩色地球仪；世界地图拼图嵌板。

教育目的：促进幼儿进一步学习平面地图知识。

适合年龄：4.5岁及以上（学习过彩色地球仪知识的幼儿）。

操作方法：

①教师出示彩色地球仪和世界地图拼图嵌板。

②教师指着地球仪和世界地图中亚洲的位置，将两者进行比较，并进行讲解：“这是平面的亚洲，与地球仪上的亚洲是一样的。”

③教师请幼儿依次从世界地图拼图嵌板里面拿出其他洲的嵌板，与地球仪上的七大洲进行配对。

④教师提问幼儿：“大洲是由一块陆地组成的，那为什么在世界平面地图上的南极洲却是由两块陆地组成的呢？”

⑤教师进行解释：“因为在平面地图上是根据海洋划分的，在划分底部的南极洲时，不得不将其划分为两部分，所以用地球仪观察南极洲会更加准确。”用类似的方法解释其他洲与洋的形成。

⑥教师指导幼儿将各大洲与各大洋的嵌板放入世界地图拼图嵌板里，组成一幅完整的世界拼图。

⑦教师指导幼儿进行标签配对的练习。

⑧教师用三阶段教学法引导幼儿进行七大洲与四大洋的名称练习。

⑨教师整理教具并归位。

兴趣点：幼儿对世界拼图的兴趣。

错误控制：地图嵌板的自带修订功能，拼错嵌板，图就不完整。

变化延伸：指导幼儿亲手制作世界地图，用铅笔描绘轮廓，用彩色铅笔对应涂色。

5．亚洲地图拼图

教具构成：世界地图拼图嵌板；亚洲地图拼图嵌板；亚洲各国的标签；标签盒。

教育目的：促进幼儿进一步学习地图相关知识。

适合年龄：4.5岁及以上（学习过世界拼图知识的幼儿）。

操作方法：

①教师将世界地图拼图嵌板放在幼儿的面前，并请幼儿指出亚洲的位置。

②教师指着世界地图拼图嵌板中亚洲的位置，并将亚洲地图拼图嵌板放在幼儿面前，然后进行介绍：“这是亚洲，亚洲包含许多国家，为了更加清晰地了解亚洲，我们来看亚洲拼图。”

③教师请幼儿比较世界地图拼图嵌板上的亚洲拼图和单独的亚洲拼图，并讲解：“它们的外形是一样的，但单独的亚洲拼图放大了许多，这是为了让我们更清晰地了解亚洲。”

④教师将世界地图拼图嵌板放回地图架上，拿出亚洲地图拼图嵌板里的中国部分，把它放在嵌板的右边，提问幼儿：“这是哪个国家？”

⑤教师向幼儿介绍：“这是中国，是我们国家。”

⑥教师用同样的方法指导幼儿认识亚洲其他国家。

⑦教师用三阶段教学法引导幼儿进行亚洲各国名称的练习，指导幼儿进行标签配对的练习。

⑧教师请幼儿分别将日本、朝鲜、韩国以及中国拼图找出来，并放回原来所在的位置。

⑨教师整理教具并归位。

兴趣点：幼儿对亚洲拼图的兴趣。

错误控制：地图嵌板自身的修订功能，拼错嵌板，图就不完整。

变化延伸：教师将拼图散放在桌面上，让幼儿自己进行拼图练习。

三、天文学

1. 八大行星嵌板（图9–12）

教具构成：八大行星嵌板；八大行星标签；八大行星三步卡。

教育目的：引导幼儿学习八大行星方面的知识，培养幼儿对天文学的兴趣。

适合年龄：5岁及以上。

操作方法：

①教师向幼儿介绍活动内容：“今天我们一起来学习八大行星。”

②教师向幼儿提问：“请看这外面闪着光芒的红色星球，是什么呢？”

③幼儿回答，教师总结：“它是太阳，有八大行星围绕着太阳。离它最近的蓝色星球是水星，接下来的绿色星球是金星，蓝色星球则是我们居住的地球，红色的小星球是火星，另一个

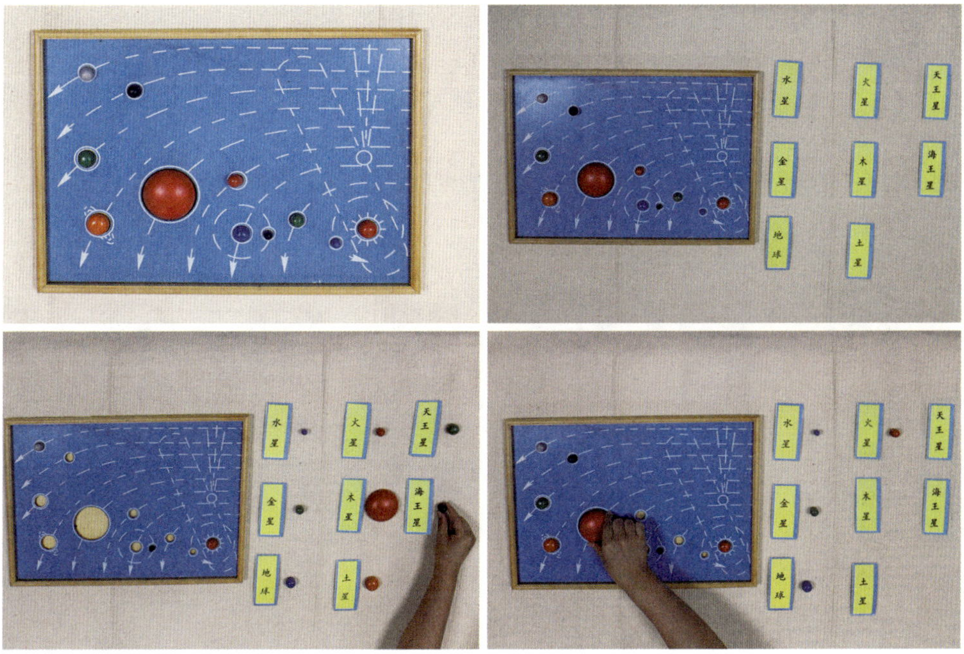

图9–12 八大行星嵌板

更大的红色星球是木星，橙色星球是土星，更大一点的浅绿色星球是天王星，黑色星球是海王星。”

④教师将八大行星标签拿出来，并列摆放在嵌板的右侧。

⑤教师引导幼儿将八大行星的嵌板按离太阳由近到远的顺序一一取出，边取出边向幼儿介绍八大行星的知识。

⑥教师引导幼儿将八大行星的嵌板按标签卡对应放好。

⑦教师指导幼儿进行八大行星球体与文字标签卡的配对练习。

⑧教师与幼儿共同整理教具并归位。

兴趣点：幼儿动手操作配对球体的兴趣。

错误控制：嵌板教具自带的修订功能，拼错嵌板，图就不完整。

变化延伸：根据八大行星嵌板，让幼儿在纸上勾画出八大行星的模型与轮廓。

2. 八大行星三步卡（图9-13）

教具构成：八大行星标准图片卡；八大行星图片卡；文字标签卡；托盘。

教育目的：让幼儿了解八大行星，培养幼儿对太阳系的兴趣。

适合年龄：5岁及以上（学习过八大行星嵌板知识的幼儿）。

操作方法：

①教师将八大行星的标准图片卡放在工作毯上方，指导幼儿认识八大行星符号。

②教师请幼儿将图片卡按顺序摆好，依次为水星、金星、地球、火星、木星、土星、天王星、海王星。

③教师请幼儿将带有文字的标签卡和图片卡进行配对。

④教师指导幼儿将带有文字的标签卡和图片卡与教师放置的标准图片进行配对。

⑤教师与幼儿共同整理教具并归位。

兴趣点：幼儿对八大行星的兴趣。

错误控制：教具本身的自我修订功能，三步卡的对应；教师利用标准图片卡对幼儿进行指导。

变化延伸：通过标准图片卡将带有文字的标签卡与图片卡相配对。

3. 太阳系游戏

教具构成：太阳系科普影片；代表太阳的模型或图片；绳子8根；八大行星模型或图片一套。

教育目的：让幼儿了解太阳系的运转规律，培养幼儿的科学探索精神。

图9-13 八大行星三步卡

适合年龄：5岁及以上（操作过八大行星嵌板的幼儿）。
操作方法：
①教师带领幼儿观看太阳系科普影片，激发幼儿对活动的兴趣。
②教师与幼儿一同把绳子做成八大行星的运行轨道，并将八大行星的模型或图片放在相应的轨道上，让8个幼儿站在模型或图片旁边。
③教师按照影片上行星的运行方式，请每个幼儿各自拿起对应星球的模型或图片，围绕代表太阳的模型或图片活动。
④教师指导幼儿在活动的同时与影片一一对应，体验太阳系活动过程。
⑤教师与幼儿共同整理教具并归位。
兴趣点：幼儿对模拟太阳系运动的兴趣。
错误控制：教师的指导。
变化延伸：了解八大行星是如何围绕太阳旋转的。

4. 常见的星座三步卡（图9-14）

教具构成：星座标准图片卡；文字标签卡；星座图片卡；托盘。
教育目的：让幼儿了解常见的星座，培养幼儿对天文学的兴趣。
适合年龄：5岁及以上（了解过天文学知识的幼儿）。
操作方法：
①教师将星座标准图片卡放在工作毯上方，指导幼儿认识常见的6种星座。
②教师请幼儿将图片卡按教师所摆放的顺序进行摆放。
③教师请幼儿将带有文字的标签卡和图片卡进行配对。
④教师指导幼儿将带有文字的标签卡和图片卡与教师放置的标准图片进行配对。

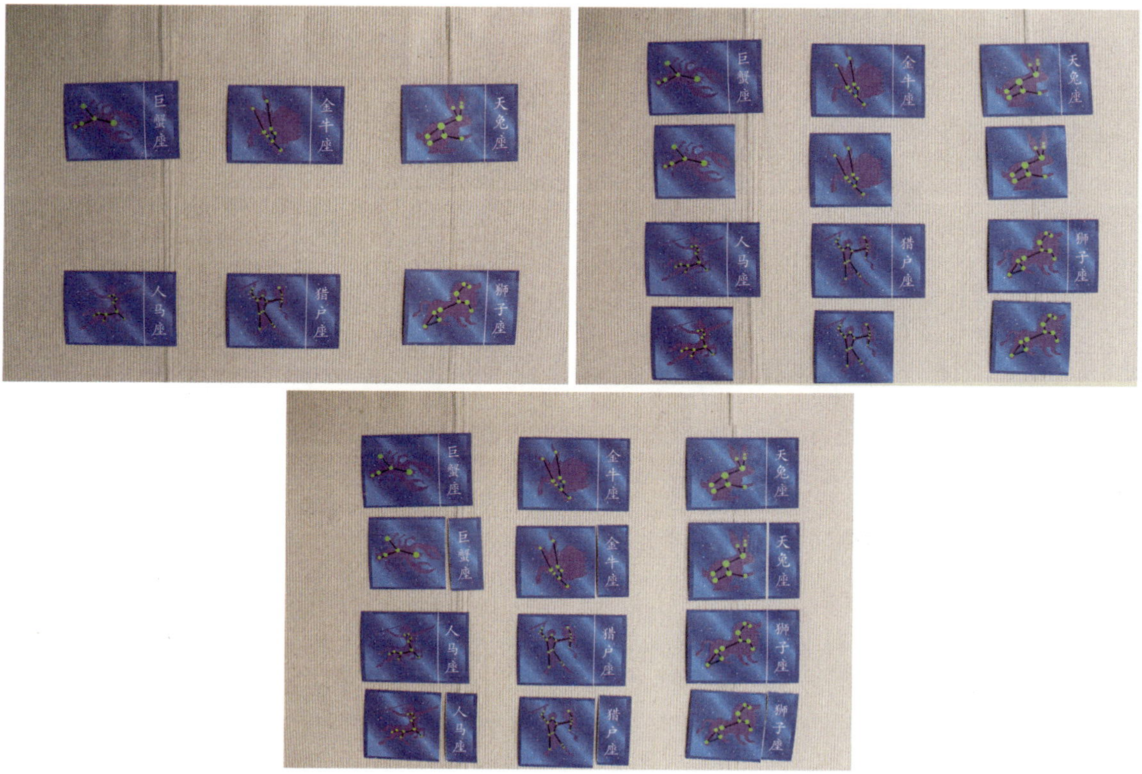

图9-14 常见的星座三步卡

⑤教师与幼儿共同整理教具并归位。

兴趣点：幼儿对天文星座的兴趣。

错误控制：教具本身具有自我修订功能，三步卡的对应；教师利用标准图片卡对幼儿进行指导。

变化延伸：通过“找朋友”的游戏，让幼儿进行图片与名称的配对。

四、人体生理学

1. 人体嵌板（图9-15）

教具构成：人体嵌板；人体各部位名称文字卡；托盘。

教育目的：让幼儿加强对自己身体的了解。

适合年龄：4岁及以上。

操作方法：

①教师将人体嵌板放在工作毯上，并向幼儿介绍活动内容：“今天我给小朋友们带来了人体拼图，让我们一起来认识人体的每个部位及其名称。”

②教师从头部开始将各部位嵌板拿出，边拿出嵌板边说出部位名称同时进行简单介绍，依次为头部、双臂、躯干、胯部、双腿、双脚。

③教师讲解完毕后准备好各部位名称文字卡。

④教师引导幼儿将文字卡与各部位嵌板进行配对。

⑤配对完毕后将文字卡按顺序收回。

⑥教师与幼儿共同整理教具并归位。

兴趣点：幼儿对人体嵌板的兴趣。

错误控制：人体嵌板自身的修订功能。

变化延伸：教师引导幼儿根据人体嵌板，在纸上勾画出人体的大致轮廓。

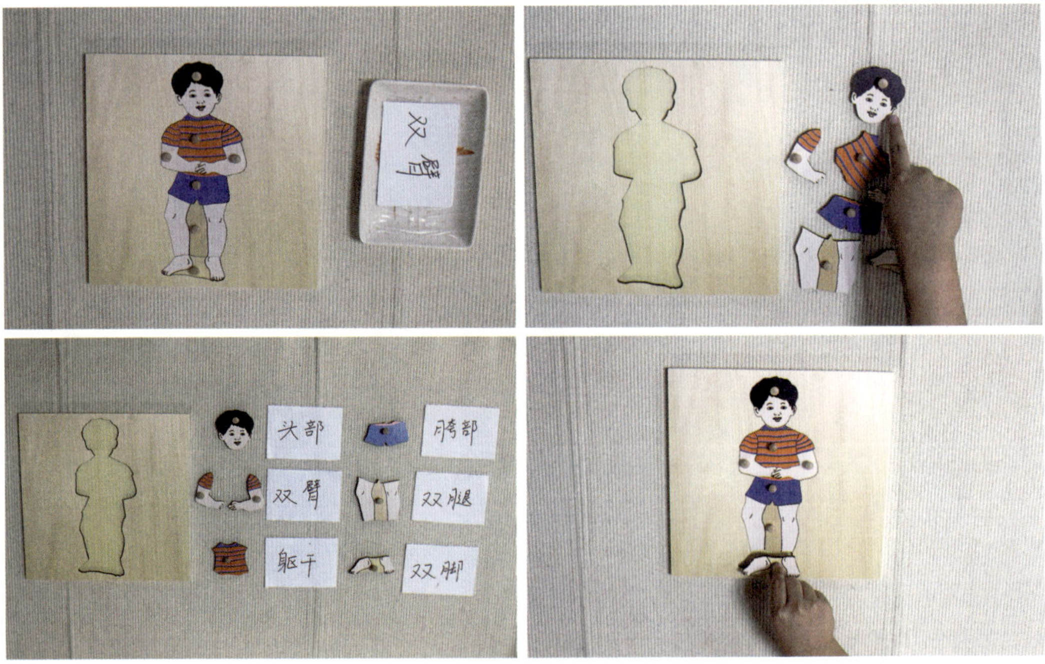

图9-15 人体嵌板

2. 认识左手和右手（图9–16）

教具构成：左、右手模板；红线；“左手”和“右手”的标签。

教育目的：帮助幼儿区分“左”和“右”的概念。

适合年龄：5岁及以上。

操作方法：

①教师先将左、右手模板放在工作毯上，再向幼儿提问：“小朋友们请看看这是什么?”然后进行解释，引导幼儿看向自己的双手。

②教师引导幼儿说一说手在实际生活中能够做什么，让幼儿了解手的重要性。

③教师给每位幼儿的右手腕缠上红线，并确认：“缠红线的是右手，没有缠红线的是左手。”然后与幼儿进行互动游戏，如对幼儿说：“请大家伸出右手。”幼儿依照教师的指令做出相应的动作。

④教师让幼儿将双手放在左、右手模板上，与其进行对比，告诉幼儿：“它们是一样的”。

⑤教师引导幼儿认识“左手”和“右手”的标签，让幼儿拿自己的左、右手与标签进行配对练习。

⑥教师摘下幼儿手腕上的红线，再让幼儿拿自己的左、右手与左、右手模板进行配对，引导幼儿正确完成指令。

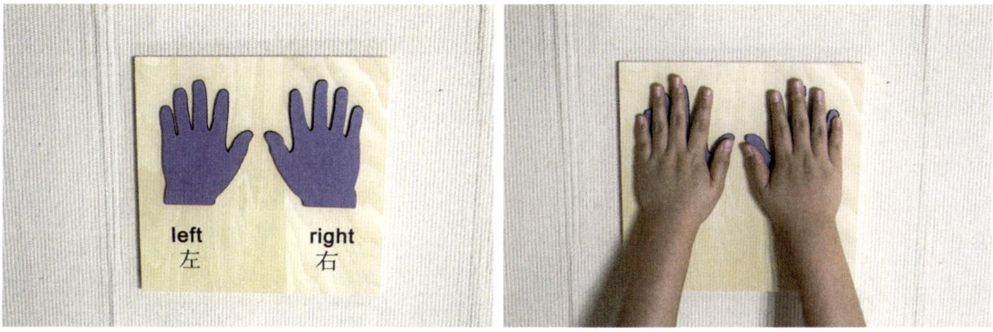

图9–16 认识左手和右手

⑦教师让幼儿用自己的左、右手与左、右手标签进行配对，并在一旁指导。

⑧教师与幼儿共同整理教具并归位。

兴趣点：幼儿对左、右手差别的兴趣。

错误控制：教师的指导；幼儿观察自己与其他同伴的行为是否一致。

变化延伸：教师为幼儿准备白纸与水彩，让幼儿将左、右手涂满水彩并印在白纸上，引导幼儿观察左、右手的差别。

3. 认识人体器官（图9–17）

教具构成：人体器官实体模型；各器官名称文字卡；托盘。

教育目的：帮助幼儿认识人体内部主要器官及其功能。

适合年龄：5岁及以上。

操作方法：

①教师将人体模型放在工作毯上，并向幼儿介绍活动内容：“今天我给小朋友们带来了人体模型，让我们一起来认识人体内部的各种器官吧!”

②教师向幼儿介绍各个器官及其所处的位置，并讲解各个器官的作用。

③教师从头部开始将各个器官模型拿出，并一一说出其名称，依次为胃、心脏、肺、肾、肝。

④教师用三阶段教学法帮助幼儿认识各器官的名称。

⑤教师取出准备好的各器官名称文字卡，并一一读出各器官的名称。

⑥教师用三阶段教学法让幼儿将文字卡与各器官模型进行配对。

⑦配对完毕后将文字卡按顺序收同。

⑧教师与幼儿共同整理教具并归位。

兴趣点：幼儿对人体模型的兴趣。

错误控制：人体模型自带的自我修订功能，器官放置的位置错误，不能契合；教师的指导。

变化延伸：教师引导幼儿在纸上画出各器官大致轮廓，与对应文字卡进行配对。

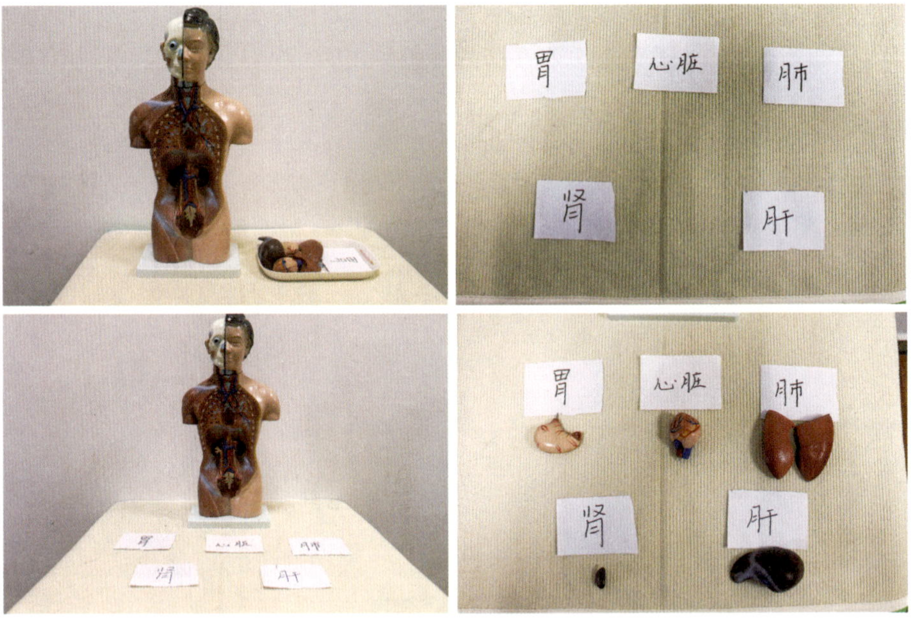

图 9-17　认识人体器官

五、历史学

1. 认识时钟（图9-18）

教具构成：一套时钟教具；一张幼儿一日活动流程图。

教育目的：帮助幼儿认识时钟，培养幼儿的时间观念。

适合年龄：3岁及以上。

操作方法：

①教师将时钟教具放在工作毯上。

②教师拿出准备好的幼儿一日活动流程图，请幼儿浏览。

③教师将时钟拨到7，对幼儿说："这是7点，是小朋友们起床的时间。"教师将时钟拨到8，对幼儿说："这是8点，是小朋友们上幼儿园的时间。"以此类推，结合时钟的时间点介绍幼儿一日的活动流程。

④教师将一日活动流程图收好，将时钟放在工作毯正上方。

⑤教师向幼儿介绍时钟："小朋友们，这个叫时钟，表盘上面有两根针，长的针叫分针，短的针叫时针。表盘上面还有很多数字，这些数字代表什么呢？"

⑥教师将分针拨到12，将时针拨到1，告诉幼儿："当我们看到时针指向1，分针指向12时，这就是1点整。"

⑦教师依次将时针拨到"2、3、4、5……"，然后分别告诉幼儿它是2点整、3点整……

⑧教师拿出1点整的时钟卡片，请幼儿说出上面的时间是几点。

⑨等幼儿回答"这是1点整"的正确答案之后，请幼儿将时针拨到1点整的位置上。

⑩多次重复以上操作，教师依次拿出不同的时钟卡片，请幼儿说出时间并将时针与分针拨到相应的位置。

⑪教师与幼儿共同整理教具并归位。

兴趣点：幼儿对拨动时钟的兴趣。

错误控制：教师的观察和指导。

变化延伸：教师提问幼儿在日常生活中进行不同活动的时间点，并让幼儿将时针与分针拨到对应的时间点上。

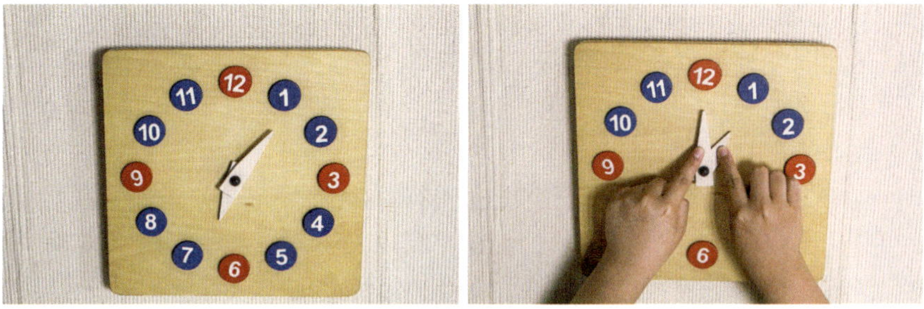

图 9-18 认识时钟

2. 认识"星期"（图9-19）

教具构成：日历牌；星期表；7张字卡（星期一至星期日）；7张活动名称卡（幼儿一周的典型活动）。

教育目的：帮助幼儿认识"星期"，培养幼儿的时间观念。

适合年龄：3岁及以上。

操作方法：

①教师将教具取出并放在工作毯上。

②教师取出日历牌，提问幼儿："小朋友们，今天是几号呢？让我们一起指出来看看！"

③教师与幼儿一同说出正确答案，并在日历牌上指出来。

④教师将日历牌收起来，拿出星期卡片，对幼儿说："这7张卡片上分别写着'星期一'到'星期日'，其中'星期一'到'星期五'小朋友们需要到幼儿园来上学，'星期六和星期日'则是休息日，不需要来上幼儿园哦。"

⑤教师问幼儿："有小朋友知道今天是星期几吗？"教师与幼儿共同回答，并指向星期卡片中的星期×。

⑥教师将"星期一"至"星期日"的字卡平放在工作毯上方，进行三阶段语言教学。

⑦教师将幼儿一周的典型活动的名称卡拿出，请幼儿将"星期一"到"星期日"的字卡与典型活动的名称卡进行配对。

⑧教师请幼儿一边看着星期表，一边描述对应日期的活动。

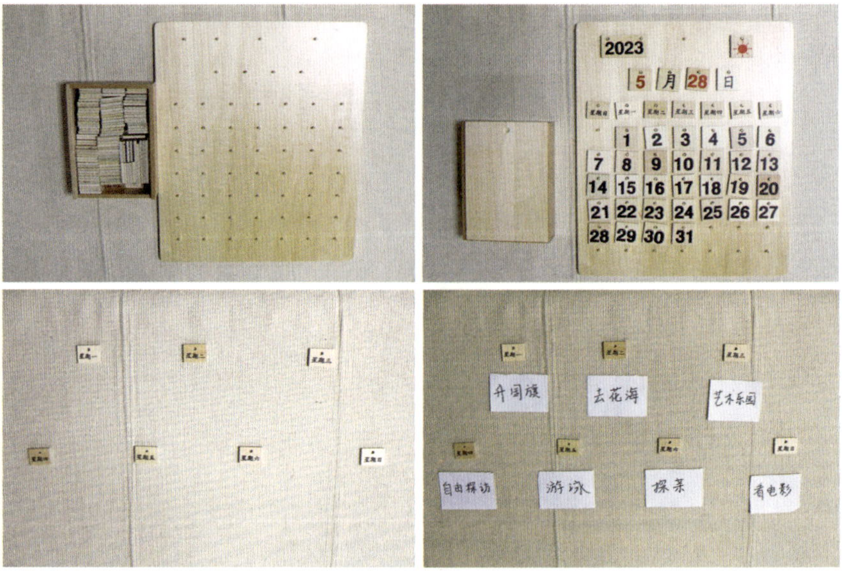

图 9-19 认识“星期”

⑨教师与幼儿共同整理教具并归位。

兴趣点：幼儿对星期卡片与活动配对的兴趣。

错误控制：教师的观察和指导。

变化延伸：教师指导幼儿在星期表上记录自己不同的活动。

3. 认识“月”（图9-20）

教具构成：日历牌；月份表；12张字卡（一月、二月……十二月）。

教育目的：帮助幼儿认识月份，培养幼儿的时间观念。

适合年龄：3岁及以上（学习过“星期”的幼儿）。

图 9-20 认识“月”

操作方法：

①教师将教具取出并放在工作毯上。

②教师取出日历牌并提问幼儿：“小朋友们知道现在是几月份吗？我们一起在日历牌上指一指。”

③教师与幼儿共同回答问题并指出月份。

④教师放回日历牌并拿出12张月份卡片，引导幼儿：“这是12张月份卡片，‘一月’到‘十二月’，一共有12个月。”

⑤教师取出“一月”到“十二月”的字卡放在工作毯上，进行三阶段语言教学。

⑥教师提问幼儿：“有小朋友知道现在是几月吗？请大家把相应的字卡放在对应的月份卡片下面。”

⑦教师指导幼儿进行配对操作，并问幼儿上个月、下个月是几月，并将字卡放在对应的位置。

⑧反复进行以上操作，保证幼儿能够自主准确配对。

⑨教师与幼儿共同整理教具并归位。

兴趣点：幼儿对自制月份表的兴趣。

错误控制：教师的观察和指导；教具的自我修订功能。

变化延伸：教师引导幼儿将月份与四季进行对应的配对练习。

4. 认识日历（图9–21）

教具构成：日历牌（较大，数字较清晰）。

教育目的：帮助幼儿认识和理解日历，培养幼儿的时间观念。

适合年龄：3岁及以上。

操作方法：

①教师将日历牌放在工作毯上。

②教师指着今天的日期提问幼儿：“小朋友们今天是几号呀？”

③教师与幼儿共同说出：“今天是××号。”

④教师指着日历牌上的星期，提问幼儿：“××号是星期几？”

⑤教师指着日历牌上的月份，提问幼儿：“现在这个月是几月？”

⑥教师选择不同的日期连续重复以上的操作，让幼儿完全理解日期、星期、月份之间的概念。

⑦等幼儿逐渐掌握以上概念，教师可以引导幼儿对照日历牌摆出某月的日期。

⑧教师与幼儿共同整理教具并归位。

兴趣点：幼儿对日历摆放的兴趣。

错误控制：日历牌中日期与星期、月份的对应；教师的观察和指导。

变化延伸：教师引导幼儿自己制作一份独特的日历。

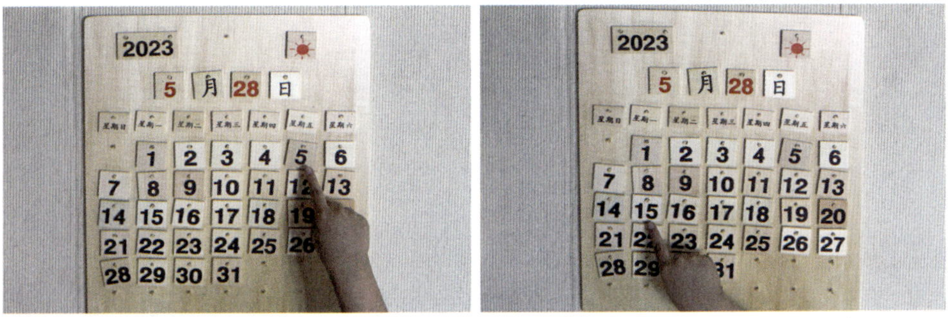

图9–21 认识日历

六、科学实验

1. 沉与浮（图9–22）

教具构成：塑料水盆；防水围裙；石块；磁铁；塑料玩具；泡沫块；两个不同颜色的盘子；两个标签（“沉的”和“浮的”）；海绵；托盘。

教育目的：让幼儿认识物体的沉与浮现象，理解不同物体沉、浮的特征。

适合年龄：3岁及以上。

操作方法：

①教师向幼儿介绍活动内容：“今天我们一起来学习沉与浮。”

②教师请幼儿穿上防水围裙，并一同用塑料水盆取水，教师在一旁协助幼儿。

③教师出示教具，包括石块、磁铁、塑料玩具、泡沫块，请幼儿一一辨认。

④教师进行活动提示：“这些物体有些放进水中会下沉，有些放进水中会上升，请小朋友们在实验过程中认真观察。”

⑤教师将物品放在水面上，请所有幼儿仔细观察，教师在幼儿的观察过程中提示“××沉下去（浮上来）了”。

⑥教师请幼儿自由选择物品并放在水面上，并让幼儿尝试在观察的过程中说出“××沉下去（浮上来）了”。

⑦教师引导幼儿将浮上来的物品和沉下去的物品进行分类，并根据标签放在两个不同颜色的盘子里面。

⑧将标签“沉的”和“浮的”分别放在对应的盘子上，并命名。

⑨教师与幼儿共同完成结束工作。先把教具一一拿起，用海绵擦干后放回托盘，并用海绵清理桌面与托盘中的水渍，把托盘放回原处。

兴趣点：幼儿对物体上浮与下沉现象的兴趣。

错误控制：准备不同材质的教具，保证实验结果准确。

变化延伸：让幼儿创作不同形状的橡皮泥造型，并放入水中，观察其是沉还是浮。

图9–22 沉与浮

2. 三原色的变化（图9–23）

教具构成：红、黄、蓝颜料；调色笔；涮笔缸；调色盘；围裙；托盘。

教育目的：加深幼儿对三原色的认识，探索颜色变化的特征。

适合年龄：5岁及以上。

操作方法：

①教师向幼儿介绍活动内容："今天我们一起来学习三原色的变化。"

②教师请幼儿穿上围裙，并拿出颜料（教师在一旁协助幼儿）。

③教师将调色盘放在工作桌上，将红、黄、蓝颜料挤出适量分别放在调色盘的格子中，请幼儿说出看到的颜色，并将颜料与挤出的颜料对应放好。

④教师取调色笔在涮笔缸中浸湿，提示幼儿："现在我要将两种颜色调和在一起，它会变成什么颜色呢?"教师进行操作。

⑤教师引导幼儿观察颜色的变化，并说出变化后的颜色。

⑥教师根据三原色的两两搭配重复以上操作，请幼儿观察颜色的变化，并说出变化后的颜色。

⑦教师指导幼儿自主进行两两颜色的调配，观察颜色的变化。

⑧幼儿进行反复练习与尝试，得出三原色两两混合颜色变化的规律。

⑨在纸上记录三原色混合变化的规律。

⑩教师与幼儿共同整理教具并归位。

兴趣点：幼儿对颜色混合后变化的兴趣。

错误控制：视觉辨别；教师的指导。

变化延伸：教师指导幼儿进行三原色的混合，探索三原色混合后变化所得的颜色。

图9–23　三原色的变化

3. 摩擦起电（图9–24）

教具构成：塑料尺子；塑料梳子；丝绸；碎纸片；木筷子；托盘。

教育目的：让幼儿感知摩擦起电的现象，激发幼儿对自然界电的现象的兴趣。

适合年龄：4岁及以上。

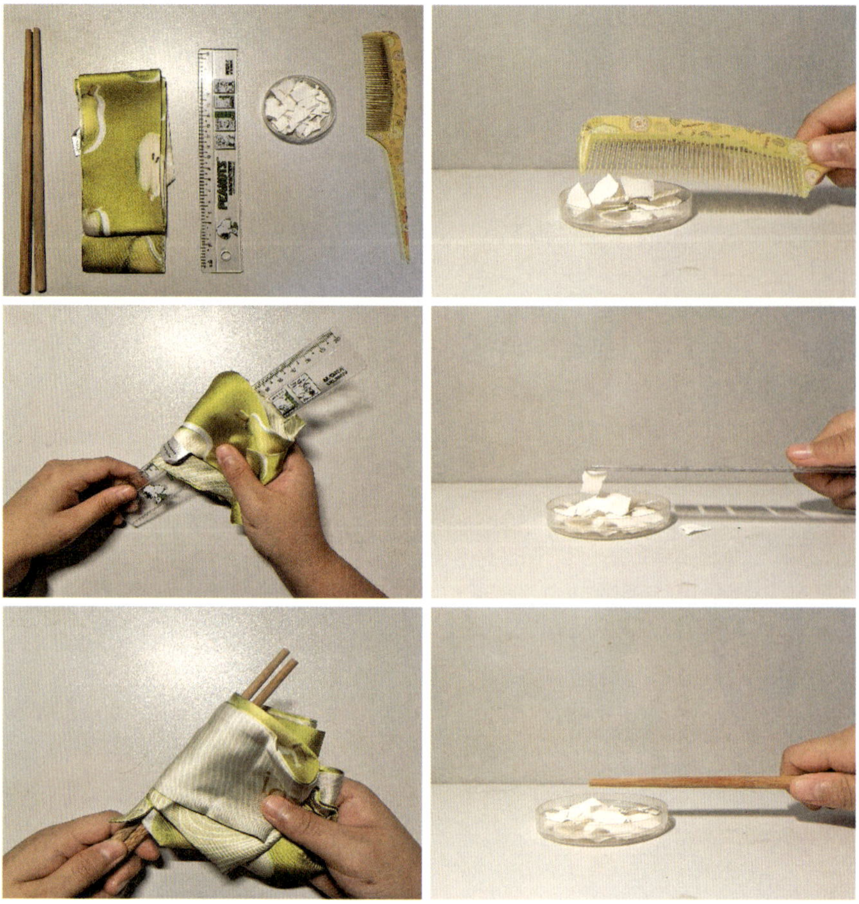

图 9-24 摩擦起电

操作方法：

①教师向幼儿介绍活动内容："今天我们一起来学习摩擦起电的现象。"

②教师将教具摆放在工作毯上，并示范用塑料梳子梳头发，反复地梳几次，将梳子放在碎纸片上方，引导幼儿观察发生了什么现象。

③幼儿回答正确后，教师将塑料尺子裹在丝绸里摩擦数次，将尺子的一端放在碎纸片的上方，引导幼儿观察发生了什么现象。

④幼儿回答正确后，教师请幼儿拿起相应教具进行尝试。

⑤幼儿操作结束后，教师总结："是因为在摩擦过程中产生了电，所以才能将碎纸片吸起来，这就是摩擦起电的现象。"

⑥教师请幼儿尝试将木筷子裹在丝绸里进行摩擦，观察碎纸片会不会被吸起来。

⑦幼儿回答正确后，教师总结："不是所有的物体之间都能够摩擦起电。"

⑧教师与幼儿共同整理教具并归位。

兴趣点：幼儿对摩擦起电现象的兴趣。

错误控制：视觉辨别；幼儿日常的生活经验；教师的指导。

变化延伸：让幼儿在生活中用不同的物体进行摩擦，观察是否能起电。

4. 空气的压力（图9-25）

教具构成：透明水杯；稍硬的纸板或纸片（表面平滑，边缘要大于水杯杯口）；装有水的水壶；防水围裙；托盘。

教育目的：让幼儿感受和了解空气的压力现象，激发幼儿对空气压力现象的好奇心。

适合年龄：4岁及以上。

操作方法：

①教师向幼儿介绍活动内容："今天我们一起来感受空气的压力。"

②教师请幼儿穿上防水围裙，教师示范将水壶中的水倒入透明水杯中，直到水杯被装满，请幼儿共同观察。

③教师将圆形纸板轻轻地盖在杯口上，并确认杯子中没有空气留存，请幼儿思考如果杯子倒过来会怎么样。

④教师示范如何用左、右手协调地将杯子倒转口朝下，扶着圆形纸板的手轻轻地放开，请幼儿在此过程中仔细观察发生了什么现象。

⑤教师请幼儿自主进行实验，教师在一旁协助幼儿，适时给予指导。

⑥教师请幼儿思考为什么水不会流下来。教师总结："空气是有压力的，水杯外面空气对纸板有压力；而水杯里面装满了水没有空气，只有水对纸板有压力。空气的压力比水对纸板的压力大，所以是空气将纸板托住了，水才不会流下来。"

⑦教师与幼儿共同整理教具并归位。

兴趣点：幼儿对水的变化现象感兴趣。

错误控制：视觉辨别；教师的指导。

变化延伸：教师引导幼儿思考当水不满的情况下，水是否会流下来。

图 9-25　空气的压力

七、岭南文化融入蒙台梭利科学文化教育

1. 龙舟模型与三步卡（图9-26）

教具构成：龙舟小模型；龙舟的结构（龙头、龙尾、龙身）三步卡（控错卡、图片卡和名称卡）。

教育目的：让幼儿认识龙舟的结构和名称；让幼儿了解和喜爱家乡龙舟的传统风俗。

适合年龄：4岁及以上。

操作方法：

①教师向幼儿介绍活动内容："今天我们一起来学习龙舟模型与三步卡。"

②教师将龙舟模型放在幼儿面前，向幼儿介绍龙舟的整体结构。

③教师将带有图文的控错卡放在工作毯上，沿着工作毯摆放成一列，边念名称边摆放卡片。

④教师将图片卡分发给幼儿。

⑤教师指导幼儿："请拿着'龙头'图片的小朋友把卡片放在工作毯上。"以此类推，在工作毯上按顺序将图片卡摆放好。

⑥教师请拿名称卡的幼儿在工作毯上对照相应的图片放好。

⑦教师拿出控错卡放在图片卡和名称卡下面，帮助幼儿纠错。

⑧教师指导幼儿阅读名称卡，帮助幼儿形成抽象概念。

⑨教师与幼儿共同按顺序收回并整理卡片。

兴趣点：幼儿对龙舟模型的兴趣。

错误控制：教师利用控错卡对幼儿进行指导。

变化延伸：通过"找朋友"的游戏让幼儿进行图文配对；讲述龙舟故事。

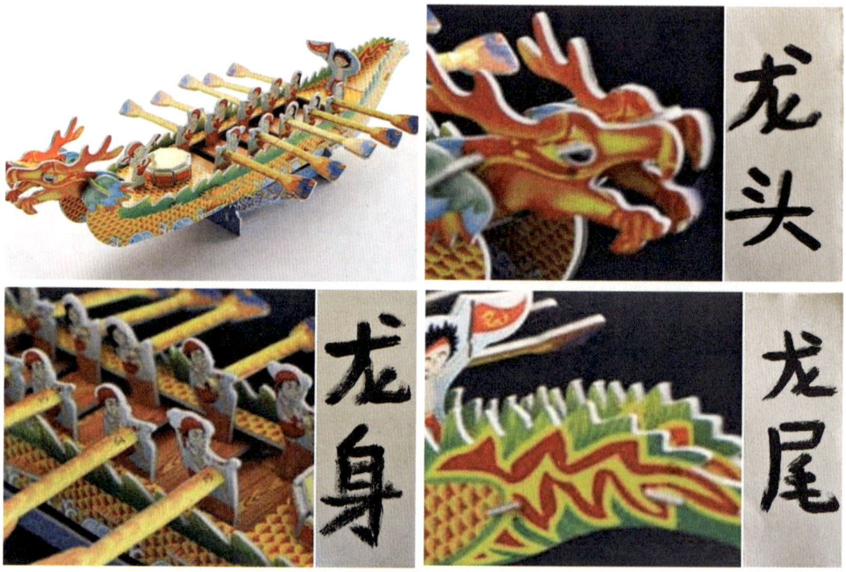

图 9-26　龙舟模型与三步卡

2. 认识醒狮（图9-27）

教具构成：醒狮小模型若干；托盘。

教育目的：让幼儿认识并了解岭南醒狮；让幼儿感受岭南醒狮文化的魅力。

适合年龄：4岁以上。

操作方法：

①教师把其中一个醒狮小模型放在幼儿面前，向幼儿介绍醒狮。

②教师利用三阶段教学法帮助幼儿认识醒狮的狮头、狮身、狮尾。

③教师提问幼儿："你们看见过醒狮吗？什么时候见到的？它是什么样的？它是怎么进行表演的呢？"教师请幼儿进行讨论并回答。

④教师根据幼儿的回答进行总结。

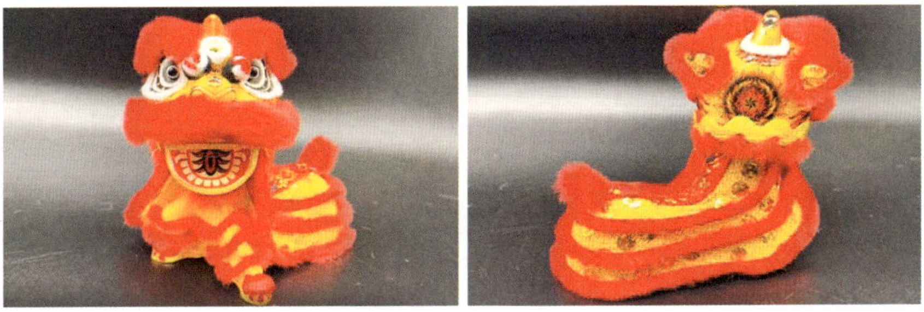

图 9-27 认识醒狮

⑤教师向幼儿介绍岭南醒狮文化的相关知识，如醒狮是属于中国狮舞中的南狮，醒狮的来历、种类等。

⑥教师介绍完毕后结束工作，收回醒狮可拆解的小模型。

兴趣点：幼儿对醒狮模型的兴趣。

错误控制：醒狮模型自带的修订功能，拼错了将无法拼出完整的醒狮；教师的指导。

变化延伸：给幼儿播放醒狮表演视频，与幼儿讨论醒狮的表演形式。

3. 醒狮类型及三步卡（图9-28）

教具构成：3种主要类型的醒狮（刘备狮、关羽狮、张飞狮）的三步卡（控错卡、图片卡和名称卡）；托盘。

教育目的：使幼儿进一步了解醒狮的文化魅力。

适合年龄：4.5岁及以上。

操作方法：

①教师向幼儿介绍活动内容："我们上次认识了醒狮模型，那么今天我们一起来看看它们主要的3种类型吧，分别是刘备狮、关羽狮、张飞狮。"

②教师将醒狮三步卡放在幼儿面前，向幼儿介绍3种不同类型的醒狮："黄色的'刘备狮'代表着仁义和贵气，红色的'关羽狮'代表着忠义与财富，黑色的'张飞狮'则代表着勇猛和刚毅。"

③教师将带有图文的控错卡放在工作毯上，沿着工作毯摆放成一列，边念名称边摆放卡片。

图 9-28 醒狮类型及三步卡

④教师将图片卡分发给幼儿。

⑤教师指导幼儿："请拿着'刘备狮'图片的小朋友把卡片放在工作毯上。"以此类推，在工作毯上按顺序将图片卡摆放好。

⑥教师请拿名称卡的幼儿在工作毯上对照相应的图片放好。

⑦教师拿出控错卡放在图片卡和名称卡下面，帮助幼儿纠错。

⑧教师指导幼儿阅读名称卡，并适时提问幼儿："关羽狮（刘备狮、张飞狮）代表着什么?"。

⑨教师与幼儿共同按顺序收回并整理卡片。

兴趣点：幼儿对醒狮外形和文化故事的兴趣。

错误控制：教具本身自带的修订功能；教师利用控错卡对幼儿进行指导。

变化延伸：让幼儿对其他类型的醒狮进行图文配对。

4. 木棉花的三步卡（图9-29）

教具构成：木棉花图片；木棉花（萼片、花瓣、花蕊）的三步卡（控错卡、图片卡和名称卡）；托盘。

教育目的：让幼儿认识和喜爱木棉花，了解木棉花是广州市的市花。

适合年龄：3岁及以上。

操作方法：

①教师向幼儿介绍活动内容："木棉花是广州市的市花，也是南方特色植物，今天我们一起来学习木棉花的三步卡。"

②教师将带有图文的控错卡放在工作毯上，沿着工作毯摆放成一列，边念名称边摆放卡片。

③教师将图片卡分发给幼儿。

④教师指导幼儿："请拿着'萼片'图片的小朋友把卡片放在工作毯上。"以此类推，在工作毯上按顺序将图片卡摆放好。

⑤教师请拿名称卡的幼儿在工作毯上对照相应的图片放好。

⑥教师拿出控错卡放在图片卡和名称卡下面，帮助幼儿纠错。

⑦教师指导幼儿阅读名称卡，并向幼儿介绍木棉花的常见用途。

⑧教师与幼儿共同按顺序收回并整理卡片。

图9-29 木棉花的三步卡

兴趣点：幼儿对植物的兴趣。

错误控制：视觉辨别；教具本身自带的修订功能；教师利用控错卡对幼儿进行指导。

变化延伸：寻找和欣赏大自然中的木棉花；用木棉花煮水或煲汤。

知识小测

1. 科学文化的构成包括（　　　　　　）、（　　　　　　）、（　　　　　　）三部分。
2. 蒙台梭利科学文化教育的特点有（　　　　　　）、（　　　　　　）、（　　　　　　）和丰富性。
3. 蒙台梭利科学文化教育的内容包括（　　　　　　）、（　　　　　　）、（　　　　　　）、（　　　　　　）、人体生理学、科学实验及其他科学文化教育等。

思考与练习

1. 在进行科学文化教育之前，如何向幼儿介绍科学文化教育及教具？
2. 自制一份具有地方文化特色的科学文化教育教具。
3. 根据幼儿发展情况，合理投放科学文化教育教具，布置科学文化教育区域环境。
4. 课后进行科学文化教育教具操作练习。

参考文献

[1] 玛利亚·蒙台梭利. 童年的秘密[M]. 2版. 金晶，孔伟，译. 北京：中国发展出版社，2011.

[2] 玛利亚·蒙台梭利. 蒙台梭利儿童教育手册[M]. 2版. 肖咏捷，译. 北京：中国发展出版社，2011.

[3] 玛利亚·蒙台梭利. 发现孩子[M]. 2版. 胡纯玉，译. 北京：中国发展出版社，2011.

[4] 玛利亚·蒙台梭利. 有吸收力的心灵[M]. 2版. 高潮，薛杰，译. 北京：中国发展出版社，2011.

[5] 玛利亚·蒙台梭利. 蒙台梭利早期教育法[M]. 2版. 祝东平，译. 北京：中国发展出版社，2011.

[6] 玛利亚·蒙台梭利. 蒙台梭利教育箴言[M]. 朱永新，编. 北京：中国人民大学出版社，2016.

[7] 孙瑞雪·爱和自由[M]. 北京：中国妇女出版社，2009.

[8] 霍力岩，胡文娟. 略论蒙台梭利教育法之精要[J]. 幼儿教育（教育科学），2008（5）：4-7.

[9] 霍力岩，胡文娟，刘霞. 论蒙台梭利教师在儿童主动学习中的角色[J]. 幼儿教育（教育科学），2008（4）：11-14.

[10] 霍力岩，试论蒙台梭利的儿童观[J]. 比较教育，2000（6）：51-56.

[11] 吴晓丹. 蒙台梭利教育思想与方法[M]. 2版. 上海：复旦大学出版社，2018.

[12] 苑海燕. 蒙台梭利教育理论与方法[M]. 北京：清华大学出版社，2017.

[13] 宋新宇. 蒙台梭利教育理论与实践[M]. 郑州：河南大学出版社，2019.

[14] 林丽，隋家忠，江伟，等. 蒙台梭利科学文化教育[M]. 济南：山东教育出版社，2008.

[15] 段云波，卢书全，兰小茹，等. 蒙台梭利语言教育[M]. 长春：北方妇女儿童出版社，2009.

[16] 傅晨，王玉华，王丛丛，等. 蒙台梭利实际生活练习教具操作[M]. 济南：山东教育出版社，2018.

[17] 傅晨，董吉贺，王丛丛，等. 蒙台梭利感官训练教具操作[M]. 济南：山东教育出版社，2018.

[18] 傅晨，贾红梅，王丛丛，等. 蒙台梭利数学教育教具操作[M]. 济南：山东教育出版社，2018.

[19] 傅晨，姜利，董吉贺，等. 蒙台梭利科学文化教具操作[M]. 济南：山东教育出版社，2018.

[20] 威廉·H. 克伯屈. 蒙台梭利教育考察报告[M]. 丁道勇，译. 北京：北京师范大学出版社，2021.

[21] 张红兵，等. 蒙台梭利教育理论概述[M]. 北京：北京理工大学出版社，2004.

[22] 熊孟雪. 蒙台梭利教学法本土化个案研究[D]. 贵阳：贵州师范大学，2020.

[23] 杨影. 蒙台梭利课程本土化的个案研究：基于Z幼儿园的蒙台梭利教育实践[D]. 长春：东北师范大学，2015.

[24] 杨敬茹. 蒙台梭利法在美国的传播与本土化研究[D]. 北京：北京师范大学，2006.

[25] 黄正杰，林佩璇. 合作学习[M]. 台北：台湾五南图书出版股份公司，1996.

[26] 王潇. 蒙台梭利教育思想中国化问题研究[D]. 福州：福建师范大学，2018.

[27] 邓祎，罗岚，杜红春. 蒙台梭利教育本土化的探索[J]. 学前教育研究，2016（7）：64-66.

[28] 张丽霞. 蒙台梭利教育理论与实操[M]. 武汉：华中师范大学出版社，2016.

[29] 梁志燊. 蒙台梭利教育在幼儿园中的成功运用[M]. 上海：上海第二军医大学出版社，2004.

[30] 卢乐山. 蒙台梭利的幼儿教育[M]. 北京：北京师范大学出版社，1985.

[31] 索丽珍，林晖. 蒙台梭利教育理论与实践工作手册[M]. 厦门：厦门大学出版社，2023.